KB119160

증보판

경제민주화 …
일그러진 시대의 화두

나남
nanam

나남신서 1890

경제민주화 …
일그러진 시대의 화두

2016년 10월 18일   초판 발행
2017년 8월 5일 증보판 발행

지은이 • 신장섭
발행자 • 趙相浩
발행처 • (주) 나남
주소 • 경기도 파주시 회동길 193
전화 • (031) 955-4601 (代)
FAX • (031) 955-4555
등록 • 제 1-71호 (1979. 5. 12)
홈페이지 • http://www.nanam.net
전자우편 • post@nanam.net

ISBN 978-89-300-8890-9
ISBN 978-89-300-8001-9 (세트)

책값은 뒤표지에 있습니다.

증보판

경제민주화 …
일그러진 시대의 화두

신장섭 지음

Illusion and Failure of Economic Democracy in the US and Korea

by

Jang-Sup Shin

nanam

일그러진 시대의 화두(話頭)

'경제민주화'는 너무나 흔해 빠진 화두(話頭)가 되어 있다. 많은 정치인과 식자(識者)는 분배문제를 개선해야 한다고 말하는 것보다 경제민주화를 해야 한다는 말을 선호한다. 그렇게 얘기해야 더 거창하게 들리고 국민에게 호소력도 있다고 생각하는 듯하다. 그동안 국회에서도 여러 가지 경제민주화 법안이 통과됐고, 지금도 수많은 관련 법안이 심의를 기다리고 있다. 정치권이 이합집산(離合集散)하는 데에도 경제민주화가 지렛대로 사용되고 있다.

그러나 한 발짝 물러나서 생각해 보면 경제민주화는 시대의 화두가 될 자격을 전혀 갖추지 못하고 있다. 개념설정이나 원인분석, 대안제시 등에 있어 아무런 설득력이 없다. '민주'라는 단어 때문에 정치구호로 사용될 뿐, 건설적 대안은 내놓지 못하고 사회를 분열시키기만 하는 일그러진 화두이다. 필자는 경제민주화라는 단어를 국내 정치와 정책의 담론에서 추방하고 분배문제 개선과 경제활력 회복을 위한 실질적 방안을 논의해야 한다고 생각한다.

지금이 과연 '경제독재체제'인가?

먼저 개념설정의 적합성을 살펴보자. "경제민주화가 절실하다"는 말은 "지금이 경제독재체제이다"라는 말과 똑같다. 표현만 다를 뿐 동전의 양면이다. 그러나 '경제민주화'라는 말을 사용하는 사람들에게 "지금이 정말 경제독재체제냐"라고 질문했을 때 "그렇다"라고 명확히 대답하는 사람은 별로 없다.

정부가 '경제독재'를 하던 시절은 이미 한참 지났다. '정치민주화'가 이루어진 1980년대 후반부터 경제자유화가 빠르게 추진됐고, 1997년 외환위기 이후에는 국제통화기금(IMF) 체제에서 경제자유화가 급진적으로 이루어졌다. 지금 '경제독재'를 하는 듯한 주체로 유일하게 남은 것은 재벌이다.

그러나 이들의 실상을 들여다보면 '독재'라는 말을 붙이기가 우스꽝스럽다. 오히려 열심히 일해서 돈을 벌었는데 이쪽저쪽에서 돈 뜯기는 경제주체라고 할 수 있을 정도이다. 정부의 압력에 미르재단이나 K스포츠재단에 속절없이 수백억 원씩 돈을 내놓아야 했다. 지방마다 만드는 창조경제혁신센터에는 수천억 원을 내놓았다.

외국펀드도 돈 뜯어가는 데 혈안이다. '벌처펀드' 엘리엇은 2016년 10월 초 지분이 0.6%가량에 불과하고 주식을 보유한 지 6개월이 되지 못한 '신참 소수주주'인데 삼성전자에게 지주회사로 개편하면서 30조 원의 특별배당을 하라고 요구했다. '주주제안'을 할 자격도 갖추지 못했는데 삼성그룹 승계의 약점을 잡아 사실상 '협박'을 한 것이라고 해석할 수 있다. 삼성전자가 스마트폰 갤럭시노트 7의 발화사태를 수습하기 위해 7조 원에 달하는 거액의 손실을 보며 단종(斷種)을 결정한 것도 '독재자'의 모습이라기보다 '고객이 왕'이라는 시장경제에 순응할 수밖에 없는 냉엄한 현실이 반영된 것이라 봐야 한다.

'재벌체제'가 '경제양극화'의 원인인가?

경제민주화론자들은 '재벌체제'가 '경제양극화'의 원인이라며 이를 고쳐야만 한국의 분배문제가 해결된다는 주장을 내세운다. 그러나 재벌체제는 한국이 경제발전을 제대로 시작하면서부터 지금까지 지속되었다. 경제발전 기간 내내 한국은 대만과 더불어 개발도상국 중 분배문제가 괜찮았던 유이(唯二)한 나라였고, 재벌이 중화학산업에서 세계적 성공을 거두었던 1990년대에는 오히려 소득분배가 개선되는 추세를 보였다.[1]

한국의 소득분배가 나빠진 것은 어느 지표로 보든 1997년 외환위기 이후이다.[2] 그렇다면 경제양극화의 원죄(原罪)는 1997년 이후 분배를 나빠지게 만든 다른 요인에서 찾아야 한다. 한편 한국은 1997년 외환위기 이후 IMF체제에서 '기업구조조정'이라는 명목으로 세계에서 가장 강력한 재벌개혁을 시행했다. 재벌을 '개혁'하기

---

1 2장 1절의 "2) '성장-내수-고용-분배'의 공존" 참조.
2 2장 3절의 "3) 경제양극화의 원죄" 참조.

전에는 분배가 좋았는데 그 후 재벌을 그렇게 '개혁'했는데도 불구하고 분배가 나빠졌다면, 재벌개혁과 분배와의 관계를 근본적으로 다시 따져봐야 한다. 그렇지만 경제민주화론은 그런 사리분별 없이 '재벌원죄론'으로 모든 문제를 재단하려고 한다.

경영에서의 '민주적 수단'이 분배 개선을 가져오나?

재벌이 '경제독재'의 주체이고 그 때문에 분배가 나빠졌다는 단선논리의 경제민주화론은 그 연장선장에서 기업경영의 주요 의사결정이 '민주적'으로 이루어지면 분배가 개선된다고 주장한다. 실제로 경제민주화론자들이 내놓는 '개혁' 수단들은 재벌주주의 권한을 줄이고 다른 '소수주주'의 권한을 강화하는 '주주민주주의'에 초점을 맞추고 있다. 재벌주주의 의사결정권을 지분과 관계없이 3%로 제한하는 '역(逆)민주주의' 법안까지도 국회에 상정되어 있다.

   그러나 경제민주화론자들은 이런 수단들이 집행되면 분배가 실제로 어떻게 개선될지에 관한 설명은 전혀 내놓지 못한다. 이 수단들은 그동안 선진국뿐만 아니라 한국에서도 상당히 오랫동안 집행되었으나 분배에 어떤 결과를 가져왔는지에 대한 실증도 전혀 없다. '민주'라는 말이 붙었으니 좋아질 것이라는 '소박한' 기대만 담고 있을 뿐이다.

   '주주민주주의'가 가장 발달했다는 미국의 경우를 보자. 이번에 미국정치의 '아웃사이더'(outsider)였던 트럼프(Donald Trump)가 대통령으로 당선된 경제적 뿌리는 '주주민주주의'를 앞세운 '주주행동주의', 정확하게는 '기관투자자행동주의'에 있다고 할 수 있다. 금융투자자의 힘이 지나치게 강해진 결과, 미국에서는 '주주독재'가 벌어졌고, 주주 중에서도 펀드매니저와 주식옵션을 많이 받은 최고경영자(CEO) 등 일부 주주만이 큰 이익을 봤다. 근로자들은 희생되었으며 이 과정에서 미국의 중산층은 무너졌다. '1% 대 99%' 구도는 고착됐다. 트럼프의 당선은 '화난 미국인'(Angry Americans)의 반란이라고 할 수 있다. 3

이 과정은 미국기업들이 그동안 벌어들인 돈을 어떻게 썼는지 살펴보면 명확히 드러난다. 2006년부터 2015년까지 10년 동안 미국의 스탠더드 앤 푸어스 지수 구성 500대(S&P 500) 기업은 순익 7조 2,800억 달러(약 7,600조 원)를 벌어 이 중 53.6%에 해당하는 3조 9,000억 달러를 자사주 매입에 사용했고, 36.7%에 달하는 2조 6,700억 달러를 배당에 사용했다. 나머지도 상당 부분은 조세회피

---

3 물론, 트럼프가 이 구도를 바꿀 수 있는 적임자라고는 결코 얘기할 수 없다. 트럼프는 '1% 중 1%'에 속하며 그런 삶을 계속 누리기 위해 편법 행위도 마다하지 않는 생활을 했다. 그러나 2016년 말 미국 대통령 선거전은 "누가 더 좋은 사람인가"가 아니라 "나쁜 두 사람 중 누구를 택해야 하는가"의 경쟁이었다. 이 상황에서 힐러리(Hillary Clinton)는 기존 체제를 만든 장본인이었고 '변화'를 기대하기 어려웠다. 반면 트럼프는 최소한 기존의 '판'을 뒤흔들 수 있는 사람이라는 기대를 살릴 수 있었다. "못 살겠다, 갈아 보자"라는 심리가 이번 선거를 결정지었다고 할 수 있다. 트럼프가 이민자와 교역상대국을 공격하며 미국 사회문제의 적(敵)을 외부에서 찾는 극우파의 전형적인 모습을 보이는 것은 지금 미국이 당면한 핵심 사회문제를 해결하는 데 있어 본인이 가진 한계를 뛰어넘을 수 없기 때문일 것이다. 그러나 많은 미국인은 미국인 중심의 강한 미국 건설이라는 트럼프의 정치구호에 환호를 보냈고 트럼프는 진흙탕 싸움에서 힐러리를 이겼다(신장섭 2016 참조).

목적 등으로 해외에 유출해서 상당수의 기업이 이 기간에 벌어들인 이익보다 많은 규모의 돈을 기업 외부로 유출했다. 미국기업들은 벌어들인 이익을 금융투자자에게 먼저 내주고, 사업에 필요한 투자나 다른 비용은 '구조조정'을 통해 임금을 줄이거나 자산매각, 부채 확대 등으로 동원했다. 4

　기관투자자는 생산활동에 거의 기여하지 않는다. 엔젤, 벤처투자 등 일부를 제외하고는 대부분 주식의 값이 쌀 때 사서 비쌀 때 파는 일을 한다. 5 기본적으로 '투기'를 통해 돈을 버는 주체라고 할 수 있다. 법적으로도 이들은 '잔여'(residual) 재산 청구자이다. 세금, 임금, 금융, 사업비용 등을 다 제한 뒤 남는 이익 중 일부를 가져가는 것이다. 그러나 미국 기관투자자들은 강력해진 힘을 이용하며 자신이 취할 이익을 상수(常數)로 만들어 버렸다. 대신 근로자에게 돌아갈 임금이나 기업이 미래를 위해 투자할 돈이 잔여로 취급됐다.

　국내 경제민주화론자들이 내놓는 '민주화 수단'을 그대로 적용할 경우 미국과 같은 일이 한국에서 벌어지지 않는다는 보장이 없다. 외국인투자자들은 현재 한국 주식시장에서 집단적으로 약 35％에 달하는 가장 많은 지분을 갖고 있다. 국내의 다른 기관투자자들도 약 17％를 갖고 있다. 반면, 계열사 지분 등 생산활동과 관련된 지분은 26％가량이다. 경제민주화론은 계열사 지분을 '가공자본'으로 '경제독재'의 기반이라는 전제에서 순환출자 금지, 투표권 제한 등을 통해 무력화하려고 한다. 그러면 그 공백은 기관투자자가 메울

---

4 이에 관한 자세한 논의는 1장 4절의 "2) 약탈적 분배와 '1％ 대 99％' 구도" 참조.
5 물론 '쇼트'(short) 할 경우에는 비쌀 때 사서 쌀 때 팔아야 돈을 번다.

수밖에 없으며 이들의 기업이익 유출 요구가 더 강해지면 미국처럼 양극화가 심화할 가능성이 높다. 미국은 그나마 기업에서 유출된 돈이 미국 내에서 돌았다. 그러나 한국의 경우 '국부 해외유출' 문제가 불거지면서 미국보다 상황이 더 나빠질 가능성이 크다.[6]

그러나 국내 경제민주화론자들은 개념의 적합성, 원인분석, 대안 마련에 역사적·국제적 검토를 하려는 노력은 없이 무(無) 역사적이고 갈라파고스(Galapagos)적인 경제민주화 '주장'만 되풀이하고 있다. 이 책은 더 이상 이런 비생산적 주장에만 휩싸이지 말고 한국경제의 성장·고용·분배 문제를 어떻게 개선할 것인지에 대한 실질적이고 건설적인 논의의 장(場)이 마련되기를 바라는 마음에서 쓰였다.

'경제민주화'와 '주주민주주의'의 결합

한국에서 '경제민주화'라는 말이 사용된 것은 1950년대 초반까지 거슬러 올라간다. 〈경향신문〉은 1952년 9월 17일 자 '경제민주화를 위하여'라는 제목의 사설(社說)에서 "경제적 민주주의가 성립되지 않고 정치적 민주주의만이 성립될 수는 없는 것"이라고 주장했다. 이때의 경제민주화 대상은 정부였다. 일제로부터 넘어온 금융기관 등 '귀속재산'(歸屬財産)의 민영화를 요구하며 "근대문화국의 행정기관은 되도록 많은 일을 국민의 자유에 돌려보내고 최소한도의 일을 하도록 마련되어야 하는 법"이라고 자유주의적 경제운용

---

6 이에 관한 상세한 논의는 3장 2절 "한국 기업권력지형 분석" 참조.

원칙을 강조했다.

경제민주화가 정책의 화두(話頭)로 등장한 것은 1986년 '민주화의 봄' 이후이다. 정치독재를 무너뜨리고 정치민주화는 달성했지만 '경제독재'는 아직 남아있다는 전제하에 진보세력을 중심으로 경제민주화 논의가 일었다. 1987년 개정헌법에 경제민주화 조항이 포함됐고 1990년대에 참여연대 등 경제민주화를 추진하는 단체들도 만들어졌다. 그리고 1997년 외환위기 이후 국제통화기금(IMF) 체제에서 다양한 경제민주화 정책들이 본격적으로 집행됐다.

그러면 여기에서 경제민주화의 타도대상은 누구인가? 헌법 조항은 '경제독재'의 주체가 누구인지 밝히지 않고 여러 가지 잠재적 가능성을 암묵적으로 나열할 뿐이다. "균형 있는 국민경제 성장과 적정한 소득 분배, 시장지배와 경제력 남용방지, 경제주체 간의 조화"가 경제민주화가 추구하는 것이라는 말 이외에는 없다. '국민경제 성장과 적정한 소득분배의 균형을 깨는 주체', '시장지배와 경제력을 남용하는 주체', '경제주체 간의 조화를 깨는 주체'는 다 경제민주화의 대상이라고 막연히 해석할 수밖에 없다. 7

---

7 조순 당시 부총리 겸 경제기획원 장관은 1990년 한 강연석상에서 '경제민주화'의 필요성을 언급한 바 있다. 그렇지만 그는 경제민주화의 공격대상이 누구인지 명시하지 않았다. 단지 "불균형·불형평·불공정의 시정 없이는 우리나라의 경제성장은 불가능하다"며 "금융실명제, 토지세제개혁 등을 통해 경제민주화를 위한 제도개혁이 이루어져야 한다"고 얘기했을 뿐이다(〈매일경제신문〉(1990. 1. 30). "경제민주화 박차 - 조순 부총리"]. 1992년에 변형윤 교수 등이 출간한 책《경제민주화의 길》도 '경제정의'와 연결해서 소득분배, 지역격차, 산업격차를 얘기한다.

그렇지만 경제민주화가 '소액주주운동'의 형태를 띠기 시작하면서 경제독재의 주체가 누구인지가 명확해진다. 정치민주주의는 '1인 1표'라는 평등에서 출발하는데 '1인 1표' 개념을 경제에 가장 쉽게 원용할 수 있는 분야가 '주주민주주의'(*shareholder democracy*)이기 때문이다. 그리고 이 '경제민주' 원리를 무시하는 경제독재자는 갖고 있는 표보다 더 많은 경제권력을 행사한다고 여겨지는 재벌로 초점이 명확해졌다.

실제로 IMF체제에서의 '기업구조조정'은 '재벌개혁'과 동의어가 됐고 대주주의 '권한남용'을 없애는 한편 '소수주주'의 권한을 강화하는 방향으로 진행됐다.[8] 국내 경제민주화론도 이 방향으로의 개혁을 적극적으로 내세웠다. 상법에는 물론 '1인(人) 1표' 원칙이 없다. '1주(株) 1표' 원칙만이 있을 뿐이다. 그러나 국내 경제민주화론자들은 정치민주주의의 '1인 1표' 원칙을 상법에 억지로 갖다 붙였다. '주주민주주의'가 발원한 미국에서는 처음에 개인투자자만이 그 대상이었을 뿐 기관투자자는 대상이 아니었다.[9] 그러나 국내 경제민주화론자들은 미국의 주주행동주의자들과 마찬가지로 정치 민주주의를 견강부회(牽強附會)하면서 기관투자자를 그 주체로 적극적으로 끌어들였다.

주주민주주의 중심의 경제민주화론은 지금까지 이어지고 있다.

---

8 국내 경제민주화론자들은 '소액주주'라는 표현을 주로 사용하지만 필자는 '소수주주'라는 표현을 사용해야 한다고 생각한다〔이에 관한 자세한 논의는 2장 2절 2)의 "(2) '가공자본' 논리와 '소유지배구조의 왜곡 현상'(?)" 참조〕.
9 이에 관한 자세한 논의는 1장 1절의 "2) '소수주주'와 뉴딜 금융규제" 참조.

상법개정안을 대표발의한 김종인 더불어민주당 전 대표는 "경제민주화는 거대 경제세력이 나라 전체를 지배하는 것을 방지하는 것"이라고 정의하고 "오너의 탐욕에 대한 통제 장치부터 체계적으로 해나가자는 것"이라고 강조했다.10 실제로 국회에 상정되어있는 경제민주화 법안들은 재벌주주의 권한을 제한하거나 기관투자자의 권한을 강화하는 내용이 대부분이다.

미국경제에 대한 착각 · 무지 · 무시

그동안 국내 경제민주화 논의는 미국경제에 관해 크게 두 가지의 착각(錯覺)이나 무지(無知) 혹은 무시(無視)에 입각해서 진행됐던 것 같다. 첫째는 미국의 주식시장 위주 구조조정이 성공적이었고 한국이 따라야 할 모델이라는 생각이다. 소수주주 권한강화는 그래서 단순히 주주들 간의 불공정을 해소하는 차원이 아니라 미국식 구조조정을 통해 보다 효율적인 경제를 만들어낼 수 있는 기반으로 옹호됐다. 둘째는 미국이 현재 전문경영체제이고 이 체제에서 경제적 성공을 이룩했다는 것이다. 그래서 재벌체제를 전문경영체제로 바꾸어나가는 것이 '시대적 당위'라고 강조했다.

필자는 이 착각 · 무지 · 무시가 국내에서 지금까지 경제민주화 논의가 속절없이 진행되는 굉장히 큰 원동력이라고 생각한다. 사실을 먼저 바로잡아 보자.

첫째, 한국의 경제민주화론이 재벌을 비판하고 전문경영체제를

---

10 김종인(2016a; 2016b).

이상으로 삼았던 것과 달리 1980년대 이후 본격적으로 힘을 발휘한 미국의 주주민주주의는 전문경영체제에 대한 비판으로부터 출발했다.

둘째, 미국의 전문경영체제는 과거에 성공했지 지금은 성공했다고 할 수 없다. 한국의 경제민주화론은 과거의 미국모델을 흠모하면서 정작 그 모델을 구조조정시키고 지금 실패한 미국모델을 만들어낸 수단들은 개혁수단으로 채택했다.

셋째, 미국의 전문경영체제가 과거에 성공했을 때에는 '소수주주'들의 힘이 미약했다. 전문경영인들이 '유보와 재투자'(retain-and-reinvest)를 철학으로 삼아 경영활동을 했고 경영적 의사결정에서 소수주주들은 거의 무시됐다. 기관투자자들이나 개인투자자들은 자신들이 주식을 보유한 회사가 마음에 안 들면 주식을 파는 이른바 '월스트리트 워크'(Wall Street Walk) 방식에 따라 행동했지 해당 기업에 압력을 넣지 않았다.

넷째, 1980년대 이후 대기업 경영진들이 독단적으로 행동하고 자신들의 아성(牙城)을 쌓고 있다는 비판에 힘이 붙으면서 지금은 기관투자자들이 전문경영인들을 완전히 복속시킨 체제가 구축되어 있다. 미국의 주주민주주의는 기업과 금융 간의 지형을 바꾸는 데는 완전히 성공했다. 그러나 미국경제는 오히려 크게 실패했다.

미국경제의 실상에 대한 착각·무지·무시에도 불구하고 한국의 경제민주화론자들은 미국의 주주행동주의자들과 똑같이 자신들이 설정한 목표를 달성하기 위해 힘의 논리를 따랐다. 미국에서 대기업 경영진 공격의 첨병(尖兵)으로 나선 세력은 '기업사냥꾼'(corporate raiders)들이었다. 이들은 철저하게 사익(私益)을 추구했다. 사회운동가, 노동운동가, 연금행정가, 법률가, 학자 등으로 구성된 다양한 주주행동주의자들은 공익(公益)을 앞세우며 행동했고 생래적으로 기업사냥꾼들과 거리감이 있었지만 대기업 경영진이라는 공통의 적(敵)을 갖고 있었다. 주주행동주의자들은 기업사냥꾼들과 연합전선을 폈다. 갈수록 거대해져가는 기관투자자들이 이들에게 힘을 합쳤다. 학자들은 '대리인 이론'을 통해 이 과정을 옹호했다. '대기업개혁 4자(者) 동맹'이 구축됐다고 할 수 있다.

한국에서도 비슷한 일이 벌어졌다. IMF체제에서 외국인투자자들은 자신들의 사익(私益)을 위해 한국기업과 경제의 구조조정을 강력하게 요구하면서 한국의 우량주를 대거 매입했다. 재벌을 '경제독재'의 핵심으로 지목한 국내 경제민주화론자들은 외국인투자자들과 공동전선을 구축했다. 그들이 채택한 행동강령은 미국처럼 주주행동주의였다. 당시 한국정부도 새로운 경제모델을 만들어내고 싶은 욕구가 있었다. 미국 측의 경제적 요구를 받아들이면서 미국의 적극적인 정치·외교적 지원을 끌어내고 싶은 욕구 등이 겹치면서 '재벌개혁'에 적극 나섰다. '반(反) 재벌 3자(者) 동맹'이 형성됐다고 할 수 있다.

그러나 한국의 경제민주화론자들은 현재 미국의 주주행동주의자들과 한 가지 면에서 결정적 차이를 보이고 있다. 미국의 주주행동주의자들은 자신들의 이상이 실패했다는 사실을 인정하기 시작하고 있다. "월가에 돈 단지(money pot)만 갖다 줬다"고 후회하는 목소리도 있다.[11]

---

11 Domhoff(2009) 참조.

미국 주주행동주의의 대부(代父) 격인 몽크스(Robert Monks)도 만년에 실패를 인정하고 경영자본주의나 금융투자자에게 휘둘리는 시스템보다 버핏(Warren Buffet)의 버크셔 해서웨이(Berkshire Hathaway)처럼 대주주가 오너십을 갖고 경영에 직접 나서는 시스템이 바람직하다는 얘기까지 한다. 12

반면 한국의 경제민주화론자들은 자신들의 이상이 실패했다는 사실을 인정하지 않는다. 그러니까 왜 실패했는지, 채택했던 수단들이 이상을 달성하는 데 합목적적인 것인지, 그동안 진행된 경제민주화 과정에서 실제로 누가 수혜를 입었는지 등을 놀랄 정도로 돌아보지 않는다. 대신 그동안 써왔던 수단들을 더 강하게 밀어붙인다. 이미 세계에서 가장 강력한 재벌정책이 집행되고 있는데도 불구하고 한국의 재벌들이 이를 무력화시킬 정도로 강력한 신화적 존재들이라고 취급한다.

전 세계에서 유례없는 내용들이 담긴 각종 경제민주화 관련 추가 법안들을 내놓으면서 그것들이 어떻게 분배문제를 개선시킬 수 있는지에 대한 경제적 합리화가 없다. 단지 전 세계에서 유례없이 강하고 '탐욕스러운' 재벌을 다스리기 위해 추가 '개혁조치'들이 필요하다는 전제만이 그 추동력이 되고 있다.

---

12 Monks(2013). 그럼에도 불구하고 몽크스는 주주행동주의자라는 개인의 전력(前歷)을 버리지 못한다. 그는 미국의 '기업지배구조 개선'이 실패한 가장 큰 이유를 아직까지 기관투자자들의 행태보다 '제왕적 경영자'(manager-king)에서 찾는다. 몽크스의 주주행동주의에 관해서는 1장 3절 "'주주민주주의'와 '기관투자자 행동주의'" 참조.

대안 마련을 위한 시론

이 책은 역사적이고 국제적인 시각에서 한국의 경제민주화를 평가하고 합리적 대안을 만들어 나가기 위한 시론(試論)으로 쓰였다. 재벌이 만악(萬惡)의 근원이고 재벌만 제대로 응징하면 한국사회의 모든 문제가 해결된다면 그것처럼 쉬운 일이 없을 것이다. 그러나 '경제양극화' 및 경제활력 둔화 등 한국경제가 현재 당면하고 있는 문제들은 훨씬 다양한 원인들이 복합적으로 얽혀있다. 세계적 현상에 맞물려 있기도 하다. 사회 전반의 시스템적 대안이 마련되어야 한다.

제1장에서는 미국의 경험을 자세히 다룬다. 미국의 '경영자본주의'(managerial capitalism)를 재평가하고 1980년대 이후 이에 대한 공격이 어떤 형태로 진행됐고 어떻게 해서 힘을 얻게 되었는가를 논의한다. 또 그 결과 만들어진 현재 미국경제 모델의 실패와 그 약탈적 성격을 조명한다.

미국의 경제민주화가 실패한 가장 큰 이유는 펀드자본주의가 압도적으로 전개되는 가운데에 금융투자자들의 힘을 더 강화하는 방향으로 주식시장 위주의 구조조정을 진행했기 때문이다. 이 과정에서 가장 큰 이득을 본 계층은 금융투자자들과 이들과 '불경(不敬)한 제휴'(unholy alliance)를 하며 스톡옵션을 많이 받은 최고경영자들이다. 미국 CEO들의 연봉은 1978년 이후 평균 10배가량 높아졌다. 금융투자자들의 수입은 더 높아져서 톱 헤지펀드 매니저들의 수입이 톱 CEO들 수입의 10배 수준이 되었다. 반면 1980년대 이후 근로자들의 임금은 계속 생산성 향상에 뒤처졌고, 1990년대에 들어서 미국 근로자들은 일본 근로자들보다 더 많은 시간을 일하게 됐다. 이 과정에서 미국의 중산층은 붕괴했다.

제 2장은 한국 경제민주화의 경험을 분석한다. 먼저 1997년 외환위기 이전에 만들어져 있던 한국경제 모델에 대한 재평가를 시도했다. 미국 '구조조정'에 대한 재평가가 그 대상이던 '경영자본주의'에 대한 재평가 없이 진행될 수 없는 것처럼, 한국 '구조조정'에 대한 재평가는 그전 모델에 대한 재평가 없이 진행될 수 없는 일이다. 특히, 과거 모델에 대해 '대기업 위주', '불균등 발전모델'이라는 비판적 명패가 종종 따라 붙는 데도 불구하고 '투자·고용·분배'의 선순환 구조가 만들어져 있던 메커니즘을 조명한다.

한편 그룹경영과 가족경영을 두 축으로 하는 재벌구조에 대해서도 평가했다. 국내에서 재벌을 정상에서 '일탈'(逸脫) 한 사업조직으로 취급하는 관행과 달리 국제적으로 비교하면 재벌이 보편적이고 그 조직이 불러오는 보편적 문제들이 있다는 점을 강조했다.

이어서 경제민주화 정책들이 본격적으로 집행된 이후 한국경제에 대한 실증을 시도했다. 한국기업에게 적용된 경제민주화 논리도 재검토했다. 어느 지표를 보더라도 한국의 경제민주화는 실패했다. 성장-투자-분배가 다 나빠졌다. 이것은 '주식시장 위주 모델'로 구조조정하면서 당연히 나타날 수밖에 없는 현상이었다. 기업이 적극적인 투자와 고용을 꺼리게 된 반면 강력한 금융투자자들의 요구에 따라 배당, 자사주 매입 등의 형태로 외부에 유출되는 돈이 많아지고 임금상승이 억제됐기 때문이다. 미국식 구조조정이 성공한 모델이라고 착각하고 그 방법을 적용한 결과 '미국식 실패'를 겪은 것이다.

이어서 현재 국회에 제출되어 있는 경제민주화 관련 법안들에 대해 평가한다. 기존 경제민주화 정책들처럼 분배악화에 대한 잘못된 인과관계에 기반을 두고 수단이 제시됐기 때문에 '연목구어'(緣木求魚) 법안들이라고 진단했다. 이 법안들은 오히려 기업의 투자 및 자원배분에 있어서 그렇지 않아도 강해져 있는 금융투자자들의 힘을 더 강화시키는 것들이기 때문에 경제양극화를 오히려 더 심화시킬 가능성이 높다.

　제3장에서는 앞의 논의에 기반을 두어서 한국경제의 대안을 모색한다. 한국경제의 허리를 키우기 위한 '투자·고용·분배'의 새로운 패러다임이 필요하다는 점을 강조하면서 재벌들에게 재단을 통한 승계를 허용하면서 '투자·고용·분배'의 주체가 되도록 하는 방안을 마련할 것을 제안했다. 재단 소속 기업들을 '1-2부 리그(two-tiered) 시스템'으로 운영해서 국제시장에서 치열하게 경쟁하는 1부 기업들에 대해서는 경영에 유연성을 주고, 중견-중소기업들과 연합해서 만드는 2부 리그 기업들에 대해서는 고용과 확장에 방점을 두는 '생산적 복지'의 전위대로 키워나가자는 아이디어를 제시했다.

　한편 국내외 기관투자자들에 대해서는 가능한 한 장기투자를 유도하고 기업자산을 지나치게 뽑아내는 일이 발생하지 못하도록 각종 제도를 전면 개편해야 한다고 강조했다. 또 기관투자자들은 '주주'(株主)가 아니라 '주관재인'(株管財人, stockholding fiduciaries)으로서 돈을 맡긴 원고객들의 의사를 제대로 반영하여 투자하도록 하고, 경영이라는 업무를 수탁받은 경영진과 수평적 관계에서 협의를 해나가는 새로운 기업권력지형을 만들어나갈 것을 제안했다.

　'투자·고용·분배'의 문제는 기본적으로 기업보다 국가경제의 시스템 관리자인 정부가 책임져야 할 문제이다. 필자는 정부가 IMF구조조정을 통해 한국의 산업금융시스템을 파괴만 하고 재구축하지는 않았던 데에 한국경제의 허리가 줄어든 큰 원인이 있다고 생각한다. 삼성전자, 현대자동차와 같은 기업들은 자신들이 돈을 갖고 있고 어디서든 돈을 빌릴 수 있으니까 산업금융시스템이 필요 없다.

중하위권 재벌에서 상위 재벌로 올라오고, 중견기업에서 대기업으로 커가고, 중소기업이 중견기업이 되기 위해서는 이들의 성장을 지원해주는 산업금융시스템이 필요하다. 이렇게 기업들이 사다리를 타고 올라올 수 있는 산업금융시스템을 만들어나가기 위한 간단한 제안도 포함했다.

제4장에서는 이 책의 논의를 정리하면서 '국민정서법'이라는 스스로 만들어놓은 장벽을 뛰어넘고 한국경제의 활력회복과 분배문제 개선을 위한 건설적 대안을 모색하는 것이 중요하다는 점을 강조했다. 특히, 다양한 이념의 스펙트럼에 있는 사람들이 함께 공감할 수 있는 '중산층 키우기'라는 실천적 목표를 중심으로 실질적이면서도 전향적인 방안이 논의되어야 한다는 사실을 재차 지적했다.

헤지펀드 행동주의 공동연구의 산물

이 책은 필자가 라조닉(William Lazonick) 교수와 미국의 헤지펀드 행동주의에 관한 공동연구를 진행하던 중 국내에서 경제민주화 관련 추가법안들이 국회에 상정되며 경제민주화가 다시 시대의 화두로 떠오르는 상황을 보고 "이래서는 안 된다"는 생각에서 다소 급하게 만들어졌다. 미국의 주주행동주의가 크게 실패했는데 국내에는 그 내용에 대해 거의 알려져 있는 것 같지 않았다. 오히려 그것을 '성공'이라고 착각하고 그 수단들을 더 강하게 밀어붙이는 것 같았다.

실제로 국내 경제민주화론자들과 미국의 주주행동주의자들 사이에는 많은 유사점이 있다. 필자가 이해하는 사실을 정치권이나 정책 담당자들, 일반 국민들이 쉽게 알 수 있도록 빨리 정리해서 내놓는 것이 도움이 되겠다는 생각에서 이 책을 서둘러 집필했다. 그리고 필자가 생각하는 한국경제의 대안에 관한 아이디어도 내놓으려고 했다.

이 책에는 필자가 과거 한국경제에 관해 썼던 책들에 들어있는 여러 내용이 현재의 맥락에서 합류해 있다는 사실을 밝힌다.[13] 이 책의 모양이 갖춰지는 데는 김종석, 유민봉, 강효상 의원이 공동으로 주최한 국회 세미나가 큰 디딤돌이 됐다.[14] 세미나를 제안한 김종석 의원에게 특별히 감사드린다. 좋은 의견과 자극을 준 윤창현 교수, 김상조 교수, 황인학 박사 등 토론자들에게도 감사를 표한다. 이 책을 쓰는 동안 언제나처럼 변함없이 성원을 보내준 가족과 친구들에게 고마움을 전한다.

2017년 7월

신 장 섭

---

[13] 신장섭(2008; 2009; 2014).
[14] 신장섭(2016).

증보판

경제민주화 …
일그러진 시대의 화두

차례

제 1 장

미국 '경제민주화'의
허상과 실패

미국에서 '경제민주주의'라는 말이 나온 것은 1930년대 대공황 이전이다.[1] 영국 경제민주주의자들의 영향으로 미국에서도 사회주의적 성향의 경제민주주의자들이 세력을 모으기 시작했다. 이에 대응하여 등장한 것이 '주주민주주의'였다. '대중투자'(*mass investment*)를

---

[1] '경제민주화'라는 말은 한국에서만 쓰는 표현이다. 국내 언론이나 학자들은 이를 영어로 번역할 때에 '*economic democratization*'이라고 사용한다. 그러나 영미에서는 비슷한 내용에 대해 '경제민주주의'(*economic democracy*)라는 표현을 사용했다. 따라서 미국의 사례를 얘기할 때에는 '경제민주주의'라는 표현을 쓰는 것이 정확하지만 독자들이 한국의 경우와 비교하는 데 혼선이 없도록 큰 제목에서는 그냥 '경제민주화'라는 한국식 표현을 사용한다. 본문 중에서는 '경제민주화'와 '경제민주주의'를 동의어로 취급하며 사용한다. 이번 장에서 논의하듯, 1980년대 이후 미국의 '경제민주주의'나 1990년대 이후 한국의 '경제민주화'는 내용면에서 똑같이 '주주민주주의'(*shareholder democracy*)의 슬로건과 정책 수단을 사용했다는 공통점을 갖고 있기 때문에 그렇게 사용해도 전체 논의에 지장이 없을 것이다.

통해 국민이 기업에 대해 소유의식을 갖게 되면 사회주의 세력에 대항하는 자유 민주주의의 단단한 기반을 갖출 수 있다는 인식이 여러 정치인이나 기업인, 금융인들 사이에 공유되었기 때문이었다.

주주민주주의의 기틀을 닦는 데에는 뉴욕증권거래소(NYSE)가 전위대 역할을 했다. 그리고 제 2차 세계대전 이후 냉전체제가 전개되면서 미국 내에서 사회주의 세력은 크게 약화됐다. 사회주의적 성향의 경제민주주의가 아직까지 명맥을 이어오지만 미국 내에서 대중적으로 폭넓게 받아들이는 경제민주주의는 주주민주주의가 됐다.[2]

미국의 주주민주주의가 세계적인 조명을 받게 된 것은 1990년대이다. 이 시기에 미국경제가 '부활'했고 그 원동력은 주식시장을 통한 '구조조정'이었다는 평가가 널리 퍼졌기 때문이다. 흥미로운 점은 그 직전까지는 미국의 주주민주주의가 부정적 평가의 대상이 된 적이 많았다는 사실이다. 세계를 제패하던 미국기업이 1970년대와 1980년대 들어 일본기업이나 독일 기업과의 경쟁에서 뒤처지는 모습을 보이자 일본과 독일의 '관계자 자본주의'(*stakeholder capitalism*)가 미국의 '주주 자본주의'(*stockholder capitalism*)에 우위를 보였다는 분석이 많이 나왔다. 주식시장에서의 단기성과주의를 추구하는 미

---

2 이러한 변천 과정에 대해서는 Ott(2011)를 참조. 현재 남은 사회주의적 성향의 경제민주주의에 대해서는 Carnoy & Shearer(1980), Smith(2000) 등을 참조. 이번 장에서 논의하듯, 사회주의적 성향의 경제민주주의자도 미국의 '경영자본주의'를 공격할 때에는 비(非) 사회주의적 주주행동주의자와 함께 기업사냥꾼(*corporate raiders*)에게 보조를 맞추었다. 1980년대 이후 미국경제의 대전환을 이해하는 데 이들 간의 이념적 차이를 거론하는 것은 별로 의미가 없다.

국모델이 장기성과와 팀워크를 강조하는 일본모델이나 독일모델과의 경쟁에서 졌다는 것이다(Porter 1992; Dore 2000 참조). 미국이 일본이나 독일에게 곧 추월될 것이라는 예상도 나왔다. 보겔(Ezra Vogel)의 *Japan as number one*(1979)이라는 제목의 책이 나온 것도 이 즈음이었다.

그렇지만 1990년대 중반에 들어서며 이러한 평가는 급반전됐다. 일본이 부동산과 증시의 버블이 터지며 저성장에 빠지고 독일도 통일 후유증 등으로 침체에 들어간 것과 달리 미국은 경제성장을 회복했기 때문이다. 영국이나 호주, 뉴질랜드 등 앵글로색슨(Anglo-Saxon) 국가도 상대적으로 좋은 성장률을 보였다. 주주민주주의가 구축된 영미에서는 소수주주들이 힘을 모아 시대에 뒤떨어진 경영진을 몰아내고 비효율적인 사업 등을 정리하는 것이 가능했지만 그렇지 않은 일본이나 독일에서는 기존 경영진을 대폭 바꾸는 구조조정이 불가능했기 때문에 영미 국가에 뒤처졌다는 평가가 대두됐다. 더 나아가 세계화의 바람을 타고 국제투자자, 국제기구, 국제 컨설팅회사 및 많은 학자들이 이러한 영미모델을 '글로벌 스탠더드'(global standard)로 내세우며 전파하기 시작했다.

한국도 1997년 외환위기 이전부터 정책담당자들과 학자들 사이에서 미국경제의 '구조조정'을 예찬하며 한국도 미국식 구조조정을 해야 한다는 견해가 많이 퍼졌다. 예를 들어, 한보사태 이후 한국경제의 소방수로 임명됐던 강경식 당시 부총리 겸 재정경제원 장관은 1997년 3월 취임일성으로 "미국경제의 끈질긴 구조조정 노력"을 강조했다. 강만수 당시 재정경제원 차관도 "미국은 고목나무가 쓰러지는 것을 놔두고 새싹이 자라나도록 한 반면, 일본은 고목나무가 쓰러지는 것을 받쳐줘서 어려움을 겪고 있다"고 말했다. 3 그리고 한국이 IMF체제에 들어간 뒤 '미국식 구조조정'은 큰 저항 없이 대폭적으로 집행됐다.

그러나 똑같은 사안에 대한 평가가 널뛰기를 하고 크게 엇갈릴 때에는 보다 길고 폭넓은 안목으로 주요 논점과 사실을 재검토해야 한다. 그렇게 칭송받던 미국모델은 그 후 20여 년이 지난 지금 돌이켜보면 분배와 고용에서 완전히 실패했다. 주식투자자 중심이다 보니 기업을 장기적으로 키워서 적정한 이윤을 받아가기보다는 투자자들이 자신의 이익을 극대화하는 쪽으로 체제를 만들었기 때문이다. 그렇다고 미국 모델이 성장에 성공했는가 하면 그렇지도 못하다. 1990년대에는 다른 선진국보다 상대적으로 높은 성장률을 기록했는지 몰라도 2000년대를 포함해 지금의 시점까지 길게 놓고 평가하면 성장에서 특별히 뛰어나다고 하기 어렵다. 이번 장에서는 미국경제가 어떤 과정을 거쳐서 이렇게 변모하게 됐는지, 그 과정에서 경제민주주의론자 혹은 주주민주주의론자들이 어떤 역할을 했는지, 그 결과가 어떤 의미를 갖는지 등을 논의한다.

---

3 강경식 부총리의 발언은 1997년 3월 20일 경제부처 합동기자회견에서, 강만수 차관의 발언은 당시 출입기자 간담회에서 나온 것이다(신장섭 1999).

'경영자본주의' 재평가

현재 한국의 경제민주화가 반(反) 재벌 성향을 갖고 전문경영이 바람직하다는 전제를 갖고 진행되는 것과 달리, 1970년대 이후 미국의 '경제민주화'는 전문경영진의 '전횡'에 대한 공격을 통해 본격적으로 진행됐다. 미국 대기업들이 지나친 '다각화'를 벌이다 비만해졌고 전문경영인들이 자신들만의 아성을 쌓고 있다는 것이었다. 이러한 대기업 비판에는 사회운동가, 노동운동가, 기업사냥꾼, 기관투자자, 변호사, 학자 등 다양한 배경의 세력이 연합했다.

특기해야 할 사항은 1997년 이전 한국의 발전모델이 국제적으로 칭송을 받았지만 외환위기 이후 그 평가가 돌변했던 것과 마찬가지로, 미국의 '경영자본주의'(*managerial capitalism*)도 그 이전에는 국제적 찬사의 대상이었지만 이러한 '구조조정' 과정을 거치면서 평가가 크게 달라졌다는 사실이다. 현재 미국 내에서 '주류'의 시각은 경영자본주의가 비효율을 드러냈지만 투자자들이 적극적으로 나서 경영진을 통제하면서 미국 대기업들이 효율적으로 바뀌었고 미국

경제도 좋아졌다는 것이다.4 한국의 구조조정을 평가하기 위해 그 전의 발전모델에 대한 재평가가 필요한 것처럼, 미국의 구조조정을 평가하기 위해서도 이전 시대를 풍미하던 경영자본주의를 재평가 해야 한다.

1) '유보와 재투자'의 경영철학

미국은 20세기 초반에 대기업들의 지분이 분산됐고 전문경영체제가 들어섰다. '소유와 통제의 분리'(*separation of ownership and control*) 라는 미국 대기업들의 전형적 특징이 이때 만들어지기 시작했다. 대주주가 없는 상태에서 미국의 전문경영인들은 20세기 중반 미국경제의 대약진을 이끌었다. 이 기간 중 미국은 어느 나라도 필적할 수 없는 경제력과 군사력을 바탕으로 '팍스 아메리카나'(*Pax Americana*) 를 구축했다. 경제성장률을 비교해 봐도 전후(戰後) 1980년까지의 성장률은 이후의 성장률보다 평균 1.5배가량 높았다. 미국 대기업은 세계에서 가장 경쟁력 있는 기업의 상징이었다.

관심을 기울여야 할 사실은 미국이 경영자본주의의 전성기에 성장 뿐만 아니라 분배라는 토끼도 함께 잡았다는 점이다. 이 기간 중에 미국의 분배지표는 역사상 최고였다. 미국의 지니계수는 2차 세계대

---

4 주류라고 분류할 수 있는 학자 중에서 Holmström & Kaplan (2001) 은 미국 기업이 더 효율적으로 바뀌었다고 주장하지만 미국경제가 더 효율적으로 바뀌었는지는 논란거리로 남는다고 밝힌다.

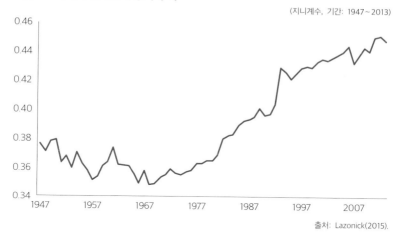

그림 1-1 미국의 소득분배 장기 추이

(지니계수, 기간: 1947~2013)

출처: Lazonick(2015).

전 직후부터 1960년대 후반까지 계속 하락 추세를 보였고 1970년대
중반 이후에나 조금씩 올라갔다(그림 1-1). 사회민주주의가 정치체
제에 들어가 있는 유럽국가들과 비교할 때는 소득분배가 불균등하다
고 할 수 있지만 국제적으로 비교할 때에 불평등도에서 '중간' 수준을
유지했다. 미국의 중산층이 확립된 것도 이 기간이다. 그러나 그 이
후 분배지수가 지속적으로 악화됐고 1990년대에 미국경제가 부활했
다고 하는 기간에 더 빠르게 악화되었다. 미국은 지금 소득분배에서
는 불평등도가 아주 높은 수준의 국가가 되어있다. 5

'상위 1%'가 차지하는 소득비중에서도 비슷한 추세를 보였다. 2차
세계대전 이후에 1970년대 중반까지는 조금씩이나마 감소되는 추세
를 보였다. 상위 1%의 비중이 1945년 11. 1%에서 1977년 7. 9%로

---

5 소득분배의 국제적 비교에 관해서는 2장 1절("1990년대 한국경제의 재평
가")의 논의 및 **표 2-1** 참조.

그림 1-2 미국의 상위 1% 소득 비중 역사적 추이

(기간: 1913~2015)

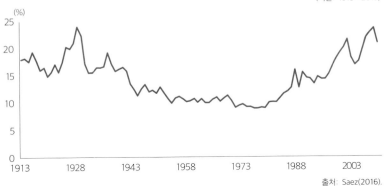

출처: Saez(2016).

떨어진 것이다. 그러나 이후에 급격하게 증가했다. 1980년 8.2%, 1990년 13%, 2000년 16.5%, 2010년 17.5%, 2015년 18.4%로 올라갔다. 1980년 이후 35년 동안에 상위 1%가 차지하는 소득비중이 2.3배가량 높아졌다(그림 1-2).

미국이 경영자본주의 전성기에 성장과 분배를 동시에 달성한 이유는 전문경영인들이 '조직인'(*organizational man*)으로서 평가받았으며 '유보와 재투자'(*retain-and-reinvest*)의 경영철학을 실현하고 그렇게 할 내·외부적 여건이 갖춰져 있었기 때문이었다(Lazonick 1992; 2014).

이 시기 전문경영인들에게 가장 큰 보상은 조직 내에서의 승진이었다. 조직에 기여하고 이를 인정받아 승진하며 보수가 계속 올라갔다. IBM이나 휴렛팩커드(HP)처럼 종신고용을 철학으로 삼고 있는 대기업도 많았다. 이런 인센티브 체계에서는 전문경영인들이 자신이 몸담은 조직을 키우는 데 진력하고 장기적으로 생각하게 된다. 야심 있는 사람은 젊었을 때에 회사에 들어온 뒤 30년가량의 장기전

망을 갖고 자신의 행동거지도 결정하고 회사에 어떻게 기여할 것인지를 지속적으로 생각하게 된다.

기업의 장기적 성장이 목표가 되고 경영자도 조직 내에서 장기적 전망을 갖게 되니 투자에 적극적으로 변한다. 일단 장기적으로 생각하면 단기적으로 생각할 때보다 투자할 수 있는 건수가 훨씬 많아진다. 단기적으로 성과를 낼 수 있는 투자는 그렇게 많지 않다. 또 단기적으로 성과를 내지 못하더라도 앞으로 잠재력이 큰 경우, 경영자가 기업 내에서 장기적으로 남아있지 못하거나 이러한 투자에 대해 제대로 평가받지 못하면 실제로 할 수 있는 투자가 크게 줄어든다.

또 아래에서 논의하듯 경영자본주의 시대에는 기업이익의 분배에 관해 경영자가 거의 전적으로 결정할 수 있었다. 이들은 돈을 벌면 배당을 자제하고 유보해놓은 뒤 새로운 기회를 찾아 적극적으로 재투자했다. 미국 대기업은 1930년대 대공황 기간에도 연구개발(R&D)에 지속적으로 투자했다.

조직의 발전을 우선시하는 분위기에서 임원들의 임금상승도 억제됐다. 이 당시에도 국제적으로 비교하면 미국의 경영자들은 다른 선진국 경영자들보다 상대적으로 높은 연봉을 받았다. 스톡부여(stock award)나 스톡옵션(stock option) 등도 상대적으로 많이 받았다. 그렇지만 1970년대까지는 최고경영자(CEO)의 인플레를 차감한 실질보수는 별로 올라가지 않았다. 그러나 1980년대 이후 CEO의 연봉은 하늘로 치솟았다(그림 1-3).

주목해야 할 사실은 이 기간에 미국의 생산성과 임금이 동반상승했다는 점이다(그림 1-4). 기업이 적극적으로 투자하니 고용이 창출

그림 1-3 미국 CEO의 연봉 추이와 구성 변화

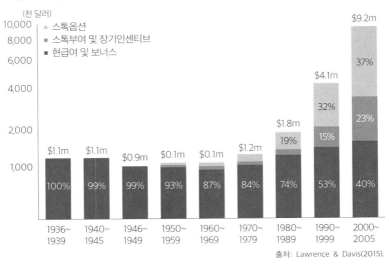

출처: Lawrence & Davis(2015).

그림 1-4 생산성과 임금의 동반상승기

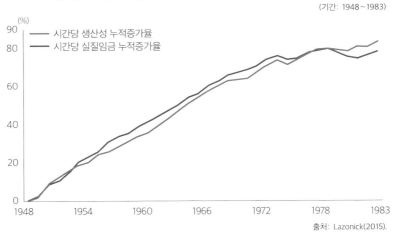

(기간: 1948~1983)

출처: Lazonick(2015).

되고 임금도 올라간 것이다. 올라가는 생산성에 맞춰 임금이 상승하면 경영자나 근로자나 서로 만족할 수 있다. 경영자는 근로자가 생산에 기여하는 만큼 임금을 올려주기 때문에 회사의 장기성장 잠재력을 계속 유지할 수 있었다. 근로자는 일을 열심히 잘하면 계속 임금이 올라간다는 기대를 갖고 있기 때문에 일을 더욱 열심히 잘하려고 노력하게 된다.

한편 근로자는 회사에서 장기간 안정된 임금을 받으면서 일할 수 있다는 기대를 갖게 되기 때문에 미래에 대한 불안이 줄어들고 계획을 세워 소비를 늘려나갈 수 있다. 이것은 내수확대를 불러왔다. 내수확대로 경제가 성장하고 그 전망하에 기업은 투자를 늘리는 선순환에 들어갔다. 경영자본주의의 전성기에 미국의 중산층이 확립된 것은 이 선순환의 결과라고 할 수 있다.

2) '소수주주'와 뉴딜 금융규제

미국에서 경영자본주의가 등장할 때에 주식을 소유하게 된 계층은 대부분 개인투자자들이었다. JP모건 등의 투자은행이 대기업 소유주들의 주식을 파는 과정을 중개했지만 금융기관들은 주식매입에 거의 참여하지 않았다. 금융기관들에게 주식은 '위험자산'이었다. 이들의 활동영역은 안전자산인 채권을 매매하거나 전통적 대출, 자금조달 중개 등으로 국한되었다.

개인투자자들은 기업의 경영에 관심이 없었다. 오히려 경영에 관해 책임을 지지 않고 돈을 굴리면서 언제든지 팔고 나올 수 있는 유동성 있는 투자처가 만들어진 데 관심이 많았다. 매입하는 주식에 대한 신뢰는 자세한 경영내용을 알기보다 해당 대기업의 명성과 중개를 선 투자은행들에 대한 신뢰를 통해 만들어졌다. 개인투자자들은 전문경영인이 기업의 통제권을 갖는다는 사실을 "기꺼이" 받아들이고 주식을 매입했다(Lazonick & O'Sullivan 2001: 113).

이 시기에 미국에서 주주민주주의를 만들어나갔던 정치인, 기업인, 금융인들은 '대중투자'가 기업의 자금조달에는 별로 기여하지 않는다는 사실을 잘 알았다.6 그들의 주관심사는 정치적이었다.

(대중을 대상으로) 금융증권에 대한 투자를 촉진시켰던 사람들은 대중투자가 자금을 조달하는 데 특별히 효율적이거나 수익성이 높다고 생각하지 않았다. 기업 자본주의에 대한 대중의 적대감과 (이민자로 구성된 미국에서) 시민의식을 어떻게 만들어나갈 것인지에 관한 정치적 우려가 주식소유를 일반화하는 수많은 프로젝트를 활발하게 끌고 가는 중요한 동력이었다(Ott 2011: 4).

'대중투자'의 기반이 만들어지면서 미국에서는 자생적으로 투자신탁(investment trust)이나 뮤추얼펀드(mutual fund)가 등장했다. 이들은 개인투자자들과 함께 1920년대 주식시장의 붐을 이끌었고 결국

---

6 실제로 그 후 지금까지도 주식시장은 기업의 자금조달에 별로 기여하지 않는다. 주식시장은 선진국에서 전체적으로 자금공급 창구라기보다는 자금유출 창구로 기능했다. 미국의 경우에는 1990년대 이후 기관투자자에 의해 주도되는 주주민주주의가 강화되면서 기업으로부터 자금을 대폭적으로 빨아가는 창구가 되었다(1장 4절의 "2) 약탈적 분배와 '1% 대 99%' 구도" 참조).

1929년 뉴욕증시 대폭락으로 이어졌다. 이때까지 미국에는 기관투자자들에 대해 별다른 법적 규제가 없었다. '자율규제'만이 있었을 뿐이다. 그러나 1930년대에 '뉴딜'(New Deal) 정책이 추진되면서 기관투자자에 대한 규제 틀이 처음으로 만들어졌다. 1933년 〈증권법〉(the Securities Act of 1933), 1934년 〈증권거래법〉(the Securities Exchange Act of 1934), 1940년 〈투자회사법〉(the Investment Company Act of 1940)이 그 뼈대를 구성한다.

이 법안들은 기업과 기관투자자 간의 관계에 관해 크게 3가지 원칙을 확립했다. 첫째, '내부자 정보'를 이용한 이익취득을 포함해 '사기와 기만'(fraud and deceit)을 금지한다. 둘째, 기관투자자들이 '그룹'으로 공동행동하는 것에 대해 엄중히 규제하고 '투자자 카르텔(cartel)'은 일반적으로 금지한다. 셋째, 기관투자자들의 투자 다변화를 촉진시키고(encourage) 기업경영에의 간여를 억제한다(discourage)(Roe 1990; 1991 참조). 첫 번째 원칙은 지금까지 변함없이 경영자와 투자자에게 적용된다. 두 번째와 세 번째 원칙은 1980년대 이후 주주행동주의가 강화되면서 크게 허물어졌다.[7] 경영자본주의가 어떻게 기능했는가를 파악하기 위해 자세히 봐야 할 것이 세 번째 원칙이다.

뉴딜 정책입안자들은 기관투자자들이 기업을 통제하는 것에 대해 대단히 부정적이었다. "투자신탁이 다변화를 통한 투자라는 정상적 채널을 벗어나 기업을 통제하는 비정상적인 길로 들어서는 것을 막아야 한다"는 견해가 일반적으로 받아들여졌다. 증권거래위원회(SEC)의 한 고위간부는 의회 증언에서 "뮤추얼펀드의 유일한 긍

---

7 1장 3절 "'주주민주주의'와 '기관투자자 행동주의'" 참조.

정적 기능은 투자다변화이다. 그 이상을 하려는 것은 도둑질하려는 것이다"라고까지 말했다(Roe 1991: 1488).

이렇게 경영진과 투자자를 분리시킨 것은 기본적으로 두 주체가 하는 기능이 다르기 때문이었다. 경영진은 생산활동의 주체이다. SEC도 설립목적에 '자본축적'(capital formation)을 집어넣어 생산활동을 지원하는 기능을 떠맡았다. 그러나 기관투자자들의 기능은 기본적으로 투기(speculation)이다. 주식을 값쌀 때 사서 비쌀 때 팔아 차익을 남기는 것이다. 물론 벤처캐피털처럼 처음부터 생산에 기여하면서 그 수익을 나누는 곳도 있지만 대부분의 기관투자자들은 공개시장에서 주식을 사서 공개시장에서 판다. 개인투자자들과 비교할 때에 기관투자자들이 '투기'에서 만들어내는 차이는 투자규모가 크기 때문에 '다변화'를 통해 위험을 분산할 수 있고 투기와 관련된 연구역량에 돈과 인력을 많이 투입할 수 있다는 사실뿐이다.

기관투자자들의 힘이 세지고 경영진에 영향력을 미칠 수 있게 되면 내부자 정보를 쉽게 얻을 수 있거나 주가를 조작할 수 있게 되어 첫 번째 원칙에 손상을 준다. 또 이런 일이 가능해지면 주주민주주의에도 손상이 간다. 힘 있는 기관투자자들이 그 영향력을 활용하여 그렇지 않은 개인투자자나 다른 기관투자자보다 쉽게 '투기'하거나 더 나아가 '조작'까지 할 수 있으면 투자자 간의 형평성이 깨져버리는 것이다.

이 시기에도 기관투자자들이나 개인투자자들이 기업경영진에게 자신의 목소리를 전달할 수 있는 통로는 만들어져 있었다. 주주총회에서 투표권을 행사할 수도 있고 기업경영진에게 소정의 절차를 거쳐 의사를 전달할 수도 있었다. 그렇지만 뉴딜 금융규제는 소수주주들의 견해가 경영진에 전달되는 길을 잘 만들어주는 것보다 이들이 기업에 대한 영향력을 기반으로 불공정거래나 '사기와 기만' 등을 할 가능성을 차단하는 데 더 많은 관심을 기울였다. 개인투자자들은 처음부터 경영에 영향을 미치는 데 관심이 없었다.

뉴딜 정책입안자들에게 기관투자자는 처음부터 '주주민주주의'의 대상이 아니었다. 단지 '돈 관리인'이었다.8 이들이 투표권을 행사하거나 경영에 기여하게 만들어야 한다는 생각이 전혀 없었다. 한편, 기관투자자들은 당시 정부가 이러한 '행동 준칙'(code of conduct)을 확립해주는 것을 오히려 반긴 측면도 많았다. 예를 들어, 뮤추얼펀드들은 "자신들의 투자상품을 대중에게 팔기를 원했고 자신의 비즈니스가 대중의 인증을 받기 위해 (외부에서 주어진) 행동준칙이 필요했다"(Roe 1991: 1489). 뉴딜규제를 통해 '소수주주'들과 경영진 간의 역할은 완전히 분리됐다. 이러한 기업권력지형 속에서 미국의 대기업경영진은 '조직인'으로서 '유보와 재투자'를 통해 조직을 키우는 데 전력할 수 있었다.

---

8 영미에서는 지금도 '기관투자자'(institutional investor)라는 말 못지않게 '돈 관리인'(money manager)이라는 말이 많이 사용된다. 예를 들어, 뱅가드(Vanguard) 창업자인 보글(John Bogle)도 미국 기관투자자들을 '킹콩'이라고 말하며 '미국의 최대 돈 관리인들'(America's largest money managers)이라고 표현한다(Bogle 2005: 75 참조).

경영자본주의 비판과 '대기업 개혁 4자 동맹'

2

그러나 미국의 경영자본주의는 1970년대에 본격적인 도전에 직면한다. 일본, 서독 등 새로운 경쟁자들에게 뒤지는 모습이 나타나면서 미국기업들의 효율성에 대한 문제가 제기되기 시작했다. 다각화 투자를 많이 벌이는 것에 대한 비판도 일었다. 석유파동으로 인해 경제가 침체에 빠져 기업이 전체적으로 어려워진 것도 대기업들의 효율성에 대한 부정적 인식을 만드는 데 가세했다.

1970년대에 본격적으로 진행된 인플레도 대기업 비판의 원인을 제공했다. 금융투자자들은 인플레를 상쇄하기 위해 보유주식에서 더 높은 수익률을 요구하게 됐다. 반면 기업들은 금리가 크게 올라 수익성을 높이는 데 어려움을 겪는 상황에서 투자자들에게 배당을 늘리기도 어려운 상황이었다. 경기침체에 따라 주식시장이 전반적으로 침체되는 상황에서 개별기업이 주가를 올리기 위해 내놓을 수단은 별로 많지 않았다.

이러한 상황에서 미국 대기업 비판론자들은 경영자가 다각화를 통한 성장을 추구하면서 주주들의 이익을 무시하고 '방만한 경영'을 한다는 부분에 초점을 맞추었다. 사회운동가, 노동운동가, 기업사냥꾼, 기관투자자, 변호사, 학자 등 다양한 세력에서 나온 이들을 한데 묶은 이데올로기는 '주주가치 극대화'(*maximizing shareholder value*, 이하 MSV)였다.

이들이 미국경제에서 큰 힘을 발휘하고 시스템의 대전환을 가져온 데는 ① 주식시장에서 기관투자자들의 영향력이 압도적 수준으로까지 강력해진 펀드자본주의 경향, ② 기업사냥꾼과 적대적 인수(*hostile takeover*)의 등장, ③ 주주행동주의에 유괴(誘拐)된 기업지배구조(*corporate governance*) 개선논의, ④ 대리인 이론(*agency theory*)의 무비판적·일방적 확산 등의 새로운 조류가 합쳐지면서 증폭적으로 상호작용했기 때문이다. '대기업 개혁'이라는 공동목표를 향한 '4자(者) 동맹'이 결성됐고 공동행동의 결과 대기업들을 복속시켰다고 할 수 있다.

1) 펀드자본주의의 압도적 전개:
기관투자자들의 초거대 재벌화

지금도 많은 경제문헌은 미국 대기업들의 특징적 지분형태를 힘없는 소수주주들에게 자잘하게 나누어진 '분산된 소유'(*dispersed ownership*)라고 표현한다. 그러나 이것은 미국이 '경영자본주의'를 유지하던 1980년대 이전에나 해당되는 이야기이다. 현재 미국 대기업들의 지분구조를 보면 기관투자자들이 압도하고 있다. 또 힘없는 개인투자자들에게 지분이 분산되지 않고 강력한 기관투자자들에게 제법 큰 영향력을 행사할 수 있는 덩어리(block)로 나누어져 있다. 기관투자자들 내에서의 집중도(集中度)도 굉장히 높다. 일부 기관투자자는 '초(超) 거대 재벌'이 되었다.

그렇지만 미국뿐만 아니라 대부분의 나라에서 금융규제는 아직까지 기관투자자들을 개인투자자들과 함께 뭉뚱그려 '소수주주' 혹은 '소액주주'로 취급한다. 대부분의 정책담당자들과 학자들, 개인들이 기업과 금융투자자 간 뒤집혀진 역학 관계에 대한 실상을 제대로 인식하지 못하고 있기 때문이다. 미국에서 뉴딜 금융규제 틀은 1980년대 초반까지 거의 바뀌지 않았다. 그러나 그 이후 이미 강해지던 '소수주주'의 힘을 오히려 더 강화하는 방향으로 금융규제 틀이 바뀌었다. 결과적으로 경영진과 기관투자자 간에 규제의 불균형이 크게 나타나고 있다. 먼저 '소수주주'의 실상을 제대로 살펴보자.

세계에서 주식시장이 가장 발달한 미국은 기관투자자들이 차지하는 비중이 2차 세계대전 직후에도 이미 다른 나라보다 높은 편이었다. 그럼에도 불구하고 1950년에는 그 비중이 9%에 불과했다. '소수주주'들의 절대다수는 개인투자자들이었다. 그러나 20세기 후반에 이 상황은 완전히 역전된다. 미국 주식시장에서 기관투자자들의 비중은 1960년 14%, 1970년 22%, 1980년 32%, 1990년 45%, 2000년 55%, 2015년 63%로 급격히 올라갔다(**그림 1-5**). 미국 연방준비제도이사회(FRB) 통계에서 헤지펀드와 사모펀드 보유주식은 개인 보유로 분류되어 기관투자자 보유분에 포함되지 않기 때문에 이들까지 포함하면 실제 기관투자자들이 차지하는 비중은 이보다 훨씬 높다.

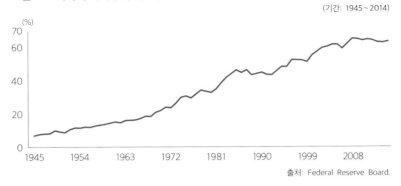

그림 1-5 **미국 주식시장의 기관투자자 비중 추이**

(기간: 1945~2014)

출처: Federal Reserve Board.

기관투자자 지분보유에서 특징적 사실은 일부 거대 기관에게 집중되어있고 이들 거대기관의 주식보유는 국내에서 재벌의 행태를 부정적으로 표현할 때 사용하는 '문어발식 확장'이라는 말이 무색할 정도로 폭넓게 흩어졌다는 점이다. 2016년 중반 현재 미국 주식의 31%에 해당하는 6조 8,180억 달러(약 7,800조 원) 어치의 주식이 블랙록(BlackRock), 뱅가드 등 5대 기관투자자에게 집중되어있다. 10대 기관투자자에게는 42%가 집중되어있다. 25대 투자자에게 전체 주식의 절반이 넘는 56%가 보유되어있다(표 1-1). 그래서 현재 세계 2위 기관투자자이자 세계 2위 뮤추얼펀드 뱅가드의 창업자인 보글은 미국의 주요 기관투자자들을 '킹콩'(King Kong)이라고 표현한 바 있다(Bogle 2005).

한편 이들의 지분은 '과도한 다변화'(excessive diversification)라는 말이 나올 정도로 흩어졌다. 일반적으로 기관투자자의 주식투자는 위험을 회피하기 위해 다변화해야 하는 원칙을 갖고 있다. 정책당국이 기관투자자들에게 개별기업 지분을 일정 수준 이내에서 보유하도록 권장하고 그 이상의 지분을 가질 때에는 일반 대주주와 동일하게 엄격한 규제를 하는 것도 마찬가지 이유에서 비롯된다. 그러나 지금은 한 펀드에서 많은 경우 1만 개가 넘는 기업의 주식을 보유할 정도로 투자가 분산되어있다.

이렇게 지분이 극도로 분산된 이유는 인덱스 펀드(*index fund*)의 등장에 가장 큰 원인이 있다. 개별기업에 대해 일일이 연구조사해가며 타이밍을 맞춰 투자하기보다 주식시장의 지수 움직임을 쫓아가도록 펀드를 설계해서 지수상승분만큼만의 수익을 거두는 것이다. 달리 말해 기업주식을 사는 것이 아니라 주식시장을 사는 것이라고 할 수 있다.

표 1-1 미국 기관투자자들의 초거대 재벌화

(단위: 10억 달러)

순위	기관투자자	주식보유액
1	BlackRock, Inc.	2,044
2	Vanguard Group, Inc.	1,553
3	Fidelity Investments	1,272
4	State Street Corporation	1,090
5	Capital Group Companies, Inc.	857
6	T. Rowe Price Group, Inc.	814
7	JP Morgan Chase & Co.	456
8	The Bank of New York Mellon Corporation	410
9	Wellington Management Group LLP	389
10	TIAA-CREF	373
	상위 5개사	6,818(31%)*
	상위 10개사	9,261(42%)
	상위 25개사	12,307(56%)
	상위 100개사	16,995(78%)

*미국 주식시장 전체 시가총액 대비(2016년 6월말 기준).　　　　　출처: Capital IQ

표 1-2 미국 10대 기관투자자의 5% 이상 지분보유 기업 수

(연도: 2016)

기관투자자	5% 이상 지분보유 기업 숫자
BlackRock, Inc.	2,610
Vanguard Group, Inc.	1,872
Fidelity Investments	1,173
Capital Group Companies, Inc.	465
Wellington Management Group LLP	439
T. Rowe Price Group, Inc.	414
JPMorgan Chase & Co.	191
State Street Corporation	178
The Bank of New York Mellon Corporation	98
TIAA-CREF	24

출처: Capital IQ.

인덱스펀드는 개별기업에 대한 연구와 투자타이밍 결정을 위해 노력할 필요가 없으니 펀드수수료가 크게 싸다. 반면 과거 지수상 승이 평균적으로 액티브펀드(*active fund*)의 수익률보다 높기 때문에 투자자도 만족할 수 있다. 뱅가드가 1976년 최초로 인덱스펀드를 도입한 이후 인덱스펀드가 주식시장에서 차지하는 비중은 크게 늘었다. 지금 세계적으로 유행하는 ETF(Exchange Traded Fund)도 인덱스펀드의 일종이고 합성형 펀드 등 다양한 종류를 인덱스펀드 를 다 합칠 경우 미국주식시장에서 현재 3분의 1가량이 인덱스 형태 로 투자된다는 추산도 나온다.

이렇게 보유지분의 '과도한 다변화'가 벌어지고 있는데도 불구하 고 놀랄 만한 사실은 거대 기관투자자들이 개별기업에게 강력한 영 향력을 행사할 수 있을 정도로 지분율이 높은 경우가 굉장히 많다는 것이다. 현재 세계 최대 기관투자자이자 뮤추얼펀드인 블랙록은 전 세계 2,610개 기업에서 5%가 넘는 지분을 가졌다. 2위인 뱅가드는

1,872개의 기업에서, 3위인 피델리티(Fidelity)는 1,173개의 기업에서 5%가 넘는 지분을 가졌다. 10대 기관투자자들이 개별적으로 5%가 넘는 지분을 가진 회사는 7,464개에 달한다(표 1-2).

〈뉴욕타임스〉는 "주식보유 거인들이 조용히 휘젓고 있다"라는 제목의 글을 통해 블랙록의 힘을 다음과 같이 묘사한다. "블랙록은 미국 5개 기업 중 하나에서 최대주주이다. 이 펀드는 JP모간이나 월마트(WalMart), 쉐브론(Chevron)의 대주주이며 미국에서 공개되어 있는 40% 이상의 회사에서 5% 이상의 주식을 통제한다."9 지금 미국경제에서 대기업들은 펀드재벌들에게 완전히 압도되고 있다.

2) 기업사냥꾼과 적대적 인수

펀드자본주의 추세와 미국기업들의 경영난, 대기업경영진에 대한 비판적 시각, 인플레를 상쇄하는 높은 수익률을 원하는 투자자 기대 등의 조류를 상업적 이익에 가장 잘 활용한 세력이 '기업사냥꾼'이다. 도널드 트럼프 미국 공화당 대통령 후보가 자신이 당선되면 재무장관으로 영입하겠다는 인물인 아이칸(Carl Icahn)이 피컨스(T. Boone Pickens) 등과 더불어 당시를 풍미했던 기업사냥꾼이었다.

이들은 표적으로 삼은 기업의 주식을 일정 지분 매입한 뒤 경영진을 비판하며 자신의 요구사항을 내건다. 그리고 이익을 얻는 방

---

9 *The New York Times* (May 18, 2013). "The Giant of Shareholders, Quietly Stirring".

법은 크게 3가지이다.

첫째, 분쟁이 벌어지는 이유 자체 때문에 혹은 경영진이 요구사항을 받아들이는 등의 요인 때문에 주가가 오르면 주식을 팔아서 차익을 챙긴다. 아이칸의 영향력이 컸기 때문에 아이칸이 주식을 샀다는 얘기만 나오면 주가가 뛰는 현상이 생겼고 '아이칸 급등'(Icahn lift)이라는 신조어가 탄생했다.

둘째, 경영진이 요구사항을 받아들이지 않을 경우, 각종 위협과 비난을 동원한 뒤 경영진에게 '종전'(終戰)의 조건으로 자신의 보유주식을 시세보다 비싼 값에 사달라고 요구한다. 그린메일(Greenmail)이라고 통칭되는 방법이다. '주주민주주의' 원칙을 훼손하는 일이었지만 상당 기간 통용됐고 1980년대 후반이 되어서야 불법으로 규제받기 시작했다.

셋째, 경영진이 요구사항을 받아들이지 않고 그린메일에도 응하지 않으면 자금을 더 동원하고 다른 주주와 연대해 대주주로 올라선 뒤 기업을 상장폐지시키고 '구조조정'을 통해서 차익을 얻는다. 이들이 자금을 동원하는 과정에서 '정크본드'(junk bond)가 대규모로 활용됐고 '차입매수'(leveraged buyout·LBO)라는 주식매수를 위한 차입금을 인수대상기업에 빚으로 떠넘기는 새로운 금융방식이 도입됐다.10

기업사냥꾼의 활동과 정크본드 파이낸싱은 1980년대 미국의 기업과 금융 간 지형을 크게 바꾸었다. 1984년부터 1990년까지 6년 동안 순규모로 5,000억 달러어치의 주식이 상장폐지됐다. 1970년

---

10 아이칸의 투자방식에 대해서는 스티븐스(Stevens 2014) 참조.

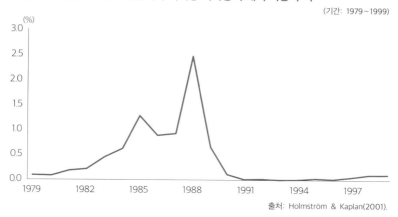

그림 1-6 상장폐지 주식의 전체 주식시장 시가총액 대비 비중 추이

(기간: 1979~1999)

출처: Holmström & Kaplan(2001).

후반까지 주식시가총액 대비 상장폐지 주식규모는 0%에 근접해있
었다. 그러나 1980년대에 급증해서 1988년에는 상장폐지 주식규모
가 주식시가총액의 2.5%까지 뛰어올랐다(그림 1-6).

이 기간에 주요 기업들은 좋든 싫든 기업사냥꾼들의 공격에 방어
하고 대비해야 했다. 1980년대에 미국 주요기업들의 거의 절반가
량이 인수합병 공격대상이 되었다. 공격을 받지 않은 기업들도 공
격을 받지 않기 위해 미리 구조조정하고 '주주친화적' 대책을 쏟아
내야 했다. 결과적으로 과거 미국 대기업들의 '유보와 재투자' 철학
을 근본적으로 변화시켰고 확장 투자에 강력한 브레이크가 걸렸다.

3) 주주행동주의에 유괴된 기업지배구조 개선논의

미국 정책 당국이나 의회에서 기업지배구조 개선논의는 1970년대 중반부터 시작했다.[11] 그러나 이 당시까지만 해도 기업지배구조 논의는 단순히 주주의 시각만이 아니라 근로자, 소비자, 채권자, 지역사회 등 관계자(stakeholder)의 시각을 기업경영에 반영하려는 목적을 갖고 있었다. 정책 당국도 주주의 권익을 보호하는 것 못지않게 '자본축적'을 기업지배구조 논의의 중요한 축으로 취급했다.

레이건 행정부에서 SEC 의장으로 임명되어 이후 금융투자자 위주의 제도를 만들어나갔던 샤드(John Shad) 조차 1970년대 후반부터 기업지배구조 논의를 본격적으로 전개한 그의 전임자 윌리엄스(Harold Williams)를 옹호하며 "기업지배구조 못지않게 자본축적의 옹호자로 받아들여지기를 바란다"고 발언할 정도였다(Cheffins 2013: 4).

그러나 1980년대 중반을 거치면서 미국의 기업지배구조 논의는 '주주가치'(shareholder value) 중심으로 모이게 된다. 이 과정에는 노동 및 사회운동가, 소수주주 운동가, 연금 행정가, 정치인, 학자, 법률인 등 다양한 세력이 상호작용했다. 이들은 대부분 태생적으로 기업사냥꾼에 대해 호감을 가지지 않았다. 자신들이 기업지배구조 개선을 요구하는 것은 주로 공익(公益)을 위한 것이지 사익(私益) 추구에서 비롯된 것이 아니라는 의식을 가졌다.

---

11 Cheffins(2013)는 SEC문서에서 기업지배구조(corporate governance)라는 단어가 처음 등장한 때가 1976년이라고 밝힌다.

그렇지만 자신들이 원하는 방향의 '기업지배구조 개선'을 이루기 위해 적(敵)으로 설정한 세력은 대기업의 경영진이었고 이를 달성하는 데 기업사냥꾼은 유효한 제휴 혹은 동맹세력이었다. 외교에서 '내 적(敵)의 적(敵)은 내 친구'라는 원리는 미국의 주주행동주의자들에게도 마찬가지로 적용됐다.

한편 공적 연금이나 민간 기관투자자들도 기관의 이익 차원에서 기업사냥꾼들과 보조를 맞추었다. 기업사냥꾼 방식의 주가상승이나 인수합병이 더욱 높은 투자수익을 제공했기 때문이다. 기업의 구조조정이나 상장폐지 등을 통해 장기적으로 자신들의 투자기반이 줄어들지 여부는 기관투자자에게 목전의 관심사가 아니었다. 공적 연금의 경우는 근로자의 노후대비자금으로 투자하는 것인데 구조조정을 통해 회사가 없어지고 근로자가 일자리를 잃어버리면 근로자에게 피해를 주고 연금의 기반도 약해지는 일이었다. 그렇지만 연금 행정가들 입장에서는 눈에 보이는 투자수익을 올리는 것이 더 급한 일이었다.

특히 미국에서는 공적 연금이 대부분 주(州) 정부 단위로 운영되고 기업은 국가 혹은 세계적 범위에서 활동하기 때문에 연금 행정가들이 기업파산의 악영향에 대해 둔감했다. 캘리포니아 주의 공무원연금인 CalPERS(The California Public Employees' Retirement System)와 교원연금인 CalSTRS(The California State Teachers' Retirement System)가 주주행동주의의 선봉에 섰던 한 이유도 여기에 있다. 공무원이나 교원연금의 경우 경제가 나빠진다 하더라도 세금을 통해 부족분을 충당할 수 있기 때문에 연금이 위협받을 것이라는 생각을 거의 하지 않았고 기업사냥꾼들의 공격대상이 되는 미국기업들에 대한 공동체 의식도 약했다(Gelter 2013; Malanga 2013).

4) 대리인 이론의 등장과
무비판적·일방적 적용

학계에서 대리인 이론(*agency theory*)의 효시(嚆矢)로 인정받는 젠센과 메클링의 논문이 처음 출판됐을 때에는 거의 주목을 받지 못했다(Jensen & Meckling 1976). 그러나 기업사냥꾼들의 활동과 적대적 인수합병이 본격화되면서 대리인 이론은 그들의 활동을 합리화하는 논거로 적극 활용됐다. 경제경영학자들도 적대적 인수합병 붐이라는 새로운 현상을 설명할 수 있는 이론 틀로서 대리인 이론을 광범위하게 받아들이고 발전시켜나갔다.

대리인 이론의 핵심은 다음과 같다.

첫째, 경영자는 주주의 대리인(*agent*)이고 따라서 주주의 이익을 극대화한다는 목표를 수행해야 한다.

둘째, 경영자가 주주의 이익을 극대화하기보다는 자신의 이익을 극대화하는 방향으로 행동하는 경향이 있는데, 특히 미국과 같이 기업소유지분이 분산된 곳에서는 이를 통제하기 위한 비용(*agency cost*)이 너무 많이 들기 때문에 이러한 '비효율적' 행위가 방치된다.

셋째, 따라서 경영자가 주주의 진정한 대리인으로 행동하도록 하기 위한 인센티브 구조를 새로 만들어야 한다. 이를 위해 흩어진 주주들이 집단적으로 행동해 경영진에게 쉽게 압력을 넣을 수 있도록 해줘야 하고 경영자들에게 스톡옵션을 많이 주는 방법 등으로 이들이 대리인 역할을 충실히 이행하도록 해야 한다.

대리인 이론가들은 경영자들과 주주들 간에 '잉여현금'(*free cash flows*)을 어떻게 정의하고 사용할 것인지를 둘러싸고 가장 커다란 이해관계 상충이 나타난다고 보았다. 그리고 경영자들이 자신의 힘을 유지하기 위해 잉여현금이 생겨도 주주들에게 배당 등의 형태로 돌려주지 않고 회사에 가능한 한 쌓아놓는 경향이 있다고 주장한다. 따라서 주주가치를 극대화하는 중요한 수단은 기업 내에 쌓인 '잉여현금을 뽑아내는 것'(disgorging free cash flows)이라고 주장한다.

말끔하고 논리정연해 보이는 이론이지만 그 내용을 제대로 따져 보면 대리인 이론은 여러 가지 허점이 있다. 첫째, 기업의 존재 이유가 주주의 이익을 극대화하는 것이라는 전제는 영미뿐 아니라 유럽 기업법의 역사와 맞지 않는다. 서양에서 기업법은 회사와 주주의 이익이 항상 일치하지 않는다는 전제하에 기업의사결정의 최종 권한을 이사회가 갖도록 만들어졌고 그렇게 집행되어왔다.

이사회에게 최우선적으로 주어진 임무는 회사의 장기적 생존(long-run viability)이다. 시간이 지나면서 주주는 바뀔 수 있고 현재 주주들 간에도 단기투자자가 있고 장기투자자도 있다. 현재 주주들이 다수결로 내리는 결정이 회사의 장기생존을 보장하는 일이라고 단정할 근거가 없다. 따라서 이사회에 '사업판단원칙'(business judgement rule)이 주어지고 이사회가 회사의 궁극적 책임을 지는 기구가 된다.

모든 자산이 주주 소유가 아니라 법인(法人) 소유가 되는 것도 회사의 장기생존이라는 전제에 기반을 두는 것이다. 여기에 근거해서 금융기관들이 회사에 돈을 빌려준다. 그러나 회사를 청산하거나, 상장폐지하거나, 인수합병하는 것과 같이 주주가 주식을 보유할지 여부에 결정적으로 영향을 미치는 사안 등에 대해서는 주주총회를 통해 결정한다.

이와 같이 서양의 기업법 운용 정신에 비추어볼 때에 경영자는 기본적으로 이사회의 대리인이다. 이사회는 주주의 이해관계를 포함해 생산과 분배에 관한 결정을 내리지만 주주만의 대리인이라고 할 수 없다.

둘째, 대리인 이론가들이 회사가 주주들의 이익을 극대화하기 위해 존재한다고 내세우는 논리는 회사가 청산될 때에 주주들은 임금, 부채, 세금 등 다른 채권이 다 변제된 후에 남는 '잔여'(residual)만을 받게 되고 따라서 채권이 청산가치보다 클 경우에는 아무것도 받지 못하는 등 가장 큰 위험부담자이기 때문에 자신의 이익을 극대화할 권리가 있다는 것이다. 그러나 이익이라는 것은 근본적으로 기업이 생산적 활동을 한 뒤에 남는 '잔여'이다. 기업이 '계속기업'(going concern)으로 유지될 때에 생산적 기여를 누가 했는지, 그에 합당한 이익분배가 어떻게 돼야 하는지를 먼저 따져야 한다.

대부분의 '소수주주'들은 공개시장에서 주식을 산다. 이들이 이익창출에 기여하는 부분은 거의 없다. 이들이 주식을 사는 목적은 기본적으로 투기이다. 또 이들에게는 회사에 위험이 발생할 때 주식을 팔아서 위험을 회피할 수 있는 가능성도 활짝 열렸다. 회사가 청산될 때까지 주식을 보유하는 최후의 경우를 상정해서 자신이 가장 큰 위험부담자라고 주장할 근거가 없다. 경영에 간여하는 대주주의 경우에는 다르다. 이들은 생산활동에 실제로 기여한다. 위험도 부담한다. 그러니까 대주주 지분을 사고팔 때에는 '경영권 프리미엄'이 붙는다.

셋째, 어느 조직이든 '대리인 문제', 즉 대리인들이 주인(principal)의 이익이 아니라 자신들의 이익을 추구하면서 벌어지는 문제는 정도의 차이가 있을 뿐 항상 존재한다. 그리고 이 문제를 얼마나 잘 해결하느냐에 따라 조직의 성패가 좌우된다. 그러나 대리인 이론을 내세우는 많은 사람들은 이것을 기업경영자에게만 일방적으로 적용한다. 대기업의 대리인 문제를 해결할 수단으로 기관투자자의 적극적 개입을 내세우면서 정작 기관투자자에게 대리인 문제가 있는지, 있다면 그것을 어떻게 해결해야 할지 여부에 대해서는 거의 눈감아왔다.

그러나 앞에서 살펴보았듯이 지금 미국 주식시장에서 기관투자자들의 영향력은 절대적이고 규모나 범위에서 대기업이 무색할 정도로 '재벌화'되었다. 또 소수의 거대 기관투자자들에게 경제권력이 집중되어있다. 국내에서는 이들에게 아직까지 '주주'(株主)라는 이름을 붙여준다. 그러나 이것은 맞지 않는 말이다. '주관재인'(株管財人)이라는 표현을 쓰는 것이 정확하다.

서양에는 기관투자자에 대해 '수탁자'(*fiduciary*)라는 법적 개념이 확립되었고 '주식보유자'(*stockholder* 또는 *shareholder*)라는 말이 주로 사용되지 '주식소유자'(*stock owner*)라는 표현은 별로 사용하지 않는다. 자신이 가진 돈으로 주식을 사는 것이 아니라 고객들이 맡긴 돈을 투자해서 관리해주는 기관이기 때문이다. 이들이 주주총회 등을 통해 주식보유권한을 행사할 때 돈을 맡긴 고객의 뜻에 맞게 행사할지, 아니면 자신의 이해관계를 우선시할지 등의 대리인 문제는 항상 존재한다.

기관투자자들의 투표권 행사 과정에 관한 실상을 제대로 살펴보면 대리인 문제가 대기업경영진보다 더 심각하다고 할 수 있다. 일단 상당수의 기관투자자가 투표권을 행사할 의사와 능력이 없는데도 투표권을 행사한다. 주식시장에서 갈수록 비중이 커지는 인덱스 펀드는 처음부터 개별기업에 대한 관심을 기울이지 않고 주가지수만 좇아가게 펀드를 운용한다는 전제에서 값싼 수수료로 고객들의 돈을 끌어모은다. 펀드매니저들이 개별기업의 안건에 대해 관심도 없고 알기위해 노력할 여유도 없는 가운데 투표권을 행사하는 것이다. 이들이 개별기업의 장기적 이익을 염두에 두고 투표권을 제대로 행사할 것이라고 기대하기 힘들다.

주식투자의 컴퓨터화가 급진전되면서 이 문제는 더 심각해진다. 현재 인덱스펀드 등 패시브펀드(passive fund)들은 대부분 알고리즘(algorithm)을 활용해 매매여부를 결정한다. 액티브펀드조차 알고리즘에 의존하는 경우가 늘어나고 있다. 현재 미국 기관투자자 주식거래의 절반가량이 알고리즘으로 이루어진다. 인공지능(AI) 기술이 발

그림 1-7 펀드의 매개고리 확장

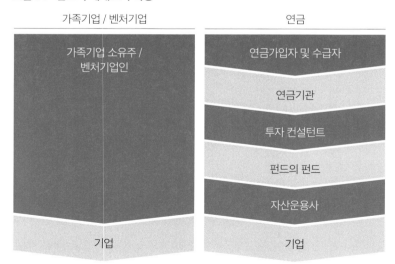

출처: Wong(2010).

전하면서 알고리즘 거래는 더 많이 늘어날 것이다. 이렇게 거래되는 주식에 딸린 투표권이 개별기업의 필요에 맞게 제대로 행사될 것이라고 기대하기 힘들다.

기관투자자들의 내부 의사결정과정을 보더라도 투표권 행사에서 대리인 문제가 발생할 여지가 굉장히 크다. 대형 기관투자자들 내부에 다양한 종류의 펀드를 두고 그 펀드가 다른 펀드에 투자하기도 한다. 펀드 내, 또 펀드 간 매개(intermediation) 고리가 크게 확대되는 것이다(그림 1-7). 그러나 투표권은 이 매개고리의 마지막 단계에 있는 펀드매니저가 행사한다. 이 펀드매니저가 매개고리의 먼 저편에 있는 원 고객의 의사를 얼마나 제대로 반영해서 투표권을 행사할지는 알 수 없는 일이다.

'주주민주주의'와 '기관투자자 행동주의'

3

뉴딜 금융규제 틀은 1980년대까지 거의 도전받지 않았다. 예를 들어, 미국에서 연금규제의 기틀이 된 ERISA (Employee Retirement Income Security Act) 가 1974년 도입될 때에도 거의 같은 원칙이 지켜졌다.

첫째, ERISA는 근로자나 펀드매니저의 '자기이익추구 거래행위' (*self-dealing behavior*) 를 금지했다. 둘째, 연금이 지나치게 위험 부담하는 것을 억제하고 투자 포트폴리오의 폭넓은 다변화를 촉진할 것을 요구했다. 셋째, 연금펀드가 자신의 포트폴리오에 들어있는 기업들에게 영향력을 행사하는 것을 억제하도록 했다 (Blair 1995: 157).

미국에서 연금의 규모가 커지면서 '연금 사회주의'가 도래했다는 분석을 내놓았던 경영학의 구루 (*guru*) 드러커 (Peter Drucker) 는 연금펀드가 "경영하려는 건 본분이 아니다. … 신탁자 (*trustee*) 로서의 의무와 부합되지 않는다"라며 이러한 원칙은 "ERISA에 명쾌하고 엄격하게 (*sharply and strictly*) 정의되어있다"고 강조했다 (Drucker 1976: 83).

그러나 1980년대에 들어 앞에서 논의한 '4자 동맹'이 힘을 받기 시작하면서 뉴딜 금융규제의 주요한 축이 허물어지기 시작했다. 기관투자자가 '그룹'으로 활동하고 경영진에게 영향력을 행사하는 것이 대폭 쉬워졌다. 그리고 이것은 '주주민주주의'에 의해 적극 옹호됐다. 주주민주주의 체제의 '기업시민'(*corporate citizen*)인 소수주주들이 자신의 견해와 요구사항을 적극적으로 내놓고 이를 기업활동에 반영하는 것은 시민의식을 가진 주체들의 의무라는 것이었다. 이번 절에서는 이러한 전환 과정을 주요 행동가들과 입법 과정을 통해 보다 자세히 논의한다. 그림 1-8은 이 변천과정을 간략히 정리한 것이다.

그림 1-8 기관투자자와 기업 간 관계에 대한 금융규제 변천

1930년대	'뉴딜' 금융규제-분리원칙
1974년	ERISA규제-분리원칙
1985~1986년	기관투자자 행동주의 본격화 • CII(Council of Institutional Investors) 설립(1985) • ISS(Institutional Shareholder Services) 설립(1985) • USA(United Shareholder Association) 설립(1986)
1988~1989년	연금펀드의 투표 의무화
1992년	기관투자자들의 실질적 카르텔 허용 및 '소통과 표현의 자유' 무제한 허용
2003년	뮤추얼펀드 등 다른 기관투자자들의 투표 의무화

1) 로버트 몽크스:
'기관투자자 행동주의'의 불가피성?

미국의 금융규제 틀에서 기업과 기관투자자 간의 관계가 대역전되는 과정을 이해하는 데는 몽크스(Robert Monks)의 견해와 행동을 제대로 살펴보는 것이 필수적이다. 몽크스는 '기업지배구조 아이디어의 혁신가'(entrepreneur of the idea of corporate governance) 혹은 '기업지배구조 변화의 첨병'(agent of change in corporate governance) 등의 별명을 얻을 정도로 기업지배구조의 대부(代父)로 인정받고 있다 (Rosenberg 1999).

기업지배구조에 관한 주요 사상가로서 기관투자자 행동주의(*institutional activism*)의 논거를 제시했고 미국 연금을 총괄하는 최고책임자로서 기관투자자의 힘을 강화하는 정책을 만들어내는 데 결정적 역할을 했고, 가장 영향력 있는 의결권 자문회사인 ISS를 설립했고, 기업지배구조 개선 펀드인 렌스 펀드(Lens Investment Management)를 만들었으며 또 이렇게 자신이 공익(公益)이라고 내세우는 것을 실현해나가는 과정에서 개인의 부(富)도 많이 축적했다.

그가 쓴 기업지배구조 관련 책은 지금까지 전세계의 대학이나 연구소에서 기업지배구조를 연구하는 사람들에게 교과서로 쓰이고 있다(Monks & Minow 1995). 국내의 대표적 경제민주화론자인 장하성 교수도 몽크스를 자신의 롤 모델로 삼았다고 해석할 수 있는 면을 많이 갖고 있다.[12]

---

12 이에 대해서는 2장의 2절 "1997년 외환위기와 '반재벌 3자 동맹'" 참조.

몽크스는 변호사, 사업가, 은행가, 정치가로 다양한 경험을 쌓은 뒤 1984년 미국 노동부의 연금국장으로 부임했다. 자신의 경력에 비교할 때에 '낮은 자리'로 옮기는 것이었지만 그는 뚜렷한 목적을 갖고 있었다. "이 직책을 맡은 유일한 이유는 자신의 기업지배구조 어젠다(agenda)를 달성하는 것이었고 … 주 관심사는 연금펀드들이 '기업의 주인'으로서 행동해야 하는 의무가 있다는 입장을 확립하는 것이었다"(Rosenberg 1999: 83-84). 처음부터 그는 연금국장으로 1년만 일한 뒤 이를 바탕으로 민간 부문에서 기업지배구조 관련 일을 하겠다는 목표를 세웠다.

연금국장 재임 초기에 몽크스는 전국의 연금 행정가들이 모인 자리에서 기업지배구조 활동가들에게 기념비적이라고 인정받는 '기업시민으로서의 기관투자자'(The Institutional Shareholder as a Corporate Citizen)라는 제목의 연설을 했다. 그 핵심 내용은 다음과 같다.

기관투자자들이 행동주의적 기업시민이 되어야 함은 자명하다. … 기관투자자들이 모든 주요 회사 주식의 거대한 덩어리들(huge blocks)을 소유하고 있기 때문에 경영진을 항상 조용히 지지하거나 이들이 기업문제를 처리하는 것에 동의하지 않을 경우 주식을 파는 것이 현실적이지 못하게 됐다. 나는 기관투자자들에게 (주주총회 등에서) 안건을 제의하고 통과시키는 것이 기업시민으로서의 의무를 다하는 것이라고 말하고 싶다. … 경영이 잘못되는 기업에서 도망가고 싶어도 여러분은 한 번에 그렇게 할 수가 없다. … 따라서 좋든 싫든 간에 실무적 비즈니스 이유 때문에 기관투자자들은 갈수록 더 행동주의적 주식소유주(shareholder-owner)가 되고 갈수록 덜 수동적인 투자자가 될 것이다(Rosenberg 1999: 92-93).

몽크스의 연설에서 두 가지 면을 비판적으로 들여다볼 필요가 있다. 첫째는 기관투자자 행동주의의 불가피성이다. 몽크스와 대부분의 주주행동주의자들은 기관투자자들의 주식보유가 늘어나면서 '월스트리트 워크'(Wall Street Walk) 방식을 적용하는 것이 어려워진다고 단정적으로 상정한다. 그래서 월스트리트 워크 적용이 어려워진 상황에 따라 기관투자자들의 행동주의를 강화해야 한다고 주장한다. 현재 패시브펀드들이 행동주의를 강화해야 한다는 주장도 비슷한 논거에서 나온다(Appel, Gomley, & Keim 2015 참조).

그러나 기관투자자들의 투자다변화를 요구했던 전통적인 뉴딜 금융규제의 정신에 비추어본다면 이런 주장은 본말(本末)을 전도(顚倒)한 것이다. 다변화를 요구하는 근본적 이유는 투자 포트폴리오의 위험을 줄이라는 것이고 투자를 다변화해야 '월스트리트 워크'를 적용하기 쉽기 때문이었다. 또 그동안 기관투자자의 숫자가 많아졌고 이들의 주식보유가 많아졌으면 주식을 사고 팔 수 있는 시장이 더 커졌고 옛날보다 큰 덩어리의 주식을 파는 것이 오히려 쉬워졌다고 봐야 한다.

그럼에도 불구하고 기관투자자들이 특정 기업의 주식보유에 발목이 잡혔고 월스트리트 워크를 적용하기 어렵게 됐다면 이는 그 상황을 스스로 만든 것이지 외부 요인 때문에 어쩔 수 없게 되었다고 얘기하기 어렵다. 그렇다면 기관투자자들이 스스로 그 상황을 풀어나가는 것이 순리이다.

몽크스는 대신 기관투자자들이 주식을 팔기 어려워졌으니 유일한 대안은 행동주의를 강화하는 것이고 그에 따라 규제 틀도 바뀌어야 한다고 주장한다. 몽크스가 이런 주장을 내놓는 데 감추어진 전술은 기관투자자들을 뭉뚱그려서 동일한 집단이라고 취급하는 것이다.

　그러나 기관투자자들은 연금펀드뿐만 아니라 뮤추얼펀드, 은행신탁, 보험회사, 투자회사 등 다양하고 같은 종류의 투자자 간에도 투자원칙과 방향이 다른 경우가 많다. 기관투자자들은 일반적으로 동료라기보다 고객을 더 많이 끌어들이고 수익률을 더 높이기 위해 서로 치열하게 싸우는 경쟁자들이다. 이들을 한데 묶어서 주식매매가 어려워졌다며 행동주의를 강화해야 하고 그렇게 되도록 규제를 바꿔야 한다는 것은 기관투자자의 '카르텔'을 인정하라는 주장과 다를 바 없다. 실제로 그 후 미국의 금융규제는 이러한 카르텔을 만들어서 행동하는 것이 점점 쉬워지는 방향으로 바뀌었다.

　몽크스의 연설에서 비판적으로 들여다봐야 할 두 번째 측면은 기관투자자들을 주식 '소유주'라고 강조한 것이다. 이는 틀린 표현이다. 법률가 출신인 몽크스는 기관투자자의 법적 지위가 '수탁자'(fiduciary)라는 사실을 잘 알고 있었고 자신의 글 곳곳에 수탁자라는 표현을 사용하고 있다. 기관투자자들이 자신의 돈으로 주식을 사는 것이 아니라 고객이 맡긴 돈으로 대신 주식을 사기 때문이다. 경영진이 경영이라는 업무를 부여받은 수탁자라면 기관투자자는 투자라는 업무를 부여받은 수탁자이다. 둘은 서로 다른 기능을 맡는 수탁자일 뿐이다.

　그러나 기관투자자들의 행동주의를 끌어내야 한다는 열망에 몽크스는 '소유주'라는 표현을 종종 사용했다. 그리고 이 전략은 성공했다. 그의 행동주의와 대리인 이론이 결합하면서 기관투자자들과 경영자들의 관계가 갈수록 '주인과 대리인'이라는 수직적 틀로 자리를 잡아갔다.

2) 기관투자자들의 공동행동 :
기관투자자평의회(CII)와 공공연금의 주도적 활동

미국에서 기관투자자 행동주의를 실현시킨 두 사람을 꼽는다면 몽크스와 함께 언루(Jesse Unruh)일 것이다. 언루는 캘리포니아 주 재무 최고책임자(State Treasurer)로 1975년부터 1987년까지 장기 재임하면서 캘리포니아 연금펀드인 CalPERS와 CalSTRS를 기관투자자 행동주의의 전위대로 만들고 이들의 영향력을 이용해 1985년에 기관투자자들의 연합체인 기관투자자평의회(Council of Institutional Investors · CII)를 출범시켰다.13 그는 재임 중 월가를 통해 대규모 주정부 채권을 발행해 월가에 강력한 영향력을 행사했다. "미국 내에서 연방 재무장관 다음으로 정치적 영향력이 큰 공공부문 재무책임자"라는 평가를 받을 정도였다(Boyarsky 2007).

언루는 자신이 CII 결성을 추진한 이유가 1984년 텍사코(Texaco Inc.)와 월트 디즈니(Walt Disney Production)가 기업사냥꾼들의 그린메일에 굴복한 것에 대해 분노했기 때문이었다고 말한다. 캘리포니아 연금펀드들이 이들 회사의 주식을 많이 보유하고 있었는데 기업사냥꾼들에게 시세보다 높은 가격에 주식을 사주는 것은 연금펀드 등 다른 주주의 이익을 침해하는 행위라는 것이었다. 그는 몽크스와

---

13 제대로 표현하자면 '주정부 재무장관'이라고 해야 할 것이다. 그러나 여기에서는 연방 재무장관과 혼동되는 것을 막기 위해 '재무책임자'라는 표현을 썼다. 미국에서는 주지사와 함께 주정부 재무장관도 선출직이다. 언루는 처음부터 정치인이었다. 그리고 주정부 재무장관으로서의 위치를 그의 정치적 이상을 실현하고 정치적 힘을 강화하는 데 사용했다.

기관투자자 연합단체를 만드는 문제를 긴밀하게 상의했다. 민주당원이었던 언루와 달리 공화당원이었던 몽크스는 "대규모 기관투자자의 단체가 필요하다"는 점에 동의하면서 CII를 양당 간에 초당파적 조직(bipartisan organization)으로 만들 것을 제안했다(Rosenberg 1999 : 100).

CII는 1985년 전국 22개 공공 및 노조 연금의 연합체로 결성됐고 언루가 공동의장을 맡았다. 그 후 다른 기관투자자들이 참여하면서 2016년 현재 125개의 회원사를 확보한 미국뿐 아니라 세계적으로 기관투자자들을 대표하는 기구가 되었다. CII는 스스로를 '기업지배구조의 목소리'(Voice of corporate governance)라고 규정하고 기관투자자 행동주의를 더 적극적으로 강화해야 한다는 어젠다를 가졌다. 현재 한국에서 문제되는 집중투표제를 모든 기업에 도입해야 하고 복수의결권을 폐지해야 한다는 목표를 내세우고 있다.[14]

그러나 언루와 캘리포니아 주 연금펀드들이 기관투자자 행동주의에 적극 나선 데는 자신이 처한 재무적 어려움을 타개하기 위한 목적이 있었다는 사실을 부인할 수 없다. 당시 세계 최대 규모의 연금펀드였던CalPERS는 이미 세계에서 가장 '비싼' 연금이었다. 1970년에 연금가입자에게 은퇴 직전 최종 임금의 90%를 사망할 때까지 지급하고 이 금액도 물가상승에 연동해서 계속 올리는 안이 이미 통과되어있었다.

CalPERS는 투자수익을 올리기 위해 주식투자 비중을 크게 높였다. 1966년에 이미 전체 투자자산의 25%까지 주식투자를 할 수 있

---

14 CII website (http://www.cii.org/). Accessed on April 16, 2016.

도록 주의회의 승인을 받아놓은 상태였다. CalPERS는 1980년대 초 자산의 60%까지 주식에 투자할 수 있도록 요청했으나 승인을 받지 못했다.

그러나 1984년에 "제한 없이 주식투자를 할 수 있지만 투자를 신중하게(prudently) 하지 않을 경우 이사회 구성원이 개인적으로 책임을 진다"는 굉장히 이상하지만 새로운 제안을 내놓아서 캘리포니아 주민투표를 통해 승인받았다(Malanga 2013). 1990년대 중반까지도 미국의 다른 공공연금 대부분이 주식투자를 거의 하지 않았던 상황과 크게 대비된다(Gelter 2013: 39). 이런 맥락에서 스트라인은 "흥미롭게도, 지나친 수익률(outsized returns)에 대한 요구는 재원부족에 직면하거나 과거 투자에 실패했던 연금펀드 등 기관투자자로부터 나왔다"고 지적한다(Strine 2007: 7).

주목해야 할 사실은 CII와 캘리포니아 연금펀드들이 공익을 내세웠으면서도 실제로 한 일은 기업사냥꾼들과 보조를 맞췄다는 것이다. 그린메일이 부도덕한 일이고 주주민주주의 정신을 훼손하는 것은 사실이다. 그렇지만 그린메일을 제대로 비판하려면 경영진을 협박한 기업사냥꾼과 이 협박에 넘어간 경영진을 함께 비판해야 한다. 그러나 기관투자자 행동주의자들은 경영진만 비판했다. 그리고 정작 자신들은 기업사냥꾼들이 하는 일과 거의 비슷한 일을 했다.

대표적 기업사냥꾼인 피컨스는 CII가 출범하는 시기에 맞춰 1986년에 '주식보유자 연합'(United Shareholders Association · USA)이라는 단체를 출범시켰다. 표면적으로 이 단체는 개인투자자들을 대변한다는 목표를 가졌다. 전국적으로 6만 5천 명이 넘는 회원을 모았다.

USA는 매년 "경영성적이 나쁘고, 경영성적과 최고경영진 보수

간에 괴리가 있고, 지배구조 이슈에 관해 주식보유자의 요구를 반영하지 않은 정책을 취하는" 50개 기업을 선정해서 집중 공격대상으로 삼았다. USA는 1992년 SEC의 의결권 행사관련 규제가 기관투자자가 공동행동을 위한 협의를 허용하고 공개적으로 경영진을 마음대로 비판할 수 있는 방향으로 바뀌자 "임무완수"(*mission accomplished*)라고 승리를 선언하고 스스로 해체했다(Blair 1995: 73).

USA는 공식적으로는 개인투자자들의 단체였지만 CaLPERS나 다른 행동주의적 공공연금들은 USA가 경영진을 공격하는 제안을 내놓을 때 공동으로 이름을 올렸다. 자신들이 직접 USA가 하는 것과 비슷한 행동주의적 활동도 했다. CII는 "경영성과가 나쁜" 기업의 명단을 만들어 발표했다. CII가 개별기업을 직접 비판하지는 않았지만 CII가 만들어놓은 명단은 개별 공공연금이 취사선택해서 비판하거나 지배구조개선을 요구하는 데 사용됐다.

CalPERS는 독자적으로 '실패한 50개 기업'(*failing fifty*) 명단을 만들고 공격을 집중시키기 위해 기업지배구조 문제에 관해 특별히 '손봐야 할' 12개 기업을 별도로 선정했다(Smith 1996). 또 CalPERS는 USA가 "임무완수"라고 선언한 1992년의 의결권 행사 규제 수정안을 1989년에 앞장서서 독자적으로 내놓았다.[15]

15 1장 3절의 "5) 기관투자자들의 실질적 카르텔 결성 및 '소통과 표현의 자유' 허용" 참조.

3) ISS와 몽크스의 '더블 헬릭스' 합리화

한편 몽크스는 1985년에 노동부에서 사임하자마자 의결권 자문사인 ISS(Institutional Shareholder Services)를 차렸다. 그는 연금국장으로 재임하던 시절 이미 의결권 자문사에 관한 아이디어를 공개적으로 내놓았다. 여러 자리에서 "현재 수탁자들은 주인으로서 행동하기 위한 의사도 없고 그렇게 하기 위해 훈련하고 있지도 않는다. 스스로 그 능력을 확보하든지, 그렇지 않으면 새로운 기구가 나타날 것이다"라고 말하기도 했고 "기관투자자들이 공동행동을 위해 적합한 메커니즘을 개발해야 할 의무가 있다고 믿는다"고 말하기도 했다. 그리고 갈수록 이를 구체화시켰다. 노동부의 의회 증언에서 "연금펀드 가입자들과 매니저들이 투표하는 일을 중립적인 제3자에게 맡겨야 할 때가 됐다"고 밝혔다(Rosenberg 1999).

　몽크스는 공익을 위한다는 주주행동주의자였지만 동시에 그 과정에서 돈을 벌겠다는 비즈니스맨이었다. 처음부터 연금국장으로 1년만 일하고 민간부문에서 일하겠다는 목표를 세운 것도 이 때문이었다. 몽크스가 투표를 맡길 '중립적인 제3자'를 언급하자마자 한 펀드매니저는 즉각 몽크스의 숨은 의도를 공격했다. 그는 "몽크스, 이 빌어먹을 녀석. 너 같은 놈들이 정부에 들어가서 산불을 일으킨 뒤 나와서 우리한테 소화기를 있는 대로 다 팔려는 거야!"라고 말했다.16

---

16 진짜로 이런 식으로 말했는지 믿지 못할 독자들이 있을 것 같아서 원문을 소개한다. "Monks, goddamn you. Guys like you, you go into government and start a forest fire and then you come and try to sell us all fire

몽크스는 나중에 자신의 사익과 행동주의라는 공익이 공존한다는 것을 '더블 헬릭스'(*double helix*)라는 비유를 들어서 합리화 한다. DNA 구조에 두 가지 계열의 유전자가 엮인 것처럼 한 계열은 '돈'이고 다른 계열은 '행동주의 사명(*mission*)'이라는 것이다(Rosenberg 1999: 118). 필자는 그의 '행동주의 사명'이 세상에 바람직한 결과를 가져왔는지에 대해 지극히 회의적이다.

그렇지만 그의 '돈' 목적은 실현됐다. 몽크스는 1990년에 ISS가 SEC로부터 '이해상충'(*conflict of interest*) 문제로 조사를 받게 되자 ISS에서 형식적으로 손을 뗐다. "돈을 빼낼 수 없는 재단(*irrevocable trust*)을 만들어 3백만 달러의 ISS주식을 넘기고 자신의 조카 히긴스(Nicholas Higgins)와 아들인 로버트(Robert Monks Jr.)가 재단의 신탁자가 되게 했다"(Rosenberg 1999: 211-214).

그리고 자신의 기업지배구조 행동주의를 계속 '더블 헬릭스' 방식으로 추구했다. 기업지배구조 개선 펀드인 렌스 펀드를 차려서 투자 활동을 했다. 그는 나중에 렌스 펀드를 영국 브리티시텔레콤(BT)의 연금펀드인 헤르메스(Hermes Investment Management)에 팔았다.

그의 행동주의 정신은 헤르메스에서 지속되고 있다. 헤르메스는 적극적인 행동주의 펀드로 계속 활동하고 있다. 일본에서 기업지배구조 개선 펀드를 만들기도 했다. 2004년에 삼성물산의 지분을 매

---

extinguishers"(Rosenberg 1999: 117). 로젠버그는 이 글에 이어서 다음과 같이 말한다. "몽크스는 깜짝 놀랐다. 자기를 직시(直視)하는 사람이 여기 있었다. 그는 펀드가 투표하는 일을 대신해서 맡길 회사를 만드는 데 정말로 관심을 갖고 있었다."

입한 뒤 삼성전자 보유지분 매각, 삼성카드 증자 불참여, 삼성물산 우선주 소각매입 등을 요구하며 행동주의에 나섰고 '주가조작' 혐의로 논란을 일으키기도 했다.

4) 기관투자자들의 투표 의무화:
견강부회한 정치민주주의와 투표 괴물의 횡행

기관투자자 행동주의의 첫 번째 결과물은 모든 연금이 주주총회에서 투표하는 것을 의무화시킨 것이다. 공공연금의 상당수는 이미 행동주의 물결을 타고 투표에 나서고 있었다. 그러나 기업연금이 대부분인 민간연금은 자신들이 주식을 보유한 다른 기업들에 대해 투표권 행사를 꺼려왔다. 별 관심도 없었다.

그러나 몽크스가 연금국장으로 있을 때 함께 일했던 연금국 인사들은 몽크스가 떠난 뒤에도 계속 연금의 행동주의를 강화하는 노력을 했다. 그 결과 1988년 '애본 편지'(Avon Letter)라고 이름 붙은 노동부 차관보의 편지를 통해 민간연금이 투표해야 하는 것이 ERISA가 규정하는 '수탁자 의무'(fiduciary duty)라는 유권해석을 내렸다(Rosenberg 1999: 165).

1989년에 노동부와 재무부가 같은 입장을 반복 확인하면서 이것이 정부의 공식입장으로 받아들여졌다. 연금펀드는 자신이 생각하는 '연금 가입자의 최선의 이익'에 따라 투표권을 행사하는 것이 의무화되었다(Blair 1995: 158). 그 후 2003년에는 SEC의 공식규제에 의해 뮤추얼펀드 등 다른 모든 기관투자자들도 투표하는 것이 의무화되었다.

(1) 정치민주주의의 구호만 원용한 투표 의무화

기관투자자들의 투표 의무화는 '적극적인 기업시민'(*active corporate citizen*)이라는 정치민주주의 개념을 도입하면서 합리화됐다. 그러나 주주행동주의자들이 실제로 한 것은 정치민주주의 구호(*rhetoric*)만 입맛에 맞게 억지로 끌어당겨서 원용한 것이다.

일반적으로 정부가 국민에게 투표를 독려하는 것은 사실이다. 그렇지만 싱가폴, 호주, 브라질 등 일부 국가를 제외하고 전 세계 대부분의 나라에서 투표는 국민의 권리이지 의무사항이 아니다. 17 여기에는 이유가 있다. 투표 의무화가 투표참여율은 높일 수 있을지 모르지만 그렇다고 국민의 의사를 더 제대로 반영할 수 있을지에 대해 의문점이 많고 부작용도 크기 때문이다.

투표에 관심 없는 사람에게 투표를 강요하면 아무렇게나 후보자를 찍기도 하고 후보자가 제대로 일할 사람인지 판별하기 위해 노력하기보다 그때그때의 감정이나 사회의 선정적인 이슈 등에 흔들려 투표를 결정하는 일이 자주 벌어진다.

호주에서는 한 번 선거할 때 국회의원, 주의원, 구의원 등 여러 후보에 대해 투표하는데, 투표지에 일렬로 동그라미를 치든지 사선으로 동그라미를 치는 등의 투표행태가 빈번하다. 또 대부분의 나라에서는 투표하지 않는 것도 국민의 의사표현이라는 관점에서 그것을 못

---

17 위키피디아에 따르면 전 세계 196개 국가 중 10개의 중앙정부와 2개의 지방정부만 투표를 의무화했다. 출처: https://en.wikipedia.org/wiki/Compulsory_voting#Current_use_by_countries(2016년 4월 16일 접속).

하게 하는 것은 '표현의 자유'라는 기본권을 억압하는 일이라는 논거에 따라 투표를 의무로 강제하지 않는다(Birch 2009; Brennan & Hill 2014; Singh 2015).

그러나 주주행동주의자들은 기관투자자의 투표 의무화를 적극 추진하면서 그 부작용이라든가 '무투표'도 의사표현의 일종일 수 있다는 사실에 대해서는 눈감고 투표 의무화의 긍정적 효과라는 것만 강조하면서 정치민주주의를 갖다 붙였다.

기관투자자의 투표 의무화에는 정치에서의 투표 의무화보다 실제로 부작용이 훨씬 더 크다고 할 수 있다. 정치투표는 비밀투표로 행해진다. 국민들이 내가 누구를 찍었다고 얘기할 필요도 없고 이것을 공개적으로 합리화할 필요는 더더욱 없다. 무작위로 투표한다 하더라도 한 방향으로 완전히 몰리지 않는다. 오히려 서로 다른 방향의 투표가 상쇄돼서 부작용이 줄어드는 측면도 있다.

그러나 기관투자자들은 공개적으로 투표해야 하고 왜 그런 결정을 했는지를 밝혀야만 한다. 그렇다면 투표에 관심 없는 기관들은 이유를 어떻게든 만들어내든지 '구매'하든지 해야 한다. 그 과정에서 투표의 방향이 한쪽으로 쏠리게 될 가능성도 높다. 2003년에 SEC가 기관투자자들의 투표를 의무화하면서 얼마나 순진하고 편협한 기대를 밝혔는지를 살펴보자.

우리는 투표에 관련된 규정을 준수하는 데 투자자문사들이 본업에 필요한 자원 이외에 추가로 자원을 들여야 한다는 것을 인식하고 있지만 이것이 여러 경로를 통해 효율성을 높일 것이라고 기대한다. 자문사들이 투표를 조직적이고 체계적으로 하게 될 터이니 현재 하고 있는 방식보다 효율적이 될 것이다. 모든 기관투자자들에게 의결권 행사관련 정책과 절차를 만들고 이를 기록으로 남기도록 하는 것은 이들이 의결권 행사 절차를 어떻게 만들어내고 개선하고 실행할 것인지에 대해 참고할 수 있도록 제3기관들(*third parties*)이 새로운 자원과 지침(new resources and guidance)을 만들어내는 것을 장려하게 될 것이기 때문에 추가로 효율성을 높일 수 있다(may enhance efficiency further) (SEC 2003). [18]

일단 SEC가 말하는 '효율성'이 무엇을 의미하는지를 봐야 한다. 이것은 금융규제 차원이나 국가경제 차원에서의 효율성이 아니다. 규제를 받은 기관투자자 입장에서의 효율성이다. 기관투자자들이 이 규제에 따라 돈을 얼마나 추가로 들이게 될지, 그에 따라 내부 일처리

---

[18] 일반인에게 세계 최고의 증권규제 기관이라고 받아들여지는 SEC에서 어떻게 이 정도 수준의 정책 지침과 설명을 내놓는지 의아해 할 독자들을 위하여 영어 원문을 싣는다. "Although we recognize that compliance programs, including proxy voting programs, may require advisers to expend resources that they could otherwise use in their primary business, we expect that the rules and rule amendments may indirectly increase efficiency in a number of ways. Advisers would be required to carry out their proxy voting in an organized and systematic manner, which may be more efficient than their current approach. Requiring all advisers with voting authority to adopt proxy voting policies and procedures, and meet recordkeeping requirements, may enhance efficiency further by encouraging third parties to create new resources and guidance to which industry participants can refer in establishing, improving, and implementing their proxy voting procedures."

과정을 더 효율적으로 만들 수 있는지만 따진다. 마치 기관투자자의 이익단체가 "이런 새로운 규제를 도입하는데 이것이 비즈니스에 도움이 되는 것"이라고 친절하게 설명하면서 양해를 구하는 투이다.

(2) 거대 인덱스 계열 펀드들의 '립 서비스' 투표

보다 중요한 것은 SEC가 투표 의무화를 통해 기관투자자들이 '조직적이고 체계적으로' 투표를 하게 될 것이라는 근거 없는 기대를 하고 있다는 사실이다. 뮤추얼펀드들은 이 규제가 도입되기 전에 투표를 거의 하지 않았다. 그러나 규제에 따라 투표를 해야 하고 성실하게 투표한다는 것을 대외적으로 보여야만 하는 상황에 처했다.

그러나 앞서 지적했듯이 거대 뮤추얼펀드들이 보유한 주식의 상당 부분은 인덱스 펀드 계열이다. 세계 최대 기관투자자인 블랙록은 2014년에 관리하는 전체 자산이 4조 7천억 달러이고 장기보유자산이 4조 4천억 달러였다. 장기보유자산의 4분의 3에 해당하는 약 3조 3천억 달러가 인덱스 펀드와 아이쉐어(iShare)와 같은 인덱스 계열이었다(그림 1-9).

그러나 개별기업에 대해 연구하지 않는다는 전제에서, 따라서 개별기업의 투표에도 별 관심을 두지 않는다는 전제에서 펀드 수수료를 크게 낮추고 그렇게 많은 액수의 돈을 관리하게 됐는데, SEC가 투표를 의무화하니까 블랙록도 이를 실행하고 또 대외적으로 합리화해야만 하게 됐다. 블랙록이 택한 방법은 액티브펀드는 해당 펀드매니저들이 투표권을 행사하고 인덱스 계열의 패시브펀드는 기업지배구조 팀(corporate governance team)을 만들어서 투표를 총괄하는 것이었다

그림 1-9 블랙록의 자산구성

총 자산 4.7조 달러

장기투자 4.4조 달러

■ Active　■ Index　■ iShares

출처: BlackRock(2015).

(Loomis 2014). 뱅가드, 피델리티 등 다른 거대 기관투자자들도 비슷한 방식을 택했다.

기업지배구조 팀은 투표권을 행사하고 기업과 소통(*engage*)하는 데 충분한 역량을 갖춘 것으로 대외에 홍보된다. 그러나 속을 들여다보면 전혀 그렇지 못하다. 블랙록의 기업지배구조 팀은 약 20명으로 구성되는데 2012년의 경우 전 세계에서 열린 14,872건의 주주총회에서 129,814개의 안건에 대해 투표했다. 개별사안을 제대로 따질 여유와 역량이 안 된다. 대부분 기계적 기준을 그냥 적용할 뿐이다.

〈뉴욕타임스〉는 "기업지배구조의 스피드 데이트(*speed date*)를 하는 식으로" 결정이 이루어진다고 보도했다.[19] SEC가 기관투자자로부터 기대한다고 했던 '조직적이고 체계적'인 투표와 거리가 멀어도 한참 멀다. 투표가 의무화되니까 '립 서비스'(*lip service*) 하는 조직을

---

19 *The New York Times* (May 18, 2013). "The Giant of Shareholders, Quietly Stirring".

만든 것이라고 해석할 여지가 훨씬 더 크다.

(3) 투표 괴물 ISS: 정당성 없는 파워와 투표의 편향성

SEC가 투표 의무화를 도입할 때에 크게 기댄 곳은 ISS와 같은 의결권 자문사이다. 그래서 "제3기관들이 새로운 자원과 지침을 만들어내는 것을 장려하게 될 것이기 때문에 추가로 효율성을 높일 수 있다"는 얘기를 한다. 그러나 의결자문사들의 역량은 거대 기관투자자들이 내부에 만들어놓은 '기업지배구조 팀'과 별반 차이가 나지 않는다.

예컨대, ISS는 연간 전 세계 119개국에서 850만 개의 안건에 대해 '예스'(Yes) 혹은 '노'(No)라고 딱 부러지는 의견을 내놓는다. [20] 그러나 안건이 주총에 올라가는 이유는 많은 부분 의견이 엇갈리기 때문이다. 한 쪽의 주장만이 일방적으로 맞다고 할 수 있는 경우가 많지 않다. 서로 다른 장단점을 갖고 있고 보는 시각에 따라 그 장단점이 달라지는 경우가 많다. 엇갈리는 견해에 대해 장단점을 분석하는 보고서를 내놓는 것은 상대적으로 쉽다.

그렇지만 이것들을 종합해서 어느 쪽이 옳다, 그르다를 명쾌하게 판별하는 보고서를 내놓는 일은 대단히 어려운 일이다. 전 세계에 행정직원까지 다 합쳐서 9백 명의 직원을 가졌다는 ISS가 어떻게 그 수많은 회사의 수많은 안건에 대해 그런 놀랄 만한 변별력을 갖고 있다고 기대할 수 있다는 말인가?

---

20 ISS 웹사이트(https://www.issgovernance.com/about/about-iss/) (2016년 6월 15일 접속).

의결권 자문사가 아무리 인원을 늘리고 '역량'을 강화한다 한들 SEC가 기대하듯 '제 3자'로서 객관적 의견을 제시하고 있다고 기대할 수도 없다. 첫째, 이들의 태생상 정말 객관적 의견을 낸다고 보기 어렵다. 예를 들어, 의결권 자문시장의 61%를 장악한 ISS는 주주행동주의의 리더격인 몽크스가 만들었다. 행동주의적 펀드와 경영진이 분쟁을 벌일 때 구체적 사안이 무엇인지와 관계없이 ISS가 행동주의적 펀드를 지지할 가능성이 높다고 할 수밖에 없다.

ISS의 현재 주인은 베스타 캐피털(Vestar Capital)이라는 사모펀드이다. 기업사냥꾼으로 활약했던 퍼스트 보스턴 은행의 차입매수팀 출신들이 나와서 만든 펀드이다. 행동주의 헤지펀드와 일반기업이 맞붙는 사안에서 ISS의 추천이 어느 쪽에 경도될 것인지 쉽게 추측할 수 있다. 의결권 시장의 35%를 장악하고 ISS와 과점체제를 구축한 글래스 루이스(Glass, Lewis and Co)는 캐나다의 온타리오 교원연금(Ontario Teachers' Pension Plan)과 알버타 펀드(Alberta Investment Management Corp)가 공동소유한다. 금융투자자들이다. 경영진과 투자자 간에 의견이 엇갈리는 사안에 대해 객관적으로 추천하리라고 기대하기 힘들다.

둘째, 이해상충의 여지가 많다. 이 회사들이 기업과 금융투자자에게 의결권을 자문하는 한편 컨설팅 서비스도 함께해주기 때문이다. 자신이 자문해주는 기관과 그렇지 않은 기관이 주주총회에서 맞붙을 경우 어느 쪽 손을 들어줄 가능성이 높을지는 쉽게 예상할 수 있다. 따라서 행동주의 헤지펀드가 기업을 공격하기 전에 주주총회 표결에 대비해서 미리 의결권 자문사에 컨설팅 서비스를 주는 정지작업을 할 수 있다. 경영진 입장에서도 주총에서 의결권 자문사의 '지원'을 받기 위해 컨설팅 서비스를 계약할 가능성이 있다. 그러나 의결권 자문사는 비공개 회사이기 때문에 내부에서 여러 비즈니스가 실제로 어떻게 연결되는지를 외부에서 제대로 확인할 방법이 없다.

이러한 문제점들에도 불구하고 투표 의무화는 의결권 자문사에게 돈과 힘을 가져다줬다. 바로 몽크스가 연금국장을 할 때부터 기대했던 바이다. 실제로 1985년 ISS가 처음 만들어졌을 때는 연금펀드가 ISS에 별다른 관심을 기울이지 않았다. ISS의 사업은 크게 고전했다.

그러나 1988년의 '애본 편지'가 ISS의 영향력과 비즈니스에서 '큰 전환점'(the big break)을 만들어줬다(Rosenberg 1999: 164-178). 2003년 SEC의 기관투자자 투표 의무화는 ISS에 더 큰 날개를 달아줬다. 글래스 루이스는 이렇게 더 크게 열리는 기회를 잡기 위해 ISS가 독점하던 시장에 2003년 뛰어들었다.

그동안 투표에 관심 없던 펀드들의 입장에서는 의결권 자문사의 추천을 따르는 것이 가장 쉽게 투표라는 의무를 수행하는 한편 가장 쉽게 자신들의 투표내용을 정당화할 수 있는 방법이었다. 특히, 인덱스 펀드들에게는 개별주식에 대한 분석에 돈 쓰는 것을 정당화할 방법이 없기 때문에 더욱 그랬다(Bew & Fields 2012: 15).

액티브펀드의 경우에도 많은 펀드매니저들이 웬만하면 의결권 자문사의 추천을 따르는 경향을 보인다. 투자 업무에 바쁜 펀드매니저들이 개별기업의 투표와 관련된 주요 쟁점을 이해하기 위해 스스로 자료를 확보하는 노력을 기울이기보다는 의결권 자문사가 내놓은 분석을 먼저 보는 경우가 많다. 처음 참고하는 자료 쪽으로 생각이 기울 가능성이 높아진다.

또 대부분의 기관 내부에서 의결권 자문사의 추천을 그대로 따라서 투표를 결정하면 펀드매니저들이 추가로 할 일이 별로 없다. 그렇지만 의결권 자문사의 추천과 반대 의견을 내려면 왜 그런지에 대해 설득력 있는 보고서를 작성해야 하는 관행을 가지고 있다. 펀드매니저 가운데 그런 시간과 노력을 가외로 들이려는 열정과 용기를 가진 사람은 그렇게 많지 않다.

결과적으로 투표 의무화는 ISS 등 의결자문사에 정당성 없는 힘을 주었다. 공식적으로 이들은 '자문사'에 불과하다. 이들이 기업의 주요 사안에 대해 영향력을 행사할 아무런 근거가 없다. 그러나 실질적으로는 강력한 영향력을 행사한다.

한 연구에 따르면 ISS로부터 부정적 평가를 받은 경영진 제출 안건은 사안에 따라 적으면 13.6%에서 많으면 20.6%까지 기관투자자들의 지지율을 떨어뜨리는 것으로 나타났다(Bethel & Gillan 2002). 단 몇 퍼센트에 의해 찬반이 갈리는 경우도 많은데 두 자리 숫자의 지지율이 떨어지면 경영진으로서는 이를 심각하게 받아들일 수밖에 없다.

뮤추얼펀드의 25%는 ISS가 권고하는 대로 거의 자동적으로 의결권을 행사한다는 연구도 나왔다(Iliev & Lowry 2015). 미국의 경영자 단체가 2010년에 한 설문조사에 따르면 응답 기업의 54%가 지난 3년 동안에 의결자문사가 제시하는 기준을 맞추기 위해 기존 보수계획을 바꾸거나 새로운 보수제도를 도입했다고 응답했다(Center on Executive Compensation 2011).

이러한 영향력 때문에 중요한 안건이 있으면 평상시에는 강력해 보이던 미국 대기업의 고위 임원들이 ISS본부가 있는 메릴랜드 주의 록빌(Rockville)에 "무릎을 꿇고 찾아와 ISS매니저들에게 자신이 갖고 있는 생각의 장단점을 설득하는 일이 벌어진다"(Strine 2005).

　의결권 자문시장이 과점구조이기 때문에 이러한 문제는 더 심각해진다. 수많은 의결권 자문사가 있고 이들이 서로 다른 의견을 낸 뒤 기관투자자들이 그중에서 취사선택한다면 그저 '자문' 수준에 그칠 것이다. 그러나 투표에 관심이 없거나 능력이 없는 펀드들에게 투표를 의무화시키면서 만들어진 커다란 공백을 어느 누구도 정당한 권리를 부여해주지 않은 두 개의 의결권 자문사가 대부분 차지했다.

　의결권 자문사는 투표 의무화가 만들어낸 괴물(怪物)이다. 전 세계 주요기업의 주주총회에 초대받지 않았지만 실질적으로 참석하고 투표권이 없지만 실질적으로 투표권을 행사하는데 어느 누구도 쫓아내지 못하고 오히려 그 앞에서 벌벌 떠는 전대미문(前代未聞)의 존재이다. 몽크스가 아무도 상상하지 못했던 괴물을 선구적으로 만들어낸 '혁신가'(entrepreneur)라는 사실은 인정할 수밖에 없다.

5) 기관투자자들의 실질적 카르텔 결성 및 '소통과 표현의 자유' 허용

기관투자자 행동주의자들은 투표 의무화를 적극 추진하는 한편 기관투자자들이 경영진에게 효과적으로 압력을 넣을 수 있는 방향으로 규제 수정을 추진했다. CalPERS가 여기에 앞장섰다. CalPERS는 1989년 SEC에게 "주식보유자들과 경영진 간에 안건 제기(filing)와 위임관련 사안(proxy materials)에 관한 불균형을 해소하기 위해" 필요하다는 명분으로 49개의 관련규제를 개정할 것을 요청하는 공문을 SEC에 전달했다(Sharara & Hoke-Witherspoon 2005：336).
CII와 USA도 이어서 비슷한 내용의 청원을 SEC에 제출했다.

　3년간의 심의 끝에 SEC는 1992년 청원 내용을 거의 다 받아들였다.
첫째, 투자자들은 5% 이상의 지분을 갖고 있지 않는 한, 해당 기업의
어떤 문제에 관해서도 자유롭게 서로 의견을 교환하고 협의할 수 있게
됐다. 둘째, 투자자들은 SEC가 정하는 절차를 거칠 필요 없이 기업경
영진들을 직접 접촉하고 소통(engage) 할 수 있게 됐다. 셋째, 투자자
들이 언론 등을 통해 공개적으로 해당 기업과 기업인에 관해 발언하거
나 비판하는 것도 "사기가 아닌 얘기인 한"(as long as the statements are
not fraudulent) 자유롭게 할 수 있게 됐다(SEC 1992；Sharara &
Hoke-Witherspoon 1993；Bainbridge 2005；인용문은 Calio & Zahralddin
1994：522-523).

　이 1992년 '위임 규제개정'(proxy rule change) 은 뉴딜 금융규제의
정신을 완전히 뒤집는 것이었다. 그동안 투자자 카르텔은 엄격하게
금지되고 있었다. 그렇지만 규제개정은 카르텔이라는 표현만 사용
하지 않았지 실질적으로 투자자들의 카르텔을 허용한 것이었다. 전
통적으로는 투자자들이 경영진에게 영향력을 행사하면 내부거래가
가능해지고 주가조작도 쉬워진다는 판단하에 이를 봉쇄했다. 투자
자들은 기본적으로 투기하는 주체이고 경영할 능력도 자격도 없다
는 전제가 깔려있는 생각이었다. 그러나 기관투자자들이 경영진과
자유롭게 소통하는 것이 바람직하다는 방향으로 규제가 바뀌었다.
또 전통적으로는 투자자들이 자신이 주식을 보유한 회사와 경영진
에 대해 공개적으로 비판하거나 자신의 주식매매 계획을 공개적으
로 밝히는 것은 이를 주가조작 등에 활용할 가능성이 있으니까 막

아놓았다. 그러나 규제개정은 이것도 허용했다.

(1) 구호로만 결합한 '소통 및 표현의 자유'와 '시장효율'

관심을 기울여야 할 사항은 기관투자자 행동주의자들이 이 개정을 만들어내는 데는 '소통 및 표현의 자유'와 '시장효율'을 결합해서 사용했을 뿐 주주민주주의를 내세우지는 못했다는 사실이다. 실제로 이 개정은 주주민주주의를 해치는 것이었다. 경영진에 접근할 수 있는 주주는 힘 있는 기관투자자들뿐이다. 이들이 다른 투자자들을 대표한다고 할 수 없다. 만약 전체 투자자의 대표로 접촉했다면 그 내역을 공개해서 대표성 있는 이야기를 주고받았는지 검증받을 수 있어야 한다.

　　그렇지만 SEC의 1992년 규제개정은 이런 공개의무를 부과하지 않았다. '소통'(engagement) 과정을 통해 실제 어떤 얘기가 오갔는지는 당사자들만이 알 뿐이다. 경영진과의 소통과정에서 얻은 내부정보가 있다면 해당 기관투자자들이 자신들의 투자에 활용하지 다른 투자자들과 공유할 이유가 없다. 뉴딜규제는 실제로 주주민주주의의 철학을 실현하기 위해 SEC가 소통 과정을 감시하는 체제를 만들었다. 그렇기 때문에 절차가 필요한 것이었다. 그렇지만 SEC는 주주민주주의 감시자로서의 책무를 포기했다.

　　'소통 및 표현의 자유'와 '시장효율'의 결합도 따져보면 논리적 결합이라기보다는 '구호'의 결합일 뿐이다. 민주정치에서 의사표현의 자유는 무엇을 달성하기 위한 수단이 아니다. 그것 자체가 가치 있는 목적으로 추구되는 것이다. 그러나 기관투자자 행동주의자는 소통 및 표현의 자유를 통해 시장효율이 달성된다고 주장했다. 그 전제는 경영진이 아직까지 지나치게 강력해서 소통의 채널을 막아놓고 주주의 의견을 무시하며 경영하고 따라서 비효율을 초래한다는 것이다.

그래서 자유로운 소통과 표현은 "주식보유자와 경영진 간의 불균형을 평준화"(even the imbalance between shareholders and management)하는 것으로 옹호됐다(Sharara & Hoke-Witherspoon 2005：336). "보다 자유로운 의견교환과 소통"(communication and engagement)을 통해 시장이 미국의 이사회에 균형감각을 회복하게 만들 것"이라고 강조되기도 했다(Calio & Zahralddin 1994：466).

(2) 기업사냥꾼들이 헤지펀드 행동주의자로 전환해나간 활로

아래에 상술하듯 그 후 실제로 벌어진 일은 균형을 회복하기보다 추를 완전히 반대편으로 보내서 불균형을 대폭 심화시킨 것이었다. 이를 다루기에 앞서, 그렇다면 기관투자자 행동주의자들이 왜 이렇게 적극적으로 위임규제개정을 밀어붙였는지 맥락을 살펴봐야 한다.

1980년대 내내 적대적 인수가 전개되고 주주행동주의가 강화되면서 미국의 경영진은 계속 수세에 몰렸다. 그러나 1980년대 후반에 들어서 역풍(逆風)이 불기 시작했다. 정크본드 파이낸싱으로 시대를 풍미하던 보스키(Ivan Boesky)가 내부자거래 등으로 1987년 말에 실형을 선고받았다. 기업사냥꾼들과 정크본드 거래자들에 대한 여론도 악화됐다. 주 정부들이 기업사냥꾼들의 공격과 적대적 인수로부터 기업을 방어할 수 있는 규제들을 도입하기 시작했다. [21]

---

21 미국에서 기업법은 주정부가 관할하고 금융규제는 연방정부에서 관할한다.

여러 기업들이 '포이즌 필'(*poison pill*)도 도입했다. 이 과정에서 적
대적 인수시장이 붕괴됐고 '딜의 10년간'(The Deal Decade)이 마감
됐다(그림 1-6 참조).

이 상황에서 기관투자자 행동주의자들이 "경영진에게 영향력을
행사할 수 있는 창구로 몇 개 남지 않던 것이 (연방정부 산하의 SEC
가 맡고 있던) 위임관련규제였고 (이들은 이 창구를 활용하는 방안을)
심각하게 검토하고 (추진했다)"(Calio & Zahralddin 1994: 466).

기업사냥꾼들 입장에서도 적대적 인수를 통해 대주주로 올라서면
서 한 기업을 장악하려면 자금도 많이 동원해야 하고, 분쟁과정에서
변호사 비용도 많이 들고, 위험부담도 커진다. 그렇지만 소수지분
만 인수한 뒤 '소통'이나 '자유로운 의사표현'을 통해 영향력을 행사
할 수 있으면 비용과 위험부담을 줄이면서 돈을 벌 수 있고 여론의
비판도 적게 받을 수 있었다.

한편, 소수지분만 갖고 단독으로 경영진과 '소통'하면 영향력이
약해진다. 여러 기관투자자가 함께하는 것이 좋다. 투자자들 간의
의견교환 및 협의를 허용해서 실질적인 카르텔을 만들 수 있는 방
안은 그래서 추진됐다고 봐야 한다. USA가 1992년 SEC의 위임규
제개정이 이루어지자 '임무완수'라고 선언한 것은 행동주의를 위한
새로운 창구를 활용하는 데 핵심적인 세 가지 사항이 모두 성취됐
기 때문이었을 것이다.

이제 기업사냥꾼들은 그전의 방식을 고수할 필요가 없게 됐다. 대
신 헤지펀드 행동주의자(*hedge-fund activist*)로 변모했다. 공개기업의
소수지분을 매입한 뒤 영향력을 행사해서 차익을 챙기는 방법을 활용
할 수 있게 됐다. 1992년 위임규제개정이 그 여건을 마련해주었다.

헤지펀드 행동주의자는 기업사냥꾼의 후예이다. 아이칸도 기업사냥꾼으로 화려한 경력을 보낸 뒤 헤지펀드 행동주의자로 변모했다.

그렇다고 기업의 다수지분을 인수하고 상장폐지해서 '구조조정'하는 그전의 방식이 쓸모없어지지는 않았다. '적대적'으로 하지 않고 '우호적'으로 하고 자금도 다른 방식으로 끌어들이면 된다. 실제로 시장에는 그런 방식의 '구조조정'이 필요한 기업들이 나온다. 이 방법을 계속 사용하는 기업사냥꾼들은 사모펀드(*private equity*)로 옮기거나 자신들이 직접 사모펀드를 차리면서 활동을 이어갔다. 기업사냥꾼들은 행동주의 헤지펀드와 사모펀드의 두 갈래로 진화했고 이들의 행동주의적 영향력은 갈수록 강화됐다.

(3) '이리 떼' 공격 및 '소통과 표현의 자유' 악용

기관투자자 행동주의자들은 과거 규제체제에 문제가 많이 있다며 그들을 바꿔야 한다고 주장했고 결국 바꾸는 데 성공했지만 그 후 실제로 벌어진 것은 바로 과거 규제가 우려했던 일이다. 뉴딜규제가 '사기와 기만'이나 '조작적이거나 기만적인 기재 또는 술수'(manipulative or deceptive devices or contrivances)를 막는다는 목적 아래 투자자와 경영진의 분리원칙을 세웠는데 이 원칙이 깨지니까 막으려고 했던 것이 우후죽순(雨後竹筍)처럼 돋아났다.

첫째, 행동주의 헤지펀드들이 '이리 떼'(*wolf pack*)를 만들어 집단행동하는 것이 일반적 현상이 됐다.[22] 반독점 전통이 강한 미국에

---

[22] '이리 떼' 현상에 대해서는 Coffee & Palia(2015) 등 참조.

서는 지금도 카르텔이 금기사항이다. 악의적으로 해석한다면 SEC
는 1992년 위임규제개정을 통해 투자자 카르텔을 허용하는 것이라
는 사실을 인지했으면서도 공식적으로 그 얘기를 하지 않는다고 할
수 있다. 아주 선의로 해석하면 기관투자자들이 공동행동할 가능성
을 생각하지 않고 지분 5% 제한만 두면 괜찮을 것이라고 순진하게
판단했다고 할 수 있다.

   그러나 미국 대기업들의 지분구조를 안다면 5% 기준은 카르텔
행위를 방지하기에 너무 높은 것이라고 할 수 있다. 대부분의 공개
된 대기업에서 5% 지분을 넘게 갖고 있는 기관투자자는 많지 않다.
예를 들어, 2016년 4월 21일을 기준으로 애플의 주식 5%를 넘게 갖
고 있는 기관투자자는 뱅가드(9.9%)와 스테이트 스트리트(State
Street Corp., 6.7%)뿐이다. 23 SEC가 5%가 넘지 않는 지분을 갖고
있는 기관투자자 모두를 특별한 영향력을 행사할 수 없을 정도로 미
약한 '소수주주'들이라고 판단했다면 SEC의 역량을 근본적으로 의
심할 수밖에 없는 사안이다.

   게다가 5% 기준은 '이리 떼'를 만드는 등의 방법을 통해 쉽게 우회
할 수 있다. 개별 기관투자자들이 5% 이내의 지분을 확보해놓은 상
태에서 서로 '의견교환과 협의'를 한 뒤 ─ 한국의 〈공정거래법〉이나
미국의 〈반독점법〉에서 이런 행위는 다 불법이지만 SEC는 기관투
자자들에게 실질적으로 허용한다 ─ 공격을 주도하는 '이리'에게 지
원을 몰아주는 것이다.

   예를 들어, 대형서점 반스 앤드 노블(Barnes and Noble)의 경영권

─────────

23 http://www.nasdaq.com/symbol/aapl/ownership-summary

을 놓고 공방을 벌일 때 이를 주도하던 행동주의 투자자들은 표면적으로 18. 7%의 지분을 가진 것으로 나타났다. 그러나 그들을 따르는 '이리 떼'를 합치면 36. 14%를 통제하는 것으로 드러났다(Lu 2016). 금융정보서비스사인 나이트리더(Knight Ridder)의 경우는 "처음에 19%로 보이던 지분이 실질적으로는 48시간 만에 37%로 늘어났다. 이 캠페인은 즉각 성공했다"(Briggs 2007: 698).

둘째, '이리떼'를 쉽게 만들 수 있게 됨에 따라 '이리떼 효과'(wolf pack effect)라고 불리는 현상이 만들어졌고 이를 활용해서 주가를 조작하는 것이 쉬워졌다. '이리떼 효과'는 기본적으로 '아이칸 급등'(Icahn lift)과 같은 것이다. 24 이리떼가 만들어졌다는 것을 발표하거나 정보가 흘러나오면 주식시장에서 보통 해당주가가 뛴다.

한 연구는 "(이리떼 형성) 발표에 따라 미국에서 7%의 비정상적 급등이 있고 유럽과 아시아에서는 각각 6. 4%와 4. 8%의 급등이 있다"고 지적했다(Becht et al. 2015). 이리떼 구성을 협의한 투자자들은 언제 발표할지를 알기 때문에 이에 맞춰 어떻게 해당 주식을 매매할지 전략을 세울 수 있다.

또 그 전략에 따라 발표 강도 및 방법도 조절할 수 있다. 파생금융상품 시장의 발달로 주식 소유와 위험을 분리시킬 수 있고 더 나아가 '공투표'(空投票, empty voting)라고 투표권만 분리시킬 수도 있기 때문에 감독당국이나 다른 주식투자자들의 눈에 보이지 않게 주가를 조작할 수 있는 가능성이 크게 열렸다.

셋째, 앞서 지적했듯이 경영진과의 자유로운 소통(engagement)을

---

24 1장 2절의 "2) 기업사냥꾼과 적대적 인수" 참조.

통해 얻은 내부정보를 주식매매에 활용할 가능성이 크게 열려있다. 더 나아가 주가를 조작할 목적으로 경영진에게 압력을 넣을 수도 있다. 수익을 추구하는 행동주의 헤지펀드만 그러는 것이 아니다. 공공연금 펀드 관리자들이 자신들의 경력을 만들어내서 승진하거나 다른 일자리를 찾기 위해 경영진과의 '소통'을 압력의 장(場)으로 활용하는 사례들도 드러난다(Romano 1993). 따라서 쇼피(John Cioffi)는 다음과 같이 말한다.

> 1992년의 위임규제개정은 겉으로는 기관투자자들에 의해 기업지배구조를 개선하는 것처럼 보일지 모르지만 그 대가로 투명성을 잃게 만들었다. 기관투자자들은 일부 예외를 제외하고는 경영진과 소통할 때 대중이 모르게 사적으로 우려와 비판을 전달하는 방식을 선호하게 됐다. 따라서 이러한 의견교환은 경영진이 기관투자자의 담당자들에게나 투자은행 혹은 증권회사의 애널리스트들에게 의미 있는 정보(*significant information*)를 내놓는 자리가 됐다(Cioffi 2006).

넷째, '표현의 자유' 허용은 MSV 이데올로기와 맞물리면서 기관투자자들이 경영진을 대할 때에 압도적 우위를 만들어줬다. 비록 "사기인 얘기가 아닌 한"(as long as the statements are not fraudulent)이라는 전제가 붙기는 하지만 투자자들이 아무런 거리낌 없이 무제한으로 경영진을 비판할 수 있는 공인인증서를 받은 것과 마찬가지이기 때문이다. 논란거리가 되는 일에서 '사기'라는 경계만 넘지 않으며 상대방을 비판할 구실을 찾는 것은 식은 죽 먹기이다.

경영진이 중요한 의사결정을 내릴 때는 장단점을 종합적으로 비교해야 한다. 이 경우 투자자들은 장점을 다 빼놓고 단점만 찾아서 "회사를 망친다"고 공개적으로 비판해도 아무런 부담이 없다. MSV가 지배적 이데올로기가 된 상황에서는 더 나아가 경영진이 좋은 성과를 내더라도 "주주이익을 극대화하는 데 실패하고 있다"고 비판할 수 있다. '주인'이 "내 눈높이에 맞춰 최선을 다하지 못하고 있다"고 '머슴'을 혼내는 것과 마찬가지이다. 한편 경영진은 자신을 비판하는 투자자들이 정말 크게 잘못한 것이 없는 한 이들을 대놓고 비판하기가 굉장히 힘들다. 경영자들이 정신적으로 MSV에 복속되어 기관투자자들이 자신의 '주인'이라고 받아들인 상태에서는 더더욱 그렇다.

1992년의 규제개정 덕분에 헤지펀드가 기업경영진을 공격할 때에는 단순히 정중한 편지를 보내는 것만이 아니라 비판내용을 담은 '백서'(white paper)를 만들어 기자회견까지 하는 것이 관행처럼 되었다. 전용 웹사이트를 만들어서 경영진이 굴복할 때까지 비판적인 글을 계속 올리기도 한다. 사설탐정을 고용해 경영자의 사생활을 뒤져서 이를 웹사이트에 올리는 일도 종종 있다.

이러한 공개비판은 경영진에 엄청난 압박감을 준다. 공개된 여론전쟁을 계속하는 것보다 투자자의 요구 중 일부를 들어주며 휴전(休戰)하거나 종전(終戰)하는 것이 속 편한 일이다. 실제로 현재 미국에서 아무리 잘 나가는 대기업이라도 행동주의 헤지펀드의 공격이 시작되면 경영진이 일부를 얼른 들어주고 무마하는 것이 관행이 되었다. 〈뉴욕타임스〉에 딜북(Deal Book) 칼럼을 연재하는 버클리대학의 솔로몬 교수는 "회사들이 공포에 사로잡혀 있다"며 헤지펀드의 공격을 당하면 "싸우기보다 타협하는 것이 만트라(mantra)가 되어

있다"고 말한다(Solomon 2015). 인질범과 싸우기보다 몸값을 얼른 주고 수습한다는 것이다. 최근에도 애플, GE, 퀄컴 등 미국을 대표하는 회사가 행동주의 헤지펀드의 공격을 받자마자 바로 타협안을 내놓았다.

금융 테러리스트들의 승리

(2016년 1월 15일 〈매일경제신문〉 칼럼 수정 확장)

"삼성전자와 LG전자가 합병한 뒤 2년 내에 3개 회사로 다시 쪼갠다"는 발표가 났다면 국내에서 어떤 반응이 나왔을까? 아마도 "어떻게 이런 비현실적인 일이 벌어지나"라는 식의 부정적 반응이 주류였을 것 같다. 기업문화가 다른 큰 회사들을 합병하는 게 쉬운 일이 아니다. 합병해서 성공한 경우보다 실패한 경우가 더 많다. 게다가 합병하고 2년 안에 회사를 다시 3개로 쪼갠다는 대목에 가서는 "도대체 왜 그렇게 하나"라는 궁금증이 증폭될 것이다.

그런 일이 미국에서 실제로 벌어졌다. 1, 2위 화학기업인 다우케미컬과 듀폰이 지난 12월 합병을 결정하고 2년 내에 농업, 소재과학, 특수제품의 3개 회사로 분사한다고 발표했다. 그런데 여기에 대해 심각하게 문제 제기를 하는 언론이나 학자들이 별로 없는 것 같다. "세계경제 침체를 극복해나가기 위한 돌파구"라는 식으로 회사 측 보도자료나 외신 발표를 인용하는 정도에서 소개되어왔던 것 같다.

그러나 두 회사가 합병에 이르게 된 과정을 살펴보면 비즈니스 논리보다는 행동주의 헤지펀드들의 단기이익 추구가 합병을 주도했다고 할 수 있다. 듀폰은 2013년부터 펠츠(Nelson Peltz)가 이끄는 트리안(Trian)펀드로부터 공격을 받았다. 트리안은 두 가지를 요구했다. 현재 사업부를 3개로 쪼개서 10억 달러의 비용을 줄이고, 50억 달러의 자사주 매입을 한 뒤 소각하라는 것이었다.

당시 최고경영자였던 컬먼(Elen Kullman)은 이 요구에 경악했다. 컬먼은 그동안 경영을 상당히 잘 해왔다고 할 수 있었다. 회사의 이익도 굉장히 늘렸고 주가도 잘 유지했다. 트리안의 공격을 받기 전 5년 동안 듀폰의 주주총수익률(주가상승차익과 배당수익을 합친 수익률)은 266%였다. 동종 화학업계의 총 수익률 243%보다 높았고, S&P 500지수의 총수익률 159%보다는 월등히 높았다.

컬먼은 양보하지 않고 2년에 걸쳐 헤지펀드와 전례 없는 전쟁을 벌였다. 그리고 2015년 5월 주주총회에서 간신히 이겼다. 작년 삼성이 삼성물산과 제일모직의 합병을 둘러싸고 엘리엇과 표 대결을 벌였던 상황과 비슷하다. 주총에서 다수의 기관투자자가 트리안 편에 섰다. 듀폰의 장기투자자였던 캘리포니아교원연금(CalSTARS)은 일찍부터 트리안 편으로 돌아섰다. 트리안이 듀폰에 요구사항이 적힌 편지를 보낼 때 함께 서명했다(CalSTARS는 트리안 펀드에 이미 투자자금을 맡긴 '공동투자자'였던 것으로 나중에 밝혀졌다).

ISS 등 의결자문사들은 모두 트리안의 손을 들어줬다. 그러나 듀폰은 개인투자자들의 다수가 지지해준 덕분에 표결에서 이길 수 있었다. 당시 컬먼은 미국의 언론으로부터 "행동주의 펀드와 싸움을 끝까지 지속했고 승리를 거둔 것 때문에 칭송받는 흔치 않은 최고경영자"라는 평가까지 받았다.

한편 다우케미컬은 로브(Dan Loeb)가 이끄는 서드포인트(Third Point)의 공격을 받았다. 서드포인트는 2014년 1월 다우 주식 2.3%를 매집한 뒤 저부가 화학부문을 분사하고 자사주 매입을 확대하라고 요구했다. 서드포인트는 또 다우가 "(투자자들의) 기대를 충족시키지 못하며 금융위기 중 잘못된 기업인수를 한 역사"를 갖고 있다고 비난했다.

다우 측이 요구에 응하지 않자 서드포인트는 별도의 웹사이트를 만들어서 경영진의 '부서진 약속'(*broken promises*)을 공개적으로 비난했다. 결국 다우는 2014년 11월 서드포인트가 지명하는 이사 2명을 받아들이고 '1년 휴전'에 합의했다. 이 두 이사는 모두 금융전문가들이었다.

밀러(Robert Miller)는 미국 최대 보험회사 AIG 회장 출신이고 리차드 데이비스(Richard Davis)는 IBM에서 금융최고책임자(CFO)를 맡았던 인물이다. 서드포인트는 일을 잘 하도록 특별 지원한다는 명분으로 이들에게 다우에서 받는 연봉과 별도로 25만 달러를 추가로 주고, 이사로 취임하는 즉시 25만 달러를 더 주어서 다우 주식을 사도록 하겠다고 발표했다. 미국 금융계에서 '황금 개 목줄'(*golden leash*)이라고 불리는 관행이다.

이번 다우-듀폰 합병은 이 두 헤지펀드가 막후에서 주도했다. 트리안과의 싸움에서 이겼던 듀폰의 컬먼은 2015년 10월 최고경영자 자리에서 쓸쓸히 물러났다. 그 자리는 트리안이 강력하게 추천한 전 타이코(Tyco)사장 브린(Edward Breen)이 맡았다. 브린은 철강회사 타이코가 위기에 처했을 때에 사장으로 들어가서 회사를 이리저리 쪼개는 구조조정 전문가로 명성을 얻은 인물이다. 브린은 취임하자마자 다우와의 합병을 추진했다. 그리고 2개월도 되지 않아 합병을 성사시켰다.

행동주의 헤지펀드들은 통상 기업주식의 1~2%가량밖에 취득하지 않는다. 그렇지만 이번 다우-듀폰 합병 사례처럼 거대 회사들을 마음대로 주무를 정도로 큰 영향력을 발휘하고 있다. 왜 그런가?

가장 중요한 이유는 연기금, 뮤추얼펀드 등 거대 기관투자자들이 뒤에서 밀어주기 때문이다. 이들은 장기투자를 지향한다고 하지만 여기에서 일하는 펀드매니저들은 단기성과에 의해 평가받는다. 나중에 결과가 어떻게 됐든 헤지펀드들과 보조를 맞추면 당장 눈에 보이는 성과를 올릴 수 있다. 그래서 국제금융가에는 '공동투자'(co-investment)라는 단어까지 나온다. 행동주의 헤지펀드들이 요구사항을 내걸면 기업들이 처음에는 "당신들, 단기차익을 노리는 투자자들 아니냐"며 상대하지 않다가도, 이들이 "그런데 ○○연금, ××뮤추얼펀드 등도 우리와 같은 생각을 갖고 있고 표 대결이 붙으면 우리를 지원할 걸로 알고 있다"라고 얘기하면 이들의 요구에 귀를 기울이지 않을 수가 없다.

실제로 지금 세계경제에서 펀드들의 힘은 막강하다. 예를 들어, 세계 1위 뮤추얼 펀드인 블랙록(BlackRock)은 운용자산이 4조 달러가 넘는다. 미국 공개기업 20%의 최대주주이다. 국내에서 대기업들의 '경제력 집중'에 대해 많은 논의와 규제가 진행되어왔지만 국제금융시장에서 대형펀드들에 의한 경제력 집중과 비교하면 '새 발의 피'라고 할 수 있다. 펀드매니저들 간에 '담합'(談合)을 규제하는 법적 장치도 약하다. 이들이 담합해서 특정 기업을 공격할 때 담합했다는 증거를 찾아낼 방법도 쉽지 않다.

행동주의 헤지펀드의 공격을 받았던 한 실리콘밸리 기업인은 이들을

'테러리스트'라고까지 표현했다. 회사와 전혀 관계없던 펀드가 갑자기 지분을 취득한 뒤 '주주가치'를 내걸고 현금도 내놓고 자산도 내놓으라고, 심지어는 회사를 팔라고까지 협박한다는 것이다. 〈뉴욕타임스〉에 딜북(Deal Book)이라는 칼럼을 연재하는 스티븐 솔로몬 버클리대학 교수는 "회사들이 공포에 사로잡혀 있다"며 헤지펀드들의 공격을 당하면 "싸우기보다 타협하는 것이 만트라(*mantra*)가 되어있다"고 말한다.

이렇게 행동주의 헤지펀드들의 힘이 강해지고 기업들이 이들의 단기이익 추구 논리에 장단을 맞춰야 한다면 기업의 성장과 경제의 발전에 커다란 장애물이 된다. 특히, 장기적으로 투자되어야 하는 연구개발 분야가 가장 큰 피해를 보게 된다. 헤지펀드들은 단기적으로 이익 성과를 내야 한다. 다우-듀폰을 2년 내에 3개 회사로 나누겠다는 것은 2년 내에 이익을 실현하겠다는 얘기이다. 다우-듀폰을 쪼개서 주식시장에 상장시키면 주식가치가 더 높아질 수 있고, 이렇게 회사를 합치고 쪼개는 과정에서 헤지펀드들이 배당을 많이 받는다든지 자산 매각에 참여하는 등의 방법으로 다른 이득도 누릴 수 있을 것이라고 기대하는 것이다.

그러나 대부분의 R&D투자는 2년 이상의 시간을 바라보고 해야 한다. 따라서 헤지펀드들에게는 R&D투자가 (자신들이 혜택을 보지 못하는) 비용일 수밖에 없다. 트리안 펀드의 펠츠는 그래서 듀폰과 전쟁을 치르는 동안 자신의 목표가 "듀폰을 3개 회사로 나누고 듀폰의 R&D센터를 폐쇄하는 것"이라고 말해왔다. 결과적으로 펠츠는 목표를 달성했다. 다우-듀폰 합병으로 노벨화학상 수상자들을 배출했고, 지난 200년 동안 듀폰의 성장동력을 제공했던 델라웨어의 듀폰중앙연구소는 역사 속으로 사라졌다.

그러나 그 피해는 회사와 종업원들이 고스란히 떠안는다. R&D투자가 제대로 이루어지지 않으면 회사는 장기적인 경쟁력을 잃게 된다. 단기적인 '비용절감'만을 내세우는 과정에서 많은 종업원들이 해고당한다. 고부가 회사일수록 역량 있는 종업원들을 키우는 데 많은 시간과 비용이 들어간다. 회사 입장에서는 이들이 장기적인 인적 자산이다. 그러나 헤지펀드들에게는 사람이 '비용'으로만 취급된다.

다우-듀폰은 처음에 델라웨어 지역에서 1,700명을 감원할 예정이라고 발표했는데 실제로는 더 많은 인원이 해고통보를 받았다고 한다. 이 중 R&D 인력이 상당히 많다. 회사가 망하거나 실업자가 생기면 그 '구조조정'의 상당부분은 국민이 낸 세금에서 부담하게 된다.

그러면 어떻게 해야 하는가? 우선은 정부에서 이러한 행동주의 헤지펀드들의 실상을 제대로 알고 기업과 경영자, 종업원들을 보호해주는 조치를 취해야 한다. 한국은 그동안 '글로벌 스탠더드'를 따른다면서 미국식 제도를 여과 없이 굉장히 많이 도입했다. 그렇게 만들어진 금융 및 기업 규제 틀은 금융투자자들이 약자(弱者)이고 기업이 강자(强者)라는 전제를 깔고 있다. 그러나 지금 세계금융시장의 현실은 기관투자자들이 절대적 강자이다. 역학관계가 이렇게 크게 바뀌어있는 금융환경을 감안해서 정부의 금융 및 기업 규제가 전면적으로 수정되어야 할 것 같다.

미국뿐 아니라 한국도 행동주의 펀드들이 기업들을 공격하기에는 굉장히 쉽게 되어있는 반면, 기업들이 여기에 방어수단을 마련하기에는 굉장히 어렵게 되어있다. 최소한 양측 간에 규제 상의 균형은 맞춰놓은 상태에서 시시비비(是是非非)가 이루어질 수 있도록 해야 한다. 미국을 따라 하려고만 하지 말고 미국의 잘못된 경험을 반면교사(反面敎師)로 삼아 금융 테러리즘이 쉽게 자행되지 않도록 해야 한다.

주주가치 극대화의 새 시대

4

'대기업 개혁 4자 동맹'이 힘을 받고 그에 따라 정부의 각종 규제도 바뀌면서 '주주가치 극대화'(*maximizing shareholder value* · MSV)는 미국 경제의 새로운 시대정신이 되어버렸다. 미국의 대표적 경제지 〈월스트리트저널〉(*Wall Street Journal*)에서 '주주가치'라는 말은 1965년

그림 1-10 〈월스트리트저널〉에서 '주주가치' 단어 등장 빈도

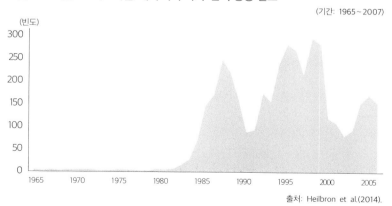

(기간: 1965~2007)

출처: Heilbron et al.(2014).

이전에는 전혀 등장하지 않았다. 그 후 조금씩 등장하기 시작했고 1980년대가 시작되면서 이 단어의 사용이 급증했다. 시대상의 변화를 볼 수 있는 한 가지 지표이다(그림 1-10).

1) MSV에 복속된 기업경영자와 '불경한 동맹'

가장 놀랄 만한 변화는 기업의 장기성장과 이익을 실현해야 할 주체인 최고경영자(CEO)들이 MSV 논리에 복속되고 기업의 존재이유에 대한 자신들의 생각을 공개적으로 바꾸었다는 사실이다. 주주행동주의와 인수합병 붐이 본격적으로 진행되기 시작하던 1980년대 초반까지만 해도 CEO들의 공식적 견해는 '관계자 자본주의'에 가까운 것이라고 할 수 있었다. 미국 CEO들의 모임인 비즈니스 라운드테이블(Business Roundtable)이 1981년 발표한 '기업의 책무에 관한 성명'(Statement on Corporate Responsibility)은 다음과 같았다.

> 주식보유자들이 수익률을 극대화하려는 기대와 다른 우선순위 간에 균형을 잡는 것이 기업경영에 가장 근본적 문제 가운데 하나이다. 주식보유자들이 좋은 수익률을 올려야 하지만 다른 이해관계자들의 정당한 관심사에 대해서도 합당한 주의를 기울여야 한다. 25

---

25 영어 원문은 다음과 같다. "Balancing the shareholder's expectations of maximum return against other priorities is one of the fundamental problems confronting corporate management. The shareholders must receive a good return but the legitimate concerns of other constituencies

1990년에 발표된 비즈니스 라운드테이블 성명도 "기업은 주식보유자와 사회 전체에 함께 봉사하는 임무를 갖고 만들어졌다"며 다른 이해관계자에 금융기관이 포함된다는 사실을 명백히 했다. 26

그러나 1997년에 미국 CEO들은 MSV에 완전히 투항했다. 비즈니스 라운드테이블 성명의 이름도 '기업의 책무'에서 '기업지배구조에 관한 성명'(Statement on Corporate Governance) 으로 바뀌었다. 미국의 CEO들은 주식보유자의 대리인으로서 자신들의 책무는 MSV라는 점을 천명했다.

비즈니스 라운드테이블의 관점에서 경영진과 이사회의 최고로 중요한 의무는 회사의 주식보유자들에게 있다. 다른 관계자들의 이익은 주식보유자들에게 종속변수로서 의미가 있다. 이사회가 주식보유자들과 다른 관계자들의 이익 간에 균형을 맞춰야 한다는 견해는 이사회의 역할을 잘못 해석한 것이다. 27

1980년대에 기업구조조정에 앞장서서 GE의 주식가치를 대폭적

---

also must have appropriate attention. "(Lazonick 2014)

26 영어 원문은 다음과 같다. "… corporations are chartered to serve both their shareholders and society as a whole. "

27 영어 원문은 다음과 같다. "In the Business Roundtable's view, the paramount duty of management and of boards of directors is to the corporation's stockholders; the interests of other stakeholders are relevant as a derivative of the duty to stockholders. The notion that the board must somehow balance the interests of stockholders against the interests of other stakeholders fundamentally misconstrues the role of directors. "(Lazonick 2014)

으로 올렸던 웰치(Jack Welch) 전 회장조차 2009년에 한 인터뷰에서 MSV는 "세상에서 가장 바보 같은 생각"(the dumbest idea in the world)이라고 말한 바 있다.[28]

그런데 왜 미국의 CEO들이 1997년부터 MSV를 자신들의 신조로 내세웠는가? 한 가지 이유는 적대적 인수합병 시대를 거치고 기관투자자들의 힘이 막강해지면서 경영자들이 금융투자자들의 이데올로기와 다른 생각을 공개적으로 얘기하기 어려웠기 때문일 것이다.

그러나 다른 한 가지 이유는 CEO 자신들이 MSV시대에 금융투자자들의 강력한 동맹세력이 되었기 때문이다. 스톡옵션을 많이 받게 되면서 MSV를 경영의 최고 목표로 내세우는 것이 자신들의 이해관계와 일치하게 된 것이다.

실제로 CEO들의 평균보수는 1998년 이후 2014년까지 10배 가까이 뛰었다. 현금으로 받는 보수도 많이 늘었지만 가장 큰 원인은 스톡옵션 등 주식관련 보수이다(그림 1-3 참조). CEO들에게 회사 주가를 올리는 것이 가장 큰 사익추구 수단이 됐다.

대리인 이론을 주장하는 사람들 입장에서 보았을 때는 CEO와 주주 간의 이해관계를 일치시켜서 CEO들이 주주의 이익을 최대한 반영하는 데 성공한 것이라고 볼 수 있다. 그러나 일반 주주들이 본 이익은 평균적으로 주가상승분을 넘지 못했다. 반면 그 이익의 상당 부분은 CEO들과 펀드매니저들에게 갔다.

일반 언론에는 미국 CEO들의 보수가 과도하게 올랐다는 내용만이 주로 나온다. 그러나 실제로 받아가는 금액을 보면 톱 펀드매니

---

28 *Financial Times* (2009. 3. 12). "Welch condemns share price focus".

저가 현재 톱 CEO보다 10배가량의 보수를 받는다(표 1-3). 톱 CEO와 톱 펀드매니저 간의 '불경(不敬)한 동맹'(unholy alliance)이라고도 표현할 수 있는데 여기에서 더 큰 칼자루는 톱 펀드매니저가 쥐고 있다.

표 1-3 미국 톱 CEO와 톱 헤지펀드 매니저 간의 보수 격차

(연도: 2014, 단위: 백만 달러)

순위	CEO	보수	헤지펀드 매니저	보수
1	David M. Zaslav (Discovery Communications)	156	Kenneth Griffin (Citadel)	1.3B
2	Michael T. Fries (Liberty Global)	111	James Simons (Renaissance Technologies)	1.2B
3	Mario J. Gabelli (GAMCO Investors)	88	Raymond Dalio (Bridgewater Associates)	1.1B
4	Satya Nadella (Microsoft)	84	William Ackman (Pershing Square Capital Management)	950
5	Nicholas Woodman (GoPro)	77	Israel (Izzy) Englander (Millennium Management)	900
6	Gregory B. Maffei (LMCA & QVCA)	73	Michael Platt (BlueCrest Capital Management)	800
7	Lawrence J. Ellison (Oracle)	67	Larry Robbins (Glenview Capital Management)	570
8	Steven M. Mollenkopf (Qualcomm)	60	David Shaw (D.E. Shaw Group)	530
9	David T. Hamamoto (NorthStar Realty Finance)	60	O. Andreas Halvorsen (Viking Global Investors)	450
10	Leslie Moonves (CBS)	54	Charles (Chase) Coleman III (Tiger Global Management)	425
–	평균	83	평균	822

출처: 최고경영자 자료는 http://www.equilar.com/reports/18-200-highest-paid-CEO-ran kings-2015.html, 헤지펀드 매니저 자료는 http://www.institutionalinvestorsalpha.com/Article/3450284/The-2015-Rich-List-The-Highest-Earning-Hedge-Fund-Managers-of-the-Past-Year.html(2016년 8월 17일 접속).

2) 약탈적 분배와 '1% 대 99%' 구도

미국 경영자들과 금융투자자들이 동시에 MSV를 적극 추구하면서 미국경제에는 크게 두 가지 일이 벌어졌다. 첫째, 주식시장이 기업으로부터 돈을 빼내가는 자금유출 창구로서의 기능이 대폭 강화됐다. 주식시장이 발달할수록 기업부문에 자금을 공급하는 기능보다는 이익을 주주가 환수하는 경향이 강해진다.[29]

미국의 경우 1980년 초반까지는 이 경향이 있어도 미미했지만 적대적 인수합병 붐이 불면서 본격적으로 강해졌고 MSV가 최고경영자와 금융투자자의 공통 이데올로기로 완전히 자리를 잡은 2000년대에 들어서는 이 경향에 가속도가 붙었다. 2006년부터 2015년까지의 10년 동안 미국기업의 순주식발행(*net equity issue*) 액수는 마이

---

[29] 기존 실증연구들에 따르면 선진국들에서 주식시장은 자본조달에 미미하게 기여했거나 오히려 역기능을 했다. Mayer(1988)는 1970년부터 1985년까지 주요 선진국에서 주식시장을 통한 자금조달을 조사했다. 영국에서는 주식시장의 신규자금조달 순기여가 -3%였다. 미국은 1%, 캐나다는 3%, 독일 3%, 일본 5% 정도에 불과했다. Allen & Gale(2001)은 1970년부터 1989년 사이에 벤처캐피털 투자를 포함해서 선진국의 신규투자 자금조달 경로를 분석했다. 이 연구에 따르면 주식시장을 통해 조달된 자금의 비중이 미국 -8.8%, 영국 -10.4%, 독일 0.9%, 일본 3.7%, 프랑스 6%로 나타났다. 흥미 있는 점은 '은행중심'이라는 일본, 독일, 프랑스에서 자본시장의 투자자금조달 기여가 높았고 자본시장이 발달한 미국이나 영국에서는 오히려 기여도가 마이너스였다는 사실이다. 이 점은 주주자본주의가 발달한 영미에서 자사주 매입과 기업 인수합병에 따르는 기존주식폐기가 신주발행보다 많았기 때문이었다. 반면 간접금융이 발달했던 독일, 일본 등에서는 주식시장이 간접금융의 보완기능을 하면서 발달했다.

그림 1-11 돈을 빨아가는 주식시장(미국)

(1억 달러)

(기간: 1946~2014)

— 비금융기업
— 은행 및 보험사

출처: Lazonick(2015).

너스 4조 1,600억 달러에 달했다. 신주발행이나 유상증자를 통해 기업이 주식시장에서 자금을 조달한 액수는 자사주 매입이나 상장 폐지 등을 통해 주식시장에서 퇴장된 자금에 비하면 '새 발의 피'였다(그림 1-11).

1980년대의 자금 순유출이 인수합병에 따르는 상장폐지의 영향이 컸던 것과 달리 2000년대 이후의 자금유출은 주로 자사주 매입과 배당 때문이었다.

금융투자자가 일방적으로 정의하는 '잉여현금'을 '빼낸'(*disgorge*) 것이다. 스탠더드 앤 푸어스(S&P) 지수를 구성하는 459개 상장기업의 경우를 보면 2006년부터 2015년까지 10년 동안 자사주 매입에 쓴 돈만 3조 9천억 달러(약 4,500조 원)에 달한다. 이 기간에 S&P 500 기업들이 번 순이익 7조 2,800억 달러의 53.6%에 달한다. 3조 9천억 달러라는 돈은 일자리를 창출하거나 기업의 장기투자를 위해 쓴다면 엄청난 효과를 낼 수 있는 금액이다. 그러나 미국기업의 주주들과 최고경영자들은 '주주이익 극대화'라는 명분으로 이 돈을 공개시장에서 주식을 사서 없애버리는 데에 썼다.

순이익의 36.7%에 달하는 2조 6,700억 달러는 배당에 사용됐다. 미국기업은 이전에도 유럽이나 아시아기업보다 배당을 많이 해왔다. 그러나 1990년대에 '구조조정'을 거치면서 배당성향이 대폭 높아졌다. 순이익에서 나머지 9.7%의 상당 액수는 지금 애플이 아일랜드에서 문제되고 있는 것처럼 조세 회피 등의 목적으로 해외에 빼낸 돈이었다. 10년 동안 빼낸 것은 실제로 '잉여현금'이라고 얘기하기 어렵다. 10년 동안 기업들의 경상이익에 버금가는 수준의 규모가 어떻게 '잉여'라고 할 수 있는가? 미국기업들은 주주들에게 먼저 이익을 거의 다 내주고 사업에 필요한 돈은 자산을 매각하거나 빚을 늘리거나, '구조조정'을 통해 임금이나 사업비용을 줄이는 방법 등에 의해 동원했다(그림 1-12).

둘째, 이 과정에서 근로자들의 착취도가 대폭 증가했다. '경영자본주의' 시대에는 생산성과 임금이 동반상승했다. 근로자 입장에서 업무강도가 높아진다 하더라도 임금상승으로 보상을 받았다. 그러나 1980년대 이후에는 임금상승이 생산성 향상에 뒤처지기 시작했고 그 격차가 계속 확대됐다(그림 1-13). 1990년대 들어 미국 근로자들의 평균 근로시간이 일본을 추월했다. '구조조정'이 일상화되면서 근로자들이 일자리를 많이 잃고 직업 안정성도 상시적으로 위협받는 상황이 됐다. 결과적으로 미국경제에 나타난 것은 '1% 대 99%' 구도이다.

'트럼프 현상'은 이러한 '1% 대 99%' 구도에 대한 좌절감과 불만이 정치적으로 표현된 것이라고 할 수 있다. 트럼프의 지지자들은 단순히 블루칼라 백인만이 아니다. 상당수가 화이트칼라 백인 근로자들이다. '구조조정'을 통해 일자리를 잃거나, 일자리가 위협받거

그림 1-12 자사주 매입, 배당의 급격한 확대

(기간: 1981~2013)

출처: Lazonick(2015).

그림 1-13 생산성향상과 임금상승 격차 확대

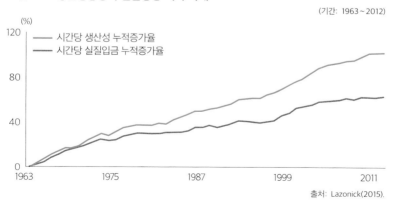

(기간: 1963~2012)

출처: Lazonick(2015).

나, 자신의 역량보다 훨씬 낮은 보수를 받으며 미래에 대한 비전 없이 일한다는 생각은 블루칼라만 아니라 화이트칼라에게도 마찬가지로 적용되기 때문이다.

특히, 정보통신 등 21세기 지식집약 산업에 필요한 역량을 충분히 갖췄다고 스스로 자부심을 갖고 나름대로 열심히 일했다고 생각하던 사람들에게 임금상승의 사다리가 없어지고 실업의 위협에 처하는 것은 자긍심을 상하게 하는 일이다. 그러나 회사에서 어느 정도 성공해서 임금을 많이 받는 중상위권 엔지니어나 관리자들이 구조조정의 집중적인 대상이 됐다. 이러한 상대적 고임금 근로자에게 가는 비용을 축소하기 위해 해외로 아웃소싱(*outsourcing*)하거나 값싼 외국인 근로자를 데려올 경우 이들의 불만은 외국인이나 교역상대국으로 향하게 된다.

똑같은 '1% 대 99%' 구도라는 뿌리에 대해 민주당 대통령 후보 지명 경선자였던 샌더스(Bernie Sanders)는 월가의 금융자본가를 공격하며 사회주의적 경향을 띠는 해법을 제시했다. 반면 트럼프는 극우파의 전형적인 모습이다. 미국 사회문제의 적(敵)을 외부에서 찾았다. 이민자를 공격하고 교역상대국을 공격했다. 그리고 '화난 미국인'(Angry Americans)의 지지를 받아 대통령으로 당선됐다.

3) 미국경제 성장신화 다시 보기

미국이 1990년대 이후, 비록 분배에서는 실패했더라고 경제성장에
서는 성공한 모델이라는 생각이 아직까지 많은 식자(識者) 층을 사
로잡고 있는 것 같다. 그렇지만 정말 미국이 성장에서 성공했는지,
그나마 괜찮은 성장률을 달성한 이유가 어디에 있는지 등에 대해
근본적으로 다시 생각해봐야 할 필요가 있다. 그래야만 미국모델에
대한 의미 있는 평가가 가능하다.

　다른 선진국들과 비교할 때 미국이 상대적으로 좋은 성장률을 보
였다는 사실은 부인할 수 없다. 1991년부터 2012년까지 미국의 연
평균 성장률은 2.61％인 반면 일본과 독일의 수치는 각각 1.04％
및 1.67％로 많은 차이를 보인다(표 1-4). 미국경제의 '부활'이나 미
국모델의 '성공'을 얘기하는 사람들은 단순히 이러한 경제성장률 수
치만 놓고 얘기하는 경향이 있다. 그렇지만 경제성장을 달성한 원
인을 비교해 보면 미국이 특별히 잘 했다고 얘기하기 어렵다.

　같은 기간 동안 경제활동인구(total labor force) 당 성장률을 보자.
미국이 1.62％인 반면 일본은 0.91％ 독일은 0.87％이다. 미국이
그래도 가장 높지만 '잃어버린 20년'(lost decades) 을 보냈다는 일본
이 독일보다 높다. 일본과 미국과의 격차도 많이 줄어든다. 2000년
대만 비교하면 미국의 경제활동인구당 성장률은 일본과 비슷하다
(그림 1-14). 이 수치들을 내놓은 클라인(William Cline) 은 따라서 세
나라 간 성장률 차이의 가장 큰 원인은 인구에서 찾아야 한다고 말
한다. 20년 동안 미국의 경제활동인구는 23％ 증가했다. 독일의 경
제활동인구는 14.1％ 늘었다. 그렇지만 일본의 경제활동인구는

0. 6%밖에 안 늘었다.

　미국이나 독일의 노동력 증가율이 높은 가장 큰 원인은 해외인력 유치이다. 미국은 원래부터 다양한 인종의 용광로(*melting pot*)였다. 지금도 이민이 일상화되어있다. 독일은 히틀러의 게르만 순혈주의로 배타적인 나라처럼 알려져 있지만 원래 다양한 인종이 정착해서 살던 나라이다. 지금도 계속 이민이 이루어진다. 난민(難民)을 받아들이는 데 제일 관대하다.

　반면 일본은 이민으로 인력을 늘리려는 노력을 거의 하지 않았다.

표 1-4　미국 · 일본 · 독일의 성장률 격차 원인

(기간: 1991~2012, 단위: %)

	미국	일본	독일
경제성장률	2.61	1.04	1.67
근로자 1인당 성장률	1.66	0.91	0.87
인구증가율	23.0	0.6	14.1

출처: Cline(2013).

그림 1-14　미국 · 일본 · 독일의 경제활동인구당 GDP증가율 비교

(기간: 1991~2012)

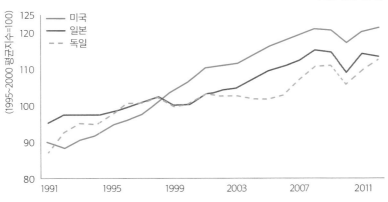

출처: Cline(2013).

이민을 받아들였지만 일본인이 일하기 싫어하는 저임금 분야에서만 외국노동자를 제한적으로 받아들이는 정도였다. 이에 더해 선진국 중에서 가장 빠르게 고령화가 진전됐다. 출산율도 급격하게 떨어졌다.

미국과 일본 간에 성장률 격차를 만들어낸 다른 중요한 원인도 있다. 통화 헤게모니이다. 일본의 1인당 성장률이 1990년대에 크게 떨어진 이유는 부동산과 증권시장의 버블이 1990년에 붕괴하면서 그 후유증이 컸기 때문이었다. 또 일본의 침체가 다른 선진국의 침체를 불러오지도 않았다.

한편 미국은 2008년에 세계금융위기를 일으켰다. 그러나 일본만큼 커다란 후유증을 겪지 않았다. 달러 헤게모니를 바탕으로 달러를 찍어내며 '양적 완화'(*quantitative easing* · QE)를 마음껏 할 수 있었기 때문이다. 그 과정에서 달러화는 가치가 떨어지지 않았다. 다른 나라는 미국의 위기가 세계의 위기가 되면서 함께 어려움을 겪었다. 통화 헤게모니를 가진 나라와 그렇지 않는 나라 간의 비대칭을 제외한다면 미국모델이 다른 나라 모델보다 성장에서 더 뛰어난 성과를 거두었다고 단정하는 것이 쉽지 않다.

제 2 장

한국 '경제민주화'의
허상과 실패

미국의 '경제민주화'가 오랜 시간에 걸쳐 내부에서 다양한 세력이 합종연횡(合從連橫)하며 진행됐던 것과 달리 한국의 '경제민주화'는 외환위기라는 외부의 충격과 함께 급격하게 '집행'됐다. 1997년 외환위기 이전에 한국에서 경제민주화 움직임이 시작된 것은 사실이다. 헌법에 '경제민주화' 조항이 들어가고 정책담당자들도 경제민주화를 조금씩 언급하기 시작했다. 진보세력을 중심으로 경제민주화를 추진하는 단체들도 만들어졌다.[1]

그러나 미국의 경우와 비교해 볼 때 한국에는 기관투자자와 기업사냥꾼이라는 '대기업 개혁'을 추진할 수 있을 정도로 강력한 힘을 가진 민간세력이 없었다. 한국에서는 1997년 외환위기가 터지고 IMF체제에 들어가며 '대기업 개혁'이 본격적으로 진행됐다. IMF와 돈을 빌려준 선진국들의 요구사항이기도 했고 한국정부가 미국식으

---

1 머리말("일그러진 시대의 화두(話頭)") 참조.

로 기관투자자가 '주인'으로 행세할 수 있는 시스템을 만드는 것이 '글로벌 스탠더드'라는 견해를 전폭 수용하기도 했기 때문이다.

과거 '차입위주 성장체제'를 버리고 '주식시장 위주 경제체제'로 전환한다는 기업구조조정이 전격적으로 집행됐다. 이 과정에서 외국인투자자가 강력한 '주주민주주의' 세력으로 금세 자리를 잡았다. '소액주주' 운동을 시작하던 국내세력도 여기에 보조를 맞추었다. 한국의 경제민주화가 미국식 주주행동주의의 길을 가게 됐다.

미국과 비교할 때 한국이 갖고 있는 다른 여건도 있었다. 미국은 이미 대기업의 소유지분이 분산되고 경영자본주의가 확립되었기 때문에 전문경영진의 '독단'이라든지 '지나친 다각화'가 비판의 대상이었다. 그렇지만 한국의 대기업들은 재벌체제의 일부였다. 재벌 '오너'(owner)가 소유와 통제를 동시에 하면서 경영을 지휘했다. 그리고 미국 대기업보다 훨씬 다변화된 비즈니스 그룹 체제를 유지했다. 한국의 '경제민주화' 과정에서 미국 대기업 경영진의 '독단'은 '총수의 독단'으로 환치(換置)됐다. 비즈니스 그룹은 '선단식 경영'이라는 낙인이 찍히며 금융위험을 키우는 후진적 경영시스템으로 치부됐다.

미국과 한국을 비교할 때 결정적 차이도 있었다. 미국의 대기업들은 주주행동주의가 강화될 때 경영에서 고전하고 있었다. 일본, 독일 등의 경쟁자들에게 밀리는 모습을 보였고 고금리와 스태그플레이션으로 세계경제가 전반적으로 어려운 상황이었다. 미국 대기업들의 '효율성'이 의심받을 이유가 있었다.

그러나 한국의 재벌들은 1990년대에 국제시장에서 성공하며 경외(敬畏)의 대상으로 떠올랐다. 세계경제도 1980년대의 어려움을 뒤로 하고 순조로운 확장세를 보이고 있었다. 1990년대 중반에는 21세기에 '아시아의 시대'가 열린다는 견해가 풍미하면서 아시아, 특히 동아시아에 세계적 투자와 관심이 몰리고 있었다. 그렇지만 1997년 한국경제가 갑자기 외환위기에 빠지면서 재벌의 '효율성'이 공격을 받게 됐다.

1990년대 한국경제의 재평가

미국에서 주주행동주의의 성과를 평가하기 위해 경영자본주의에 대한 재평가가 필요한 것처럼, 한국에서 '경제민주화'의 성과를 평가하기 위해서는 이것이 본격적으로 진행되기 이전의 한국경제에 대한 재평가가 필수적이다. 경제민주화론자들은 이 시기를 정치민주화는 달성됐지만 경제민주화를 달성하지 못해 한국경제 내에 모순이 축적되던 암흑기(暗黑期)로 채색한다. 1997년의 외환위기도 그러한 모순이 폭발한 '구조적 위기'로 해석한다. 따라서 한국경제의 회생을 위해서는 '구조 개혁'이 필수 사안이 된다. 그리고 경제민주화론자들에게 구조개혁의 핵심은 재벌개혁이었다.

그러나 긴 안목으로 다시 살펴보면 미국의 경영자본주의가 주주행동주의자가 공격했던 것과 같은 정도로 그렇게 심각한 문제가 있었다고 말하기 어려운 것처럼, 외환위기 후 20년 가까이 지난 지금 역사적 안목에서 다시 살펴보고 또 국제적으로 비교해 보면 1990년대의 한국경제가 그렇게 문제투성이였다고 보기 어렵다. 오히려 앞으로 한국경제의 앞길을 모색하는 데 도움이 될 생산과 분배의 정치경제 원리를 갖고 있기도 했다.

1) '성장 - 내수 - 고용 - 분배'의 공존

1997년 외환위기 전 한국경제의 거시지표를 보면 '암흑기'(暗黑期)라기보다는 '성장 - 내수 - 고용 - 분배'가 공존하는 '융성기'(隆盛期) 라고 보는 것이 오히려 타당하다. 1987년 이후 이른바 '3저(低) 호황' 국면이 오면서 경제성장률이 계속 좋았다. 국제적으로 비교할 때 한국은 이때까지 경제기적을 만들던 나라로서 성장률에서 전 세계의 '우등생' 수준을 유지하고 있었다. 그러나 1997년 외환위기 이후에 '보통 학생'으로 한 단계 떨어졌다. 2008년 세계금융위기 이후에는 '열등생' 수준이 됐다고까지 할 수 있다.

외환위기 전에는 수출과 내수의 관계도 좋았다. 1987년부터 1997년까지와 1999년부터 2007년까지의 기간을 비교해 보면 연평균 수출증가율은 비슷하지만 소비증가율에서 각각 8.1% 및 5.8%로 크게 차이가 난다. 민간 소비증가율에서는 외환위기 전후에 편차가 더 커진다. 정부가 수출에 집중하고 내수확대책이라는 것을 사용하지 않던 1990년부터 1997년까지 민간소비증가율은 8.0%였다.

그러나 2000년대에는 정부가 부동산담보대출 확대 등을 통해 민간소비를 의도적으로 늘리는 정책을 취했음에도 2000년부터 2007년까지 민간소비증가율이 4.7%에 불과했다.[2] 외환위기 이전에는 고용지표도 좋았다. 완전고용을 유지했다. 비정규직도 거의 없었

표 2-1 한국의 주요 거시지표 추이

(단위: %)

구분	1981~1986	1987~1997	1999~2007	2008~2013
GDP	9.6	8.4	5.8	2.9
소비	7.6	8.1	5.6	2.0
투자	9.0	11.8	4.9	0.7
수출	12.9	12.7	11.9	6.3
세계 수입	5.4	7.8	7.7	2.5
수입	7.9	14.1	12.4	4.3
고용	4.5	4.3	3.0	2.1

주: 고용은 임금근로자 수.　　　　　　　　　　　　　　출처: 홍장표(2014)에서 수정.

다. 1987년부터 1997년까지 근로자의 임금이 연평균 4.3% 늘었다. 반면 1999년부터 2007년까지는 근로자의 임금증가율이 연평균 3.0%로 떨어졌다(표 2-1).

분배지표도 국제적으로 좋은 편이었다. 일단 전후 개발도상국에서 성장과 분배라는 두 마리 토끼를 잡은 나라는 한국과 대만뿐이었다. 두 나라는 대표적인 소득분배지표인 지니계수가 고도성장 기간 중 0.30에서 0.33 정도의 수준을 유지했다. '아시아의 4마리 용(龍)'으로 동아시아 경제기적을 함께 이룬 싱가폴과 홍콩은 고도성장은 달성했지만 지니계수가 0.47 수준으로 대표적 불평등 국가였다. 지금 중국경제가 빠르게 부상하지만 지니계수가 0.40 내외 수준이다. 중국은 임금 격차뿐만 아니라 커다란 지역 격차를 떠안았다. 선진국까지 포함해도 한국은 소득분배에서 중간 이상을 유지했다(표 2-2).

정부의 분배통계를 비판하며 과세자료를 이용한 새로운 분배지

───────

2 한국은행 웹사이트.

표 2-2 주요국의 불평등도

국가	지니계수			불평등도
	1990년	2008년	2014년	
스웨덴	0.211	0.233	0.249	아주 낮음
프랑스	0.277	0.281	-	낮음
	-	-	0.301	중간
한국	0.295	0.312	0.302	중간
대만	0.312	0.338	0.336	
미국	0.384	0.381	-	높음
	-	-	0.411	
중국	0.324	0.415	0.469	아주 높음
멕시코	0.543	0.474	0.481	
싱가폴	0.454	0.474	0.464	
브라질	0.605	0.548	0.529	

출처: OECD(2011), World Bank, OECD, CIA The World Factbook 등 종합.

그림 2-1 한국의 상위 1% 소득비중 역사적 추이

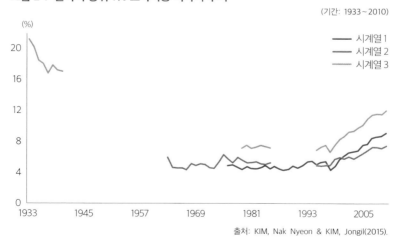

(기간: 1933~2010)

출처: KIM, Nak Nyeon & KIM, Jongil(2015).

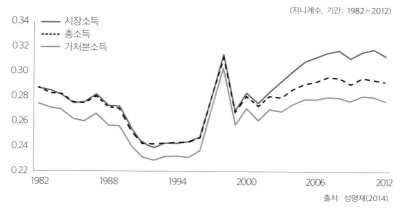

그림 2-2 한국의 소득분배 추이

(지니계수, 기간: 1982~2012)

― 시장소득
···· 총소득
― 가처분소득

출처: 성명재(2014).

표를 내놓아 이른바 '피케티 DB'에 자료를 올리는 김낙년 교수의 연구를 봐도 마찬가지이다. 그가 내놓은 '상위 1% 소득비중'과 관련된 어느 지표를 보더라도 1962년에 경제개발을 시작한 다음부터 1997년 외환위기가 시작되기 전까지는 분배지표가 안정되어 있었다. 분배지표는 외환위기 이후 IMF체제에서 빠르게 나빠진 것으로 나타난다(그림 2-1).

1990년대에는 분배지표가 오히려 조금 더 좋아졌다. 정부가 공식적으로 발표하는 지니계수는 1990년부터 1997년까지 평균 0.287로 떨어졌다. 성명재 교수의 연구에서도 1990년대는 '소득불균등도 하향안정기'로 나타난다(그림 2-2). 그는 이에 대해 "정치적·경제적 민주화의 물결 속에서 노동소득 분배율이 상승하는 등의 영향이 직·간접적으로 상대소득 분배격차가 낮은 수준에서 유지되는 데 기여한 것"으로 추정했다.

1990년대는 경제민주화론자들이 주장하듯 과거 발전모델의 모순이 축적됐던 시기라기보다 오히려 그 성공이 본격적으로 나타나던 시기라고 할 수 있다. 가장 중요한 요인은 1970년대부터 야심적으로 벌였던 중화학 투자의 성과가 나타난 것이었다. 중화학산업의 특성상 처음에 큰돈을 투자해야 하고 기술역량을 축적하고 시장개척을 하는 데 많은 시간이 필요하다. 1980년대 상반기까지 한국경제가 어려웠던 것은 석유파동, 스태그플레이션 등 세계경제가 나빴던 원인도 있었지만 대규모 투자가 결실을 볼 때까지는 적자를 감수하며 지속적으로 투자와 기술개발에 매달리는 것이 어쩔 수 없이 거쳐야 하는 과정이었기 때문이었다.

그렇게 기다렸던 결실이 1990년대에 들어 본격적으로 나타나기 시작했다. 한국이 세계 조선 1위국으로 뛰어오른 것이 이때였다. '부실기업'으로 취급받던 대우조선도 1991년에 창립 이래 첫 흑자로 돌아섰고 현대중공업과 경쟁하며 세계 1, 2위 조선소의 자리를 계속 지켰다. 삼성전자의 반도체 투자 결실도 이때 제대로 나타났다. 1993년에 삼성은 메모리 반도체에서 세계 1등 회사로 떠올랐다. 그리고 그 위치를 아직까지 지키며 강화하고 있다.[3]

이러한 개별기업의 성과를 바탕으로 한국경제의 구조전환이 뚜렷해졌다. 한국의 제조업 부가가치에서 중화학산업이 차지하는 비중은 1990년에 60.3%로 뛰었고 1995년에 67.7%로 계속 상승했다. 수출전선에서의 성과는 더 뛰어나다. 한국의 전체 수출에서 중화학산업이 차지하는 비중은 1990년에 61.2%에서 1995년에

---

3 삼성의 반도체 부문에 대한 연구는 Shin(2016 forthcoming), 신장섭·장성원(2006) 참조.

76.4%로 급등했다. 2000년에는 83.1%까지 올랐다.

1990년대에 성장과 분배가 함께 좋았던 이유는 투자에서 찾을 수 있다. 한국의 대기업들은 당시 중화학 투자가 성공하고 이익이 나기 시작했다고 이익을 주주에게 나누거나 사내유보로 쌓아놓지 않았다. 오히려 더 적극적으로 투자를 늘렸다. 세계화가 급진전되는 과정에서 그 기회를 계속 잡아나가려고 했다. 기업이 투자에 적극적으로 나서니 고용이 늘었다. 근로자의 임금도 계속 올랐다. 임금이 오르니 내수도 좋아지고 분배도 개선됐다.

2) 재벌의 보편성과 '재벌문제'의 보편성

'재벌문제'라는 것도 국제적으로 비교해 보면 '구조적 문제'라는 말을 붙이는 것이 적절치 않다. 국내에서는 경제민주화론자들뿐만 아니라 정책담당자들과 학자들, 일반인들 사이에서 한국의 재벌이 세계에서 굉장히 특이한 존재라는 생각이 지배적이다. '문어발식 다각화'라는 말도 쉽게 붙고 '총수의 독단'이라는 말도 많이 사용한다. '전근대적 천민(賤民) 자본'이라는 표현까지도 한다. 이러한 표현에는 한국의 재벌이 정상에서 '일탈'(逸脫) 한 비정상적 사업조직이라는 선입견이 바닥에 깔려있다.

1997년 외환위기를 당한 뒤에는 재벌비판에 기름이 부어지면서 그 '일탈'이라는 것이 더욱 강조되었다. 예를 들어, 외환위기 직후 진보학자들의 평가와 주장을 모은 《한국재벌개혁론》이라는 책에서 김대환 교수는 "재벌체제에 기초한 선단식 경영은 이미 비효율적임이 명백히 드러났으며 세계경제에서 그러한 선단식 경영은 용납되지 않는 현실을 감안할 때, 재벌체제의 독립적인 전문경영체제로의 전환은 국민경제적 관점에서 주저할 이유가 없다"고 주장했다 (김대환 1999: 23).

그러나 "세계경제에서 그러한 선단식 경영은 용납되지 않는 현실"이라고 한 주장과 달리 눈을 뜨고 세계경제를 조금만 둘러보면 재벌식으로 경영하는 기업형태가 보편적이라는 현실이 보인다. 1997년에도 그랬고 지금까지도 그렇다.

(1) 비즈니스 그룹의 보편성과 존재 이유

재벌은 '오너'(owner) 가족이 경영권을 쥐고 여러 기업을 집단(group)으로 경영하는 사업조직이라고 정의할 수 있다. 가족경영과 그룹경영은 재벌의 두 가지 특징이다. 가족경영과 그룹경영은 대부분 모든 나라에서 발견된다. 또 많은 나라에서 잘 나가는 기업일수록 그룹 소속인 경우가 많다. 그룹경영이 갖는 경쟁력이 있기 때문이다.

재벌(財閥)이라는 이름이 탄생했던 일본을 먼저 보자. 메이지 유신 이후 미쓰이, 미쓰비시, 스미토모 등 전통적 재벌(일본어로는 '자이바츠')이 일본의 근대경제를 일으켰고 1920~1930년대 중화학산업화가 진전되면서 토요타, 히타치 그룹 등 보다 수직계열화된 재벌이 탄생했다.

일본 주요 재벌에게 가족경영이 없어졌다고 하지만 자연스럽게 벌어진 일이 아니었다. 2차 세계대전 후 맥아더의 연합군 사령부가 이들을 전범(戰犯)이라며 강제로 해체시켰기 때문이다. '자이바츠'

들은 해체됐다가 전후 경제부흥 과정에서 '게이레츠'(系列)라는 그
룹으로 부활했다. 소니나 마쓰시타 같은 기업은 개별 전자회사로
출발했지만 다각화를 통해 그룹으로 발전했다.

유럽에서는 프랑스를 대표하는 패션 브랜드 루이뷔통이 LVMH
그룹의 산하이다. 세계최대 화장품회사 로레알도 그룹 조직이고 가
족경영이다. 이탈리아 최대 민간기업 조직은 피아트 그룹이다. 독
일의 경우는 은행이 기업에 지분투자하고 이사를 파견해 은행 중심
의 그룹으로 경제활동이 이루어지는 경우가 많다. 도이체방크는 이
러한 그룹경영을 통해 '독일산업의 지배자'라는 별명까지 얻었다.
또한 지멘스 그룹, AEG 그룹과 같이 은행의 통제를 받지 않는 독
자적 그룹도 많다.

경영자본주의가 가장 발달한 미국도 실상은 별로 다르지 않다.
고도성장기에는 콘체른(contzern), 트러스트(trust) 등 각종 기업결
합이 성행했다. 대기업에게는 전문경영체제가 일반적이라지만 월
마트, 포드, 카길, 컴캐스트 등과 같이 가족경영 대기업이 공존한
다. 회사 숫자로만 보면 오너경영의 비율이 상당히 높다. 공개기업
의 경우 60% 이상이 가족경영이라는 연구결과도 있다. 비상장기
업의 경우 이 수치가 더 올라간다(Shanker & Astrachan 1996).

신흥시장은 그룹경영이 훨씬 더 발달했다. 중국에서 최대 기업은
시틱(CITIC) 그룹이다. IBM을 인수한 레노보(Lenovo)도 '그룹'이다.
홍콩 최고부자 리카싱도 장강(長江) 그룹을 운영하는 그룹회장이다.
중소기업이 발달했다는 대만에서도 최고 갑부는 포모사 그룹의 왕융
칭 회장이고 그 뒤를 홍하이(鴻海) 그룹의 궈타이밍 회장이 잇는다.

대만경제에서는 '강시치에'(關系企業)라고 불리는 재벌의 역할이

갈수록 강해진다. 인도네시아에서는 살림 그룹, 리포 그룹 등이 경제활동의 중핵이다. 말레이시아에는 르농 그룹, 필리핀에는 아얄라 그룹 등의 대표적 재벌이 있다.

한때 세계 최고 부자로 등극했던 인도의 암바니(Mukesh Ambani) 회장은 석유, 전력, 가스 등의 사업에서 활약하는 릴라이언스 그룹의 최대주주이다. 인도에는 이외에 타타 그룹, 미탈 그룹 등의 세계적 재벌이 있다.

세계 최고 부자 명단에 오르내리는 멕시코의 슬림(Carlos Slim) 회장은 카르소그룹 산하에 남미 최대 이동통신 업체인 아메리카모바일과 텔멕스·텔셀 등 통신기업을 필두로 금융, 항공, 백화점, 레스토랑, 음반, 자동차 및 부품, 건축자재, 정유 등 거의 전 업종에 걸쳐 2백여 개의 계열사를 거느렸다.

브라질의 보토란팀 그룹은 시멘트에서 출발하여 건설, 건자재, 광산, 농산물, 제지, 화학, 에너지, 전기, 금융 등으로 다각화했다. 창업 3세가 경영하는 이 그룹은 2005년 스위스의 국제경영개발원(IMD)으로부터 세계 최고의 가족경영기업으로 선정되기도 했다.

경제발전이나 경영학, 사회학 문헌 중에는 이 같은 보편적 현실에 입각해 그룹경영이나 가족경영을 다룬 연구가 꽤 많다. 4 국내

---

4 기업집단에 대한 연구로는 Hirschman(1968; 1976), Leff(1978), Stratchan (1976), Chandler(1990), Granovetter(1994), Goto(1982), McVey (1992), Shin(1996), Orru et al. (1997), Ghemawat & Khanna(1998), Kock & Guillen(2001), Chang(2003), Kali(2003), Fisman & Khanna (2004) 등 참조. 가족경영에 대한 연구로는 Miller & Breton-Miller(2005), Shanker & Astrachan(1996), Anderson & Reeb(2003), Gersick et

재벌논의에서 의식적이건, 무의식적이건 이러한 국제적 연구성과
가 무시되거나 과소평가되었을 뿐이다. 그 과정에서 전문경영인이
개별기업 단위로 사업하는 것이 정상적이라는 이상향적 기업관이
굳어졌다. 5

그룹경영이 보편적인 이유는 '범위의 경제'(*economies of scope*) 라고
표현되는 내부거래의 효율성에서 찾을 수 있다. 6 그룹경영의 특징
은 시장을 통하지 않고 그룹회장의 지시나 그룹사장단 합의에 따라
내부거래를 할 수 있다는 사실이다. 내부거래를 하면 같은 생산요소
를 여러 용도에 중복 사용할 수 있도록 '범위'를 넓힐 수 있어 경제적

---

al. (1997), Ward (1987), Burch Jr. (1972), Porta et al. (1999), Faccio &
Lang (2002), Simon (1996), McConaughy, Matthews, & Fialko (2001)
등 참조.

5 '개별기업-전문경영' 이상론(理想論) 이 자리 잡게 된 한 원인은 현대 경제학
과 경영학이 이상적 기업관 및 이상적 시장관에 입각하기 때문이기도 할 것
이다. 경제학이나 경영학 교과서는 개별기업으로부터 분석을 시작해서 이들
이 시장에서 어떻게 거래하는지를 다룬다. 기업이 시장을 통하지 않고 그룹
내에서의 '내부거래'를 함께 다루는 교과서는 거의 없다. 특히, 신고전파(혹
은 고전파)적 경제관에서는 경제주체가 자유시장을 통해 거래할 때 가장 효
율적인 경제활동이 이루어진다. 이러한 입장에 서면 기업집단은 시장을 거
치지 않고 '내부거래'하기 때문에 시장의 효율성을 해치는 존재로 간주된다.
많은 경제경영학자들이 이 교과서에 나오는 기업만 생각하지 현실 세계에서
기업이 실제로 어떻게 만들어지고 커나가는지에 대해 관심을 기울이지 않는
것도 이러한 이상향적 기업관이 만들어지는 중요한 이유이다.

6 이 효율성은 그룹 입장에서의 효율성이다. 이 효율성이 국가경제에서 효율
성으로 나타날 것인지는 별도의 문제이다. 범위의 경제 개념에 대해서는
Teece (1980) 와 Panzar & Willig (1981) 등 참조.

이득을 얻게 되는 것이다. 예를 들어, 삼성그룹이 새로운 전자 관련 회사를 만들었다고 하자. 이 회사는 삼성이라는 브랜드를 공짜로 사용한다. 또 삼성 계열사의 기술역량, 조직력, 마케팅능력 등을 값싸게 혹은 공짜로 사용할 수 있다. 삼성그룹 입장에서 보면 그동안 축적한 역량을 새로운 회사에 재활용해 돈을 버는 것이다.

그룹구조를 활용하면 다각화할 때 비용과 시간이 적게 들기 때문에 남들보다 빨리 유망한 사업에 진출할 수 있고 경쟁력도 빨리 확보할 수 있다. 다른 사람들이 비슷한 회사를 별도로 만들 경우에는 브랜드를 키우거나 기술역량, 조직역량을 만드는 데 상당한 시간과 비용을 들여야 하는 것과 대조적이다.

생산요소의 중복사용 효과가 가장 크게 나타나는 곳은 금융이다. 개별기업을 만들 때에는 설립자금을 완전히 별도로 마련해야 한다. 그러나 비즈니스 그룹이 새로운 계열사를 만들 때는 이미 갖고 있는 주식을 현물출자할 수 있다. 신규 회사 설립에 현금이 훨씬 적게 든다. '주식 상호보유' 혹은 '주식 순환보유' 등을 활용해서 주식 현물출자가 여러 단계를 거치면 초기자본금 마련에 필요한 현금을 더 많이 줄일 수 있다. '주식결합'(interlocked shareholding)을 통해 '레버리지'(leverage)를 높이는 방법이다. 이 과정에서 금융기관으로부터 돈을 빌리면 신규사업 설립에 필요한 현금을 더 크게 줄일 수 있다. 7

---

7 Leff(1978: 672)가 "기업집단은 저개발국에서 자본시장의 기능과 유사한 기능을 어느 정도 수행한다"고 지적하는 것도 이러한 금융자원의 중복활용과 연계된다. 자본시장에 의존하는 것보다 기업집단 내부의 자본을 동원하는 것이 더 효율적일 수 있는 것이다. 자본시장이 저발전된 저개발국에서는 이러한 내부자원 동원의 이점이 더 강화된다.

기업가 입장에서 범위의 경제를 활용하는 것은 누구나 원하는 일이다. 그룹경영이라는 구조를 활용하면 같은 액수를 투입해 더욱 많은 산출을 얻을 수 있는데 마다할 이유가 없다. ① 독립적인 개별기업 설립을 통한 확장, ② 기존기업 내부에서 신 사업부 설립을 통한 확장, ③ 그룹경영을 통한 확장이라는 이 3가지 방안을 비교하면 ③ 안이 사업확장 속도가 가장 빠른 방법이다. 그룹경영이 전 세계에 보편적으로 존재하는 이유는 이런 보편적 이익을 누구나 기대할 수 있기 때문이다.

재벌에 대한 비판이 생기는 것은 재벌이 확장하면서 다음과 같은 보편적 갈등을 일으키기 때문이다. 첫째, 재벌이 사업을 확장하는 업종에서 재벌계열사와 경쟁사 간에 갈등이 벌어진다. 개별기업 단위에서 활동하는 경쟁자, 특히 중소기업은 재벌이 '불공정 경쟁'을 한다고 생각한다. 자신은 혼자 힘으로 싸우는데 재벌회사는 계열사로부터 각종 금융, 인력, 마케팅 등의 지원을 받으며 경쟁하기 때문이다.

둘째는 재벌계열사가 기업공개 등을 통해 외부주주를 끌어들였을 때에 내부인과 외부인 간에 갈등이 벌어진다. 외부주주는 주로 우량기업에 투자한다. 이들은 이 기업이 내부에 이익을 쌓고 그 기업성장에 사용하든지 이익을 분배해주기를 바란다. 반면 내부주주인 오너는 이 기업의 이익을 기반으로 다른 계열사를 차려 그룹이 빨리 성장하기를 바란다. 이것은 공개기업으로 그룹식 성장을 할 때 어쩔 수 없이 잠재된 갈등이라고 할 수 있다.

재벌이 보편적인 만큼 이러한 재벌문제도 보편적 현상이다. 그러나 '재벌문제'에만 초점을 맞출 경우 재벌조직이 갖는 긍정적 측면을 간과하게 된다. 재벌조직은 무엇보다도 확장에 강점을 가졌다.

쉽게 새로운 사업을 만들고 경쟁력도 빨리 확보할 수 있다. 경제활동이라는 것이 적은 돈과 노력을 들여 가능한 한 많은 결과를 거두자는 것인데 재벌은 이런 면에서 대단히 경제적인 조직이다.

이 능력은 국제경쟁에서 더 크게 발휘된다. 국내에서는 중소기업들에 비해 불공정 경쟁을 한다고 할지는 몰라도 세계시장에서는 경쟁력을 발휘할 수 있는 사업조직이다. 다른 모든 나라가 어떤 형태로든 그룹조직을 활용하는데 한국의 기업만 국제경쟁에 활용하지 말라고 할 수도 없는 일이다.

따라서 그룹조직을 국민경제에 긍정적으로 활용될 수 있으면서 갈등을 줄이는 방안을 찾아야 한다. 재벌의 존재 자체를 문제 삼는 것은 전 세계 대부분의 기업을 문제 삼는 것과 마찬가지이다. 이상향적 기업론을 적용해 재벌 자체를 '일탈'로 취급하지 말고 재벌의 활동 과정에서 나타나는 경제, 사회적 문제를 한국이 처한 현실에 맞춰 어떻게 해결할 것인지를 실질적으로 따져봐야 한다.

(2) 가족경영의 보편성과 상대적 효율성

가족경영이 보편적인 것은 무엇보다도 인간의 본성에서 찾아야 할 것 같다. "피는 물보다 진하다"라는 말처럼 사람은 일반적으로 가족을 더 가깝게 느끼고 이왕이면 사업을 가족에게 넘기고 싶어 한다. 모르는 사람을 끌어들여 신뢰관계를 쌓는 것보다 가족을 끌어들이면 신뢰를 쌓는 데 별다른 비용을 들일 필요도 없고 사업이 여러모로 편해지는 경우가 많다.

전문경영과 비교할 때 가족경영이 갖는 한 가지 장점은 경영의 지속성이 보장되기 쉽다는 데 있다. 전문경영인은 재임기간이 짧게 정해져있고 그 기간 중의 성과에 따라 재임명 여부가 결정된다. 이들은 자연히 단기실적을 내는 데 관심을 기울이게 된다. 전문경영인이 해당 기업의 10년, 20년 후의 장래를 생각하며 현재의 결정을 내리는 일은 쉽지 않다. 반면 가족경영은 본인이 살아있는 동안, 더 나아가 가족에게 승계한 이후까지도 길게 보고 결정을 내릴 수 있다.

스웨덴의 최대 재벌 발렌베리 가문(Wallenberg family)은 장기투자로 유명하다. 이 가문의 제5세대 자손으로 현재 최고 경영책임을 공동으로 맡는 야콥 발렌베리(Jacob Wallenberg)는 한 인터뷰에서 자신들의 전략은 "보유하기 위해 매입하는 것"(buy to hold)이라며 자신들에게 '보유'란 "100년 이상을 뜻하는 것"이라고 말한다(제3장의 **따로 읽기 7 발렌베리 가문의 장기투자와 사회공헌** 참조). 투자는 미래를 바라보고 하는 것이다. 먼 미래를 볼수록 투자할 것이 많아진다. 가족경영기업이 전문경영기업보다 대체적으로 투자를 많이 하는 이유가 여기에 있다.

가족경영에 대한 국제적 실증연구 결과들을 보면 전문경영보다 가족경영이 매출증가나 이익증가에서 평균적으로 더 좋은 성과를 내는 것으로 나타난다. 1990년대 초 미국 800대 기업을 살펴보면 가족경영기업의 수익성이 산업평균보다 33% 더 높았고 15% 더 빨리 성장했다. 1992년부터 2002년까지 S&P 500대 기업을 보면 매출증가율에서 가족경영은 23.4% 전문경영은 10.8%로 차이를 보였고 이익증가율에서는 각각 21.1%와 12.6%의 격차가 났다.

1980년대 영국의 325대 기업에 대한 조사에서도 가족기업이 비가족기업보다 이익률, 매출증가율, 자산증가율에서 모두 앞섰다. 1982년부터 1992년까지 프랑스 1,000대 기업 중에서 업종이 같고 크기가 비슷한 기업 47쌍을 비교했을 경우에 자기자본이익률 (ROE)은 가족경영이 25.2%, 비가족경영이 15.8%였고 매출액대비이익률(ROS)은 각각 5.4%와 3.6%이었으며 매출액증가율에서도 가족경영이 비가족경영을 앞섰다(표 2-3).

물론 가족경영을 할 때 나타나는 부작용도 있다. 오너의 '독단경영'이 사업을 그르칠 수도 있고 능력 없는 자녀가 물려받아 회사가 나빠질 수도 있다. 그렇지만 국제적 실증연구 결과들은 평균적으로 이러한 부작용보다 긍정적 효과가 더 높은 것으로 나온다. 가족경

표 2-3 가족기업과 비가족기업의 경영성과 비교

	표본가족경영 대 비가족경영
연평균 주주수익률 가족기업16.6% 대 S&P기업14%*	미국 200대 가족기업의 주가지수(1975~1995)
ROA 5.4% 대 4.1% TSR 15.6% 대 11.2% 매출증가율 23.4% 대 10.8% 이익증가율 21.1% 대 12.6%	S&P 500(1992~2002)
가족기업이 전체평균보다 이익이 33% 높고 15% 더 빠르게 성장	1990년대 초 미국 800대 공개기업
높은 이익률, 매출 및 자산 증가율	1980년대 영국의 325대 제조업체
TSR 76% 대 9%	파리증시상장 250개 기업(1989~1996)
ROE 25.2% 대 15.8% ROA 7.6% 대 6.1% ROC 18.5% 대 12.6% ROS 5.4% 대 3.6% 가족기업의 매출액 성장률이 더 높음	프랑스 1,000대 제조업체 중 업종과 크기가 비슷한 47쌍의 가족기업과 비가족기업
ROS 8.8% 대 3.3% ROC 27% 대 6%	104개 스페인 가족기업과 스페인중앙은행에 등록된 4,702개 비가족기업(1991)

*S&P기업의 3분의 1이 가족기업이기 때문에 가족기업의 성과가 실제보다 저평가.

주: TSR(*total shareholder returns*): 주주총수익률, ROS(*returns on sales*): 매출액대비이익률, ROA(*returns on assets*): 자산수익률, ROE(*returns on equity*): 자기자본이익률, ROC(*returns on total capital*): 총자본수익률.

출처: 신장섭(2008, 표 5-3), Miller & Breton-Miller(2005)에서 발췌요약한 내용.

영을 비판하는 사람은 가족경영이 잘못되는 경우만 예로 들어서 이를 강조하는 경향이 있다. 그러나 전문경영도 잘 되는 경우가 있고 잘못되는 경우도 있다. 가족경영을 전문경영체제로 바꾼다고 해서 잘 되리라는 보장이 없다. 가족경영이면 가족경영대로, 전문경영이면 전문경영대로 어떻게 잘 되게 할지에 관한 실질적 원리와 방법을 찾는 것이 중요하다.

'오디오업계의 애플'이라고도 불리는 보스(Bose)의 경우를 보면 전문경영체제에서는 도저히 나올 수 없는 경쟁력이 가족경영에 있음을 알 수 있다. 보스는 비상장 회사이고 지분의 대부분을 보스 가문과 경영진이 가지고 있다. 일부는 MIT대학이 보유했다. 창업자 보스 박사는 생전에 이런 말을 남겼다고 한다.

상장기업에서 주주는 회사 내에서 어떤 일이 일어나는지도 모르는 채 회사의 미래를 정하는 중요한 결정을 내린다. 우리 회사가 상장회사였다면 난 아마 12번은 쫓겨났을 것이다. 예컨대 1980년대에 5천만 달러에 달하는 R&D 투자를 계속했는데도 아무런 성과가 나오지 않았다. 그럼에도 연구를 밀어붙였고 결과적으로는 성공했다.

보스는 "목숨을 걸 만큼 기술개발에 집중하라"는 보스 박사의 뜻에 따라 창립 이래 회사 순익의 대부분을 고스란히 R&D에 투자한다. 선대(先代)의 유지(遺志)가 가족경영을 통해 계승되기에 가능한 일이라고 할 수 있다. 8

3) 1997년 외환위기의 원인 재평가

1990년대에 한국경제나 한국의 재벌에 별 문제가 없었다면 1997년 외환위기는 어떻게 설명해야 하나? 아직까지도 경제민주화론자들뿐만 아니라 국내외에서 지배적 견해는 '구조적 위기론'이라고 할 수 있다. IMF는 어느 나라에 가든 구조론이라는 전가(傳家)의 보도(寶刀)를 들이댄다. 그 이유는 다음 절(2절 "1997년 외환위기와 '반재벌 3자 동맹'")에서 좀더 자세하게 다루자.

한국에 대해서는 '과잉투자'와 '과다 기업부채' 등을 이유로 들어 전통적인 프로그램보다 훨씬 강화된 '금융·기업 구조조정' 프로그램을 내놓았다. 한국정부는 이 처방에 단순히 동의한 수준을 넘어 'IMF플러스'라고 불릴 정도로 IMF가 제시한 것보다 더 강도 높은 구조조정대책을 내놓았다. 여기에서 '플러스'가 재벌개혁이었다.

당시 학계도 대부분 구조적 위기론에 동의했다. 한국정부와 IMF는 "IMF 구제금융 역사상 가장 성공적인 구조조정을 했다"고 자화자찬(自畵自讚) 했고 이것이 새로이 쓰인 한국현대경제사의 '정사'(正史)로 굳어졌기 때문에 그 후 한국경제에 문제가 나타나더라도 자신들이 잘못한 결과라고 인정하기 어려워졌다.

---

8 〈조선비즈〉(2014. 10. 11). '복잡한 건 기업이 도맡아야 버튼만 누르고 즐기게 하라'. URL: http://biz. chosun. com/site/data/html_dir/2014/10/10/2014101001613. html

(1) '구조적 위기론'의 허구

그러나 앞뒤로 조금만 더 길게 바라보고 다른 나라와 비교해 보면 구조적 위기론은 설득력이 전혀 없다.

첫째, 한국이 외환위기를 당하기 전이나 후에나 세계경제에는 금융위기가 빈번했다. 자본주의는 금융위기와 함께 성장한다고 할 수 있을 정도이다. 미국도 건국한 지 43년 만인 1819년에 첫 번째로 대형 금융위기를 겪은 뒤 거의 10년이 멀다 하고 금융위기를 겪었다. 중남미, 아프리카의 신흥국은 금융위기로 점철된 현대사를 안았다.

표 2-4에는 전 세계에서 금융위기가 얼마나 자주 벌어졌는지 나온다. 1973년부터 1997년까지 선진국에서만 총 44건의 금융위기가 일어났다. 신흥국에서는 95건이나 벌어졌다. 2008년에는 미국발(發) 세계금융위기가 터졌고 그 후 지금까지 세계경제가 어려움을 겪는다.

선진국이나 신흥국을 막론하고 1970년대 이후 세계화가 급진전되는 기간에 금융위기 횟수가 대폭 늘어난 것은 버블이 생기고 꺼지는 일반적인 금융위기 과정에 덧붙여 외환위기가 겹치기 때문이다. 신흥국에 투자하거나 자산을 갖고 있는 사람들은 그 나라 경제는 괜찮을 것 같아도 환율에서 불안한 조짐이 보이면 돈을 빼는 경향을 보인다. 그리고 이것이 상황을 더 악화시킨다. 투자자가 돈을 빼내면 환율이 더 나빠질 것이라고 예상하니까 다른 투자자도 돈을 더 빨리 빼내려고 한다. 환율이 추가로 악화된다.

국제금융가에서 '자기실현적 예언'(self-fulfilling prophecy)이라고 하는 현상이다. 여기에 헤지펀드처럼 문제가 있어 보이는 나라의 통화에 '쇼트'(short)로 돈을 벌려는 국제투자자가 많아지면서 조그

표 2-4 20세기의 금융위기 발생 회수

시장	연도	은행위기	외환위기	쌍둥이 위기	위기 합계
선진국시장	1880~1913	4	2	1	7
	1919~1939	11	13	12	36
	1945~1971	0	21	0	21
	1973~1997	9	29	6	44
신흥시장	1880~1913	11	6	8	25
	1919~1939	7	3	3	13
	1945~1971	0	16	1	17
	1973~1997	17	57	21	95

출처: Eichengreen & Bordo(2002, table 6).

마한 위기가 증폭된다. 일단 쇼트 포지션을 잡아놓으면 이런 투자자는 해당국이 곧 망할 것이라고 큰소리를 치는 것이 자기가 돈을 버는 길이다. 한국은 이렇게 흔해 빠진 위기에 한 번 빠졌다고 할 수 있다. 세계경제의 곳곳이 '지뢰밭'인데 그걸 한 번 밟았다고 할 수 있는 것이다.

둘째, 구조적 위기론자들이 가장 크게 구조적 문제라고 내세웠던 것이 한국 대기업들의 '차입경영'이다. 주식으로 자금조달을 많이 했으면 어려움이 벌어지더라도 회사가 위기에 처하지 않을 텐데 지나치게 많은 빚을 쌓았으니 경제 상황이 안 좋아질 때 금융위기로 발전했다는 것이다.

은행차입이 주식발행을 통한 자금조달보다 금융위험이 높은 것은 사실이다. 그러나 개발도상국에서 중화학산업에 대규모로 투자할 때에 어떻게 이 자금을 다 주식으로 조달할 수 있단 말인가? 대만이나 싱가폴 기업이 한국기업보다 차입이 많지 않았던 이유는 주식을 통한 자금조달이 더 좋다는 '뛰어난 식견'이 있었기 때문이 아

표 2-5 기업 자본구조의 국제 비교

(기간: 1980~1991)

국가	부채비율	총자본대비 장기부채	총자본대비 단기부채	총자산 감가상각	총자산대비 배당	총자산대비 수익
호주	1.248	0.563	0.653	0.033	0.025	0.064
오스트리아	2.696	1.121	1.495	0.051	0.017	0.075
벨기에	2.023	0.764	1.259	0.039	0.022	0.092
브라질	0.560	0.139	0.421	-	0.014	0.057
캐나다	1.600	0.990	0.539	0.045	0.007	0.064
핀란드	4.920	3.094	1.856	0.042	0.014	0.077
프랑스	3.613	1.417	2.108	0.043	0.013	0.094
독일	2.732	1.479	1.188	0.070	0.057	0.087
홍콩	1.322	0.309	0.967	0.017	0.019	0.121
인도	2.700	0.763	1.937	0.038	0.014	0.132
이탈리아	3.068	1.114	1.954	0.041	0.070	0.080
일본	3.688	0.938	2.726	0.026	0.007	0.067
요르단	1.181	0.266	0.915	-	0.033	0.073
한국	3.662	1.057	2.390	0.053	0.008	0.100
말레이시아	0.935	0.284	0.639	0.021	0.026	0.087
멕시코	0.817	0.375	0.442	-	-	0.076
네덜란드	2.156	0.710	1.297	0.043	0.020	0.094
뉴질랜드	1.527	0.752	0.776	0.030	0.025	0.106
노르웨이	5.375	3.495	1.880	0.049	0.009	0.092
파키스탄	2.953	0.595	2.358	0.038	0.028	0.115
싱가폴	1.232	0.491	0.718	0.022	0.018	0.077
남아공	1.115	0.597	0.518	0.013	0.062	0.206
스페인	2.746	1.086	1.649	0.040	0.016	0.095
스웨덴	5.552	2.879	2.321	0.036	0.011	0.100
스위스	1.750	0.878	0.872	0.043	0.016	0.073
태국	2.215	0.518	1.769	0.030	0.029	0.129
터키	1.996	1.511	1.511	-	0.068	0.239
영국	1.480	1.065	1.065	0.032	0.025	0.025
미국	1.791	1.054	0.679	0.045	0.016	0.016
짐바브웨	0.801	0.187	0.615	0.031	0.028	0.028

출처: Shin & Chang(2003).

니었다. 한국만큼 중화학 투자를 하지 않았기 때문이었다.

또 역사적이나 국제적으로 비교해 보면 한국기업의 부채비율이 특별히 높다고 할 수 없는 수준이었다. 한국보다 잘 사는데 한국보다 부채비율이 높거나 비슷한 나라가 전 세계에 널려있었다. 1980년부터 1991년까지 기업부채비율 평균치를 보면 핀란드(492%), 프랑스(361%), 일본(368%), 이탈리아(307%), 노르웨이(537%), 스웨덴(552%) 등이 그런 나라였다. 한국의 부채비율은 그 기간에 평균 366%였다(표 2-5).

IMF와 국제금융기관들 그리고 당시 한국정부는 이러한 국제비교는 무시한 체, 한국 대기업의 부채비율이 지나치게 높다고만 강조했다. 기업부채비율 200% 가이드라인을 만들고 급진적 '재벌개혁'의 집행을 총괄했던 이헌재 당시 금융감독위원장은 나중에 부채비율 기준이 별 근거 없이 만들어졌다는 사실을 스스로 인정한다.

그는 2013년에 낸 회고록에서 "200%. 사실 정교한 계산을 통해 나온 기준은 아니었다. 해외 기업의 평균 부채비율을 검토해서 정했다. 당시 미국기업의 부채비율은 100%가 채 되지 않았다. 일본이 150~200% 사이였다"고 말했다. 그러면서 이것이 "재벌을 옭아매는 담 중 하나였다"고 밝혔다(이헌재 2013: 271-273). 그의 회고를 종합하면 "근거 없지만 '재벌개혁'을 위해 그냥 갖다 붙였다"는 얘기밖에 안 된다.

당시 구조적 위기론자들은 '내 마음대로' 국제비교를 했다. 표 2-5와 같은 국제비교는 거들떠보지도 않았다. 미국과 일본의 당시 부채비율만 보고 '국제비교'라는 것을 했다고 말한다. 일본과 비교하더라도, 일본이 중진국일 때와 비교했어야 맞는 것이다. 일본은 중진국 시절에 기업부채비율이 500%를 넘기도 했다. 그렇지 않고 일본이 선진국이 된 상태의 부채비율과 비교해서 그것을 1년 반 사이에 맞추라는 것은 한국기업에게 발전단계를 1년 반 동안에 건너뛰라는 주문과 다름없었다. 이헌재 씨가 '재벌을 옭아매는 담'이었다고 말한 것이 그의 솔직한 속내를 드러낸 것이라고 할 수 있다.

셋째, 구조적 위기론자들은 '정실 자본주의'(crony capitalism)라는 구조적 문제 때문에 금융기관들의 기업투자 관리가 제대로 되지 않아서 재벌들이 '과잉투자'했고 그것에 대한 국제투자자들의 우려가 커지면서 금융위기가 왔다고 주장한다. 선진국 학자나 언론은 신흥국에 문제만 생기면 정실 자본주의를 들먹이는 경향이 있다. 이것이 실제로 있었는지 없었는지, 혹시 있었다면 그것이 금융위기를 일으킬 만큼 심각했는지 여부는 논외로 치자.

그렇지만 2000년대에 실제로 어떤 일이 벌어졌는지를 조금만 길게 바라보면 1990년대 중반에 한국기업의 투자를 '과잉투자'라고 말하기 어렵다. 한국의 재벌들은 신흥시장이 빠르게 성장할 것에 대비해 세계화투자를 공격적으로 진행했기 때문이다.

실제로 중국경제 등이 급성장하면서 21세기에는 '신흥시장의 시대'가 열렸다. 중국은 한국의 '과잉투자' 산업으로 지목됐던 철강, 유화, 자동차 등 중화학제품을 빨아들이는 '블랙홀'(black hole)이 되었다. 선진국들도 1990년대 초반부터 시작해 2008년 세계금융위기가 올 때까지 장기호황을 구가했다.

한국금융위기의 단초(端初)를 제공했다던 한보철강은 현대제철에 흡수되어서 황금알을 낳는 거위가 됐다. 자동차업계도 공전의 호황을 누렸다. 현대자동차에 인수된 기아자동차는 곧 고속성장 가도를 달렸다. 제너럴모터스(GM)에 인수된 대우자동차는 GM이 2000년 대에 중국시장에서 1위로 올라서는 데 원동력이었다(Dunn 2011; 신장섭 2014). GM이 경영난에 빠졌을 때에도 GM대우가 GM의 '현찰 공급원'(*cash cow*) 역할을 했다.

'과잉투자'로 낙인찍혔던 기업들이 이렇게 호황을 누린 사실은 1990년의 투자가 과잉이 아니었음을 웅변해준다. 재벌기업인들의 혜안(慧眼)이 맞아 떨어진 것이라고 봐야 한다. 이들의 장기적 안목이 금융시장에서 받아들여지지 않았을 뿐이다. 한국경제가 1999년 이후 빠르게 회복했던 것은 '구조조정'을 잘 했다기보다 그전에 선제 투자를 많이 해놓았으니까 이를 빨리 돌릴 수 있었기 때문이라고 보는 것이 현실적이다. 9

한국의 재벌들이 신흥시장 투자에 적극적이었던 것은 신흥시장 개척에 재벌구조가 유리한 측면이 많았기 때문이기도 했다. 단일품 목을 생산하는 기업이 신흥시장에 크게 투자하는 것은 상당히 어렵다. 전후방 연관산업이 현지에 발달되지 않았기 때문이다.

반면 재벌들은 신흥시장의 정부나 기업과 다양한 '패키지 거래'를 할 수 있다. 가령 자동차공장을 지을 때 전방산업인 기계사업과 제철사업 관련 계열사를 함께 데려올 수 있다. 또 제품을 많이 팔기 위해 계열금융사를 활용하여 소비자금융을 제공할 수도 있다. 재벌들의 다각화된 구조는 개발도상국에 시장을 '창출'하면서 진출할 수 있게 해준다는 점에서 개별기업보다 더 많은 이점을 가졌다고 할 수 있다. 10

---

9 이에 대한 자세한 논의는 신장섭(2008; 2009; 2014) 및 Shin(2014) 참조.

넷째, 한국의 위기가 대기업 위주 시스템이 갖고 온 구조적 문제라는 시각도 있었다. 당시 국내의 많은 식자(識者)들이 대만을 부러워했다. 금융위기에 빠지지 않고 잘 나가는 것처럼 보였기 때문이다. 당시 명망 있는 해외언론의 한국특파원도 필자와 저녁식사를 하는 자리에서 "한국은 대만 시스템을 본받아야 한다"고 열변을 토하기도 했다. 그는 그 후 한국의 주요 방송에까지 출연하면서 자신의 '소신'을 얘기했고 한국민은 부임한 지 얼마 되지 않은 이 외국인 특파원의 얘기까지 귀 기울여 들으려고 했다.

대만은 중소기업 위주이다 보니 큰돈을 빌릴 필요가 없었던 반면한국의 대기업들은 중후장대(重厚張大) 산업에서 경쟁하다 보니 부채비율이 상대적으로 높았다. 따라서 금융위험이 상대적으로 높았다는 사실을 부인할 수는 없다. 그렇지만 2000년대 이후 한국과 대

---

10 필자는 1988년 정주영 당시 현대그룹 명예회장과 함께 한소경제협력사절단의 일원으로 구소련을 방문해서 한국의 재벌그룹과 소련 간에 협상이 어떻게 진행되는지를 직접 목격할 기회가 있었다. 필자가 느낀 것은 소련에 대한현대그룹의 협상력이 GM이나 IBM 등 세계유수의 대기업보다 훨씬 강하다는 사실이었다. 소련이 당시 절실하게 필요로 하는 것은 소비재였다. 그러나 소비재를 수입할 외화가 없었다. 현대그룹은 현대종합상사를 통해 소련에 소비재를 공급해주고 외화를 받는 대신 현대건설을 통해 소련 내의 건설공사를 따내거나 현대종합상사가 소련 내의 천연자원개발에 참여하는 협상을 진행시킬 수 있었다. 그룹구조를 가졌기 때문에 가능한 거래였다. GM과같은 기업은 아무리 규모가 크더라도 단일기업이라는 단점 때문에 이런 거래를 할 수 없다. 대우의 '세계경영'이 신흥국에서 크게 성공을 거두었던 이유도 재벌체제의 장점이 발현된 것이라고 할 수 있다〔세계경영에 대한 상세한 논의는 신장섭(2014) 참조〕.

그림 2-3 한국과 대만의 1인당 국민소득 역전

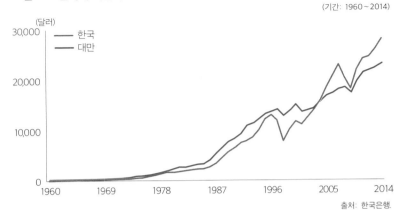

출처: 한국은행.

만을 비교해 보면 대만을 부러워할 이유가 없다.

처음 경제개발을 시작할 때부터 대만은 한국보다 1인당 국민소득이 높았다. 두 나라가 '경제기적'을 일구는 동안 대만의 1인당 국민소득은 한국보다 내내 높았다. 그러나 2000년대 중반이 되면서 한국과 대만의 1인당 국민소득이 역전됐다. 필자가 그 당시 타이베이에서 만났던 대만 교수는 한국을 굉장히 부러워했다(그림 2-3).

(2) 시스템 전환과정의 실수

'구조적 원인'이라고 얘기되던 것들의 신뢰도가 이렇게 떨어진다면 1997년의 위기는 '구조적 금융위기'가 아니라 '외환위기'라고 봐야 한다. 그 발단은 김영삼 대통령 정부에서 한국이 중진국에 불과한데도 불구하고 갑자기 선진국 취급을 받겠다며 선진국 클럽인 경제개발협력기구(OECD)에 가입한 데에서 찾을 수 있을 것이다.

144

1994년 가입조건에 맞춰 한국은 1997년까지 OECD 국가 수준으로 급하게 자본자유화를 실행해야 했다. 당시 국제금융시장에 대해 지나친 낙관론만 갖고 준비도 제대로 갖추지 않은 상태에서 대폭적인 자본자유화를 추진하면서 정부와 금융기관, 기업이 갑자기 환(換) 위험에 노출되면서 위기가 벌어진 측면이 크다.

　　첫째, 자본자유화 과정에서 정부는 국제금융 경험이 없던 국내 금융기관을 무더기로 해외에 나가도록 허용했다. 완전 자본자유화로 외국금융기관들이 몰려들기 전에 국내 금융기관들의 경쟁력을 키우겠다는 목적이었다. 종합금융회사가 6개에서 30개로 늘어났다 (종합금융회사는 외환위기 이후 대부분 망해서 2000년에 다시 7개로 줄어들었다). 뿐만 아니라 증권회사, 리스회사에게도 외화업무를 취급하게 했다(1997년에 증권회사는 36개, 리스회사는 25개에 달했다).

　　당시 한국 금융회사는 홍콩에만 1백 개가 넘게 나갔다. 국제유동성이 좋았고 선진국 금융기관이 돈을 쉽게 빌려줬기 때문이었다. 처음으로 해외에 나간 한국의 신생 금융회사가 전화만 하면 돈을 빌릴 수 있었다. 리보(Libor, 런던우대금리)에 0.5% 정도 스프레드만 붙여주면 됐다.

　　1994년부터 1996년 사이에 종합금융회사의 외채는 72억 7천만 달러에서 180억 6,200만 달러로 2.5배 늘었다. 그리고 이 단기자금을 장기대출에 사용했다. 외환위기 전 종합금융회사 차입의 65%는 단기였고 대출의 85%는 장기였다. 1997년 중반 인도네시아가 금융위기에 빠지고 원화가치가 떨어지면서 종합금융회사는 동남아 금융위기를 한국으로 전염시키는 통로 역할을 했다.

　　당시 정부가 대책을 발표한 것만 봐도 이 사실을 확인할 수 있다.

1997년 8월 태국이 IMF체제에 들어가고 인도네시아의 루피아(rupiah·IDR) 화까지 폭락하자 재정경제원에서 첫 번째로 내놓은 대책이 종합금융회사에게 3억 달러 이상의 외화자금을 긴급지원한다는 것이었다(8월 15일). 뒤이어 산업은행이 급하게 외화채권을 발행해 15억 달러의 외화를 조달했다(9월 10일).

둘째, 자본자유화의 방법을 잘못 택했다. 장기차입보다 단기차입을 먼저 대폭 자유화한 것이다. 금융위험을 관리하는 입장에서 본다면 장기차입을 먼저 자유화하고 단기차입을 나중에 자유화하는 것이 순서이다. 장기차입은 계약기간 중에 원금을 상환해야 할 필요가 없어 금융위험이 적기 때문이다. 반면 단기차입은 갑자기 원금상환 요청이 들어올 수 있기 때문에 금융위험에 많이 노출된다. 그렇지만 어느 국제금융기관이든 장기대출에 대한 심사는 단기대출보다 까다롭게 한다. 생긴 지 얼마 되지 않는 한국의 금융회사가 국제금융시장에서 돈을 쉽게 빌리려면 단기차입이 좋았다.

그러나 국제금융기관들은 1997년 동남아 시장이 불안해지자 원금을 차환(revolving) 해주지 않고 상환을 요구했다. 당시 한국의 전체적인 외채규모는 문제되는 수준이 아니었다. 그러나 단기외채가 갑자기 늘어났고 그 비중이 높았기 때문에 외환위기를 비껴갈 수 없었다.

셋째, 민간부문의 환위험관리 실패도 빼놓을 수 없을 것이다. 한국의 재벌은 적극적으로 진행하던 세계화투자에 많은 돈이 필요했다. 자본시장의 대폭 개방은 그 필요와 맞아 떨어졌다. 돈을 더 많이, 더 싸게 조달할 수 있는 길이 크게 열렸기 때문이었다. 그래서 재벌은 금융자유화를 정부에게 소리 높여 요구했다. 그렇지만 재벌은 투자를 확대해야 한다는 절박함 때문에, 또 그동안의 성공에 대한 지나친 자신감 때문에 외화조달에 따르는 금융위험을 경시했고 그 관리를 소홀히 했다고 할 수 있다.

어느 나라건 기존의 시스템을 전환하는 데는 많은 어려움이 따른다. 한국이 시스템을 전환하던 1990년대 중반은 '아시아의 시대'가 곧 열릴 것이라는 낙관론이 팽배하던 때였다. 전 세계 자금이 아시아로 몰려왔고 아시아 국가도 낙관론에 휩싸여 국제자금유입에 따르는 금융위험을 과소평가했다. 일본도 1980년대에 낙관론이 팽배하다가 버블붕괴와 그 이후의 침체를 겪었다. 한국의 위기는 시스템전환 과정에서 몇 가지 실수를 저지른 상황에서 동남아 금융위기로 국제금융 상황이 악화되면서 벌어진 사고였다고 할 수 있다.

이렇게 볼 때, 1997년의 위기에서 '재벌책임론'은 근본적으로 재평가해야 한다. 경제활동에서 기업은 위험을 부담하며 투자하는 주체이고 금융기관은 기업투자를 지원하며 위험을 관리하는 주체이다. 그리고 국가적 환위험관리의 최종책임은 정부에게 있다. 국가적 외환위기가 벌어졌다면 정부에게 가장 큰 책임이 있고, 다음에 금융기관에게 책임이 있고, 재벌은 기껏해야 종범(從犯)이라고 할 수 있다. 그러나 IMF와 국제금융기관들, 한국정부는 재벌을 금융위기의 주범(主犯)으로 취급하고 재벌개혁에 드라이브를 걸었다. 국내 경제민주화론자들도 여기에 환호하며 자신의 어젠다를 확대했다.

1997년 외환위기와 '반재벌 3자 동맹'

2

1997년의 한국외환위기가 '구조적 위기'였는지, 아니면 '사고'였는지를 규명하는 일은 그 후 한국 구조조정의 성격과 성과를 평가하는 데 결정적 갈림길이 된다.

구조적 위기론은 '100% 내 잘못론'이라고 할 수 있다. 그것도 심각한 잘못이 있었다고 인정하는 것이다. 따라서 회생을 위한 처방은 '뼈를 깎는 구조조정'이 된다. 반면, 사고라고 한다면 그 원인을 찾아서 반복하지 않으면 된다. 나의 잘못이라면 사고로 난 손해를 수습하고 같은 실수를 반복하지 않도록 주의하면 된다.

그런데 나뿐만 아니라 다른 사람도 자꾸 비슷한 사고를 당한다면 그 길이 혹시 잘못됐는지 살펴봐서 고치든지, 주의표시판을 붙이든지, 다른 길로 돌아가면 된다. 누가 일부러 그런 것이라면 경찰수사도 요청해야 한다. 범인을 찾아서 감옥에도 보내고 손해배상도 요구해야 한다. 사고를 당했는데 내 잘못만 탓하면서 정신과 치료를 받든지 수술을 받아야 한다고 생각할 필요가 없다.

그런데 왜 1997년 위기가 벌어진 뒤 한국과 세계에 '구조적 위기론'이 지배적 위치를 차지하게 됐는가? 앞에서 필자는 그 논리가 허구(虛構)라는 점을 강조했다. 상식적 논리로 설명되지 않을 때는 이해(利害)관계를 볼 수밖에 없다. 미국에서 왜 MSV가 기관투자자뿐만 아니라 경영자에게까지 지배적 이데올로기가 됐는지는 MSV 논리 자체를 봐서는 알 수 없고 MSV를 둘러싼 정치경제학을 봐야만 이해할 수 있는 것과 마찬가지이다.

미국에서 '대기업 개혁 4자(者) 동맹'이 형성되니까 MSV가 큰 힘을 얻었던 것처럼, 한국에서는 그에 준하는 '반(反)재벌 3자(者) 동맹'이 만들어지고 그 힘이 합쳐지니까 전례 없던 '기업구조조정'이 추진될 수 있었다. 그리고 그 이데올로기가 아직까지 한국사회를 지배한다.

첫째, 구조조정은 국제금융기관, 투자자, 외국기업의 이해관계와 들어맞는 일이었다. 한국경제를 영미식으로 바꾸며 재벌을 대폭적으로 '구조조정'시키면 한국에서 활동하기 편해지고 '구조조정' 과정에서 많은 이권을 챙길 수 있기 때문이었다.

둘째, 경제민주화론자 등 재벌에 대해 비판적이었던 국내 세력은 이때가 재벌을 '개혁'할 수 있는 최대의 호기로 판단했다. 그전에는 자신들의 주장을 내세웠어도 실질적 힘이 별로 없었다. 그러나 이제 힘을 실을 수 있는 여건이 만들어졌다.

셋째, 새로 정권을 잡은 김대중 대통령 정부는 재벌 위주의 과거 경제모델에 대해 비판적이었고 새로운 경제발전모델을 만들고자 했다. 또 재벌개혁과 추가개방이라는 미국 측의 경제적 요구를 적극 받아들이면서 '햇볕정책' 등 대북정책과 외교에서 미국의 강력한 지원을 받으려 했다. 1997년 외환위기 이전에는 상상할 수 없었던 국내외적 연대(連帶)가 이루어진 것이다.

1) IMF프로그램과
외국인투자자의 급격한 진입

금융위기가 전 세계에서 흔해 빠진 사고인 것처럼 IMF프로그램도 전 세계에서 흔해 빠지게 집행되었다. 브레튼우즈(Bretton Woods) 시스템이 1944년 출범하며 처음 IMF가 만들어졌을 때는 IMF의 사명(mission)이 위기 당한 나라의 유동성 문제만 해결해주는 것으로 국한되어있었다. 그러나 1970년대 이후 중남미 등에서 금융위기가 빈발해지면서 현재와 같이 '구조조정'(structural adjustment)을 축으로 하는 교과서적 IMF프로그램이 만들어졌다.

(1) IMF프로그램의 '공식적' 효과와 '음모론적' 효과

그 기본 틀은 ① 긴축정책, ② 시장개방, ③ 구조개혁으로 구성되었다. IMF가 공식적으로 내세우는 효과는 다음과 같다. 고금리정책은 국내금리와 해외금리 간에 격차를 크게 벌려 외국인투자자가 금리차를 노리고 돈을 갖고 들어올 수 있는 환경을 만든다. 긴축하면 수입(輸入)이 줄어들어 경상수지도 개선된다. 시장개방과 구조개혁을 약속하면 '투자자 신뢰'(investor confidence)가 개선되어 외국인투자자가 들어오기 쉬워진다. 시장개방과 구조개혁은 위기국 경제의 비효율적인 부분을 도려내고 더욱 효율적으로 만든다. 이에 따라 외국인투

그림 2-4 IMF프로그램의 공식적 효과

긴축정책
시장개방
구조개혁

외환시장 안정
외화유입
구조개혁 성과 출현

대내외 금리차 확대로
자금유출 압력완화
수입축소 및 수출확대를 통한
경상수지 개선
시장개방 및 구조개혁 약속을 통한
'투자자 신뢰' 개선

경제성장

자자가 다시 돈을 갖고 들어오면서 경제가 회복된다(그림 2-4).

일단 고금리와 재정긴축은 한국뿐만 아니라 태국, 인도네시아 등이 당시 금융위기를 당했던 나라에게 맞지 않는 것이었다. IMF프로그램은 초인플레이션(hyperinflation)이 있고 재정적자가 많았던 중남미의 상황을 기본으로 만들어졌다. 중남미 국가에게는 긴축정책이 어느 정도의 설득력을 지녔을지도 모른다. 그렇지만 동아시아 국가들은 1990년대 내내 물가안정과 건전한 재정을 유지했다. 그러니까 중남미에서는 '물가 안정'이라는 이유를 붙였는데 아시아에서는 "대내외 금리차 확대로 자금유출압력 완화"라는 새로운 이유를 붙이며 긴축정책을 합리화했다.

한국의 경우 1997년 말 IMF의 요구에 따라 금리를 30% 가까운 수준까지 올리니까 나타난 현상은 외국자본 유입이 아니었다. 외국자본은 오히려 계속 빠져나갔다. 대신 망하는 기업만 생겨났다. 외국자본의 유출이 멈춘 것은 고금리 때문이 아니라 1998년 1월 외채

협상이 타결되고 채무재조정이 이루어졌기 때문이었다(**따로 읽기 2 주식과 후식 따로 평가해야: IMF자금지원과 IMF프로그램은 다르다** 참조). 당시 세계은행(World Bank) 수석 이코노미스트였던 노벨경제학상 수상자 스티글리츠(Joseph Stiglitz)는 아시아국가에 대한 고금리처방이 잘못된 것이라고 비판하다가 세계은행에서 쫓겨났다.

시장개방 등을 통해 해당국 경제가 좋아질 수도 있다. 외국자본이 많이 진출하면 그 나라 경제가 좋아질 수 있다. 그렇지만 고금리와 긴축재정, 구조조정으로 내국기업과 금융기관들은 손발이 묶이고 더 나아가 갖고 있는 자산을 헐값에 팔아야만 하는 상황에 몰린 상태에서 외국자본이 들어온다면 그것이 그 나라 경제에 꼭 좋다고할 수 없다.

해당국에 좋을 것이라고 확신할 수 없는데 IMF프로그램은 왜 이렇게 금융위기국에게 만병통치약으로 처방되는가? 논리가 벽에 부딪치면 이해관계를 볼 수밖에 없다. 의사가 모든 환자에게 '구조적위기'라는 한 가지 병(病)만 걸렸다고 진단하고 한 가지 약만 처방하면 의사가 제약회사와 결탁한 것이 아닌지 의심할 수밖에 없다.

실제로 IMF프로그램이 해당국에 도움이 되는지의 여부를 떠나 외국인투자자에게 정말 바람직한 상황을 만들어준다는 사실에 대해서는 어느 누구도 부인할 수 없다. 긴축정책으로 내국자본을 동원할 길이 봉쇄되니까 외국자본이 큰소리치면서 돈을 빌려주고 투자도 할 수 있다. 망하는 기업, 은행이 생기면 좋은 자산만 골라서 주워 담을 수 있다. 구조조정과정에서 각종 자문, 자금조달, 인수합병 서비스 등을 통해 이득을 챙길 수도 있다. 제도개선을 통해 앞으로 그 나라에 들어와서 활동하는 것도 편리해진다. 그림 2-5와 같

그림 2-5 IMF프로그램의 음모론적 효과

은 '음모론적' 효과가 나타나는 것이다.

　필자가 이와 같이 지적하면 "학자가 왜 음모론을 내놓느냐?"는 반박이 나오곤 한다. 그러나 이 '음모론'이 담고 있는 내용은 너무나 당연한 것이다. 외환위기 때 긴급자금을 지원해주는 주체는 선진국 금융기관들이다. 왜 이들이 공짜로 돈을 주겠는가. 돈을 지원하는 대가로 갖고 싶은 것을 달라고 하고 향후 사업을 벌이는 데 좋은 여건을 만드는 것이 당연하다.

　물론 이익집단이 어떻게 로비하고 이 로비에 따라 IMF가 실제로 어떻게 행동하는지에 대한 명백한 증거를 제시하는 것은 쉽지 않다. 그렇지만 증거가 없더라도 이해관계를 따져보면 그 성격이 쉽게 드러나는 경우가 많다. 중요한 일일수록 '증거' 없이 진행되는 경우가 많기 때문에 이런 정치경제학적 분석이 쓸모 있을 때가 많다. [11]

---

11 필자는 IMF프로그램뿐만 아니라 국제금융시장의 움직임을 제대로 이해하

이 분석을 위해 IMF프로그램이 '투자자 신뢰'라는 명목으로 합리화되는 사실에 주목할 필요가 있다. 명시적으로 밝히지는 않지만 IMF프로그램은 "외국인투자자에게 좋은 것 = 금융위기국에 좋은 것"이라는 등식(等式)을 사용한다. '투자자 신뢰'를 회복하기 위해 모든 일을 다 하면 외국인투자자가 돈을 갖고 들어오니까 금융위기국이 좋아진다는 것이다.

그런데 어떻게 외국인투자자에게 좋은 것이 항상 금융위기국에 좋다고 할 수 있나? 우리가 이렇게 너도나도 '윈윈'(win-win)할 수 있는 천국에 살고 있나? 실제로 외국인투자자와 금융위기국이 '윈윈'하지 않는 사례는 전 세계에 널렸다.[12] 오히려 IMF프로그램의

기 위해 "음모론을 믿어라 ─ 어느 음모론을 믿을지가 중요할 뿐이다"라는 '금융명제 4'를 내놓은 바 있다. 필자는 이것이 국제금융시장에 관해 여태껏 나온 가장 과학적 음모론이라고 자부한다(신장섭 2009 참조).

[12] 한 가지 예만 들어보자. 에콰도르는 1999년 금융위기를 겪고 IMF체제에 들어갔다. 팰러스트(Greg Palast)라는 미국의 독립 탐사보도 전문기자는 세계은행의 대외비 문서를 확보해서 글을 썼다. 팰러스트는 2015년 삼성그룹과 분쟁을 벌였던 행동주의 헤지펀드 엘리엇에 대한 탐사보도로도 유명하다. 이 세계은행 문서는 에콰도르가 새로 채굴하는 석유에 대해 "10%는 사회적 지출에 쓰고 20%는 비상금으로 남겨놓고 … 70%는 채무재매입(debt buyback)에 사용해야 한다"고 명시했다. 버는 돈의 10%만 에콰도르 국민을 위해 사용하라는 것도 지나치다. 그런데 속을 들여다보면 외국인투자자에게 떼돈을 벌게 해주는 내용이다. 에콰도르가 지닌 채무는 그동안 원리금 상환이 제대로 이루어지지 않았기 때문에 투자은행이나 정크본드 투자자에게 발행가의 20% 정도 가격에 넘어가 있었다. 채무재매입은 처음 발행했던 가격 100%를 다 주고 해야 한다. 외국인투자자에게 단번에 5배의 이득을 안겨주라는 명령이다.

실제 목적은 외국인투자자의 이익추구인데 이를 합리화하기 위해 서로 '윈윈'한다고 내세운다고 해석하는 것이 현실적이다.

외국인투자자와 금융위기국이 항상 '윈윈'한다는 것은 급전(急錢)이 필요한 사람에게 이것저것 어려운 요구조건을 내세우면서 "이것이 너에게 나쁜 것이라도 무조건 받아라"고 얘기하는 대신, "이것이 너에게도 좋은 것이니까 받아들이라"고 얘기하는 것과 마찬가지이다. 그래서 금융위기국이 돈이 쪼들려 헐값에 자산을 매각해야 하는 것도 외국인투자를 늘려 국가경제에 이바지하는 일이라고 칭송(稱頌)해준다. 말로만 듣기 좋은 표현을 썼을 뿐 실질적으로는 협박이나 마찬가지이다. 협박하는 사람이 협박에 넘어간 사람을 겉으로 칭찬해주는 것은 당연한 일이다. 그 칭찬을 받고 잘했다고 생각하는 사람이 바보일 뿐이다.

민영화된 전력회사의 수익을 높이기 위해 전기요금도 대폭 올렸다. 2005년 초 에콰도르 국민은 가구당 한 달에 미화 30~60달러의 전기요금 고지서를 받았다. 미국보다도 비싼 전기 값이다. 에콰도르의 법정 최저임금이 월 153달러인데 실제로 최저임금 이상을 받는 근로자는 소수에 불과하다. 법정 최저임금의 20~40%를 전기요금으로 내라는 것이다. 민란 수준의 데모가 벌어졌다. 그런데 이것도 외국인투자자를 위한 것이었다. 전력회사는 외국인투자자에게 넘어갔기 때문이다. 전기요금을 올리는 것은 에콰도르 정부가 구제금융을 받으며 전기회사들을 '민영화'하면서 (할 수 없이) 합의한 것이었다. 에콰도르의 팔라시오(Alfredo Palacio) 대통령은 "이런 식으로 빚을 갚아나가면 우리는 죽는다. 우리는 살아야 한다"고 말했다. 그리고 원유수입 사용방식을 일부 변경할 뜻을 암시했다. 그러나 이런 얘기가 흐르자마자 IMF와 세계은행의 자금지원이 끊어졌고 에콰도르 채권은 국제금융시장에서 보이콧되는 상황에 직면했다[신장섭 (2008)에서 요약 전재].

2008년 세계금융위기 때 벌어졌던 일을 보면 IMF프로그램이 논리보다 이해관계에 기반을 둔다는 사실이 더 명백하게 드러난다. 금융위기국에 그렇게 좋은 프로그램이라는 논리대로라면 미국도 IMF 프로그램을 적용했어야 한다. 그러나 미국은 완전히 거꾸로 갔다. 고금리를 택하기는커녕 금리를 0%까지 내린 것도 모자라 '양적 완화'까지 했다. 기업구조조정은 전혀 하지 않았다. 오히려 정부에서 재정자금을 지원하며 기업에게 '구조조정'하지 말고 고용을 유지해 달라고 호소했다. 이러한 케인지언 정책을 사용하는 데 G20 등의 경로를 통해 다른 선진국과 신흥국이 동참해줄 것을 촉구하기도 했다.

스티글리츠 교수는 이렇게 선진국이 '이중 잣대'(*double standard*)를 적용하는 것에 대해 '금융위선'(*financial hypocrisy*)이라고 비판한다 (Stiglitz, 2007). 그러나 '음모론'으로는 너무나 쉽게 설명할 수 있다. 이중 잣대를 적용하는 것이 아니라 '나의 이익'이라는 '단일잣대'(*single standard*)를 적용하는 것일 뿐이다. IMF프로그램은 원래부터 금융위기에 처한 나라를 위한 것이 아니었다. 다른 나라가 이익을 챙기기 위한 것이다.

그러니까 남이 위기를 당했을 때는 '나의 이익'을 위해 IMF프로그램을 적용하라고 강요한다. 그러나 내가 금융위기를 당했을 때에는 '나의 이익'을 위해 IMF프로그램을 적용하지 않는다. 그렇다면 미국의 정책담당자들은 '위선'이라는 비판은 받을지언정 최소한 국익에는 충실했다고 할 수 있다. 반면 IMF프로그램을 충실하게 집행했던 한국의 정책담당자들은 국익에 충실하게 일했다고 할 수 없다.

일본의 경제평론가 오마에 겐이치는 1999년 8월 〈사피오〉지(誌)에 기고한 글에서 한국의 구조조정에 대해 다음과 같이 평가한 바 있다.

IMF의 구제시스템을 도입함으로써 한국에 빌려준 자금의 회수를 확실히 보장받아 미 은행을 보호했다는 것이 한국 경제위기의 진상이다. 게다가 미국계 투자은행들은 재벌해체 과정에서 이득을 보았고 프랑스나 영국기업에 헐값으로 파는 인수합병 과정에서 돈을 벌었으며 미 회계사무소들도 당시 매각가치 평가를 통해 이익을 챙겼다. 말하자면 미국 혼자만의 돈 잔치였으며 미국은 한국을 미국화해 뼛속까지 우려먹은 것이다(신장섭 2008: 237-238).

(2) 한국의 '기업구조조정'과 외국인투자

그럼에도 불구하고 한국정부는 'IMF플러스'라고 할 정도로 IMF가 요구한 것보다 더 강력한 프로그램을 '철저하게' 실행했다. 한국의 '차입위주 경제'가 '금융위기'를 불러왔다는 진단에 동의하고 재벌의 부채비율을 강력하게 규제했다. 1997년 IMF와 자금지원 협상을 벌일 때는 막연히 기업부채를 줄인다는 정도의 얘기만 있었을 뿐이었다.[13]

그러나 정부 스스로 재벌의 부채비율을 1년 반 동안에 200% 이내로 줄이겠다는 급진적이고 구체적인 정책을 내놓았다. 미국의 주식시장 위주 구조조정이 '글로벌 스탠더드'라는 견해를 무비판적으로 받아들이고 한국도 '주식시장 위주의 경제'로 바꾸겠다는 정책을 적극적으로 집행했다(표 2-6).

---

13 이것은 당시 IMF와 협상을 담당했던 고위 실무자가 필자에게 직접 말한 내용이다.

표 2-6 IMF체제에서의 재벌개혁 내용

분류	주요 내용
공정거래	1. '불공정' 내부거래 규제 강화 2. 계열사 순자산 25% 이상 투자에 대한 규제 부활 3. 계열사 지급보증 금지
회계규정	1. 결합재무제표 도입
금융규제 및 기업지배 구조변화	1. 부채비율200% 이하로 규제 2. 적대적 인수합병 허용 3. 외국인 지분 제한 철폐 4. 사외이사 4분의 1 이상 임명 5. 감사선임위원회 설립 의무화 6. 소액주주소송, 장부열람권, 감사·이사 해임의결권 강화 7. 투자신탁 및 은행신탁 보유주식 투표권 행사 허용

출처: Shin & Chang(2003).

　　이러한 재벌개혁 조치는 정부가 겉으로 내세우는 수치나 '성과'만 봤을 때 대단히 성공한 것처럼 보인다. 외환위기 직후 400%가 넘던 5대 그룹의 부채비율은 1년 반 남짓한 기간에 200% 이하로 급격히 떨어졌다(그림 2-6). 계열사 지급보증도 없어졌다. 많은 선진국이 연결재무제표를 사용하는 선에서 만족하는데도 한국은 그보다 한 단계 더 나아간 결합재무제표를 도입했다. 기업지배구조도 큰 변화를 겪었다. '소수주주'의 권한이 대폭 강화됐다. 이사회에서 사외이사의 비중이 높아졌다. 외국인투자도 대폭 개방됐다. 국내 주식시장에 대한 외국인 지분제한이 완전히 철폐됐다.

　　IMF프로그램이 '예측'한 대로 외국자본도 돌아왔다. 그렇지만 새로운 투자를 위해 돈을 갖고 들어온 것이 아니라 한국이 갖고 있던 자산을 매입한 것이 대부분이었다. 먼저 외국인 직접투자(FDI)를 보자. 한국정부나 IMF가 '개혁성공'의 지표로 당시 가장 열심히 내세우던 것

그림 2-6 기업부채비율의 '성공적(?)' 감축

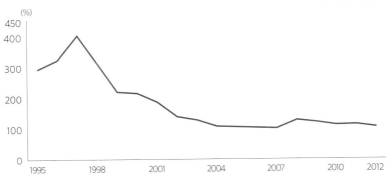

이 FDI통계였다. 정부 공식통계에서는 FDI가 금융위기 이전(1991~1997년) 연평균 24억 달러에서 금융위기 이후(1998~2005년) 연평균 113억 달러로 4. 7배가량 급증한 것으로 나온다.

그러나 정부발표는 신고액기준이다. 신고한 뒤 투자하지 않을 수도 있고 실제로는 신고액보다 적게 투자할 수도 있다. 따라서 FDI 국제통계를 작성하는 국제연합무역개발기구(UNCTAD)는 실제 지불액 기준으로 발표한다. 이 통계에 따르면 금융위기 이후 FDI는 정부발표의 절반 수준인 연평균 56억 달러로 나타난다(표 2-7).

그나마 FDI의 상당 부분이 인수합병 투자였고 '신규투자'(greenfield investment)는 별로 많지 않았다. 정부통계에서는 금융위기 이후(1998~2005) FDI 중 34. 6%가 인수합병이었고 나머지 65. 4%가 신규투자였던 것으로 나온다. 그러나 UNCTAD통계는 이 기간 중 연평균 인수합병 액수가 FDI 지불액수와 같은 56억 달러 수준이다. 이 통계를 보면 외국인투자의 대부분이 인수합병 때문이었던 것으로 나온다.

FDI가 경제에 제대로 기여하려면 '신규투자'가 많아야 한다. 그

표 2-7 외국인 직접투자 및 인수합병 추이

(단위: 백만 달러)

	정부통계		UNCTAD통계	
	직접투자액수	M&A액수	직접투자액수	M&A액수
1991	1,396	–	1,180	673
1992	894	–	727	–
1993	1,044	–	588	2
1994	1,317	–	809	1
1995	1,947	–	1,776	192
1996	3,203	–	2,325	564
1997	6,971	–	2,844	836
1998	8,853	5,125	5,412	3,973
1999	15,531	2,865	9,333	10,062
2000	15,212	2,649	9,283	6,448
2001	11,286	2,084	3,528	3,648
2002	9,093	2,943	1,972	5,375
2003	6,469	6,167	3,892	3,757
2004	12,786	5,268	7,727	5,638
2005	11,562	4,305	7,198	6,542
평균(1991~1997)	2,396	–	1,464	324
평균(1998~2005)	11,349	3,926	5,646	5,680

출처: 신장섭(2008).

그림 2-7 외국인투자자의 한국 상장기업 보유비중 추이

(기간: 1996~2016.9)

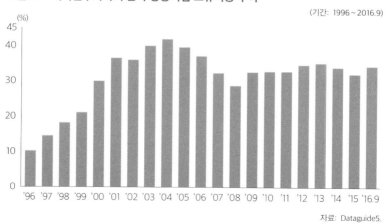

자료: Dataguide5.

표 2-8 한국 우량주의 외국인 소유 비율

(단위: %)

연도	국민은행	삼성전자	현대자동차	포스코	SK텔레콤	삼성화재
2001	71.1	59.7	52.6	61.9	32.4	51.6
2016	67.2	51.1	42.6	49.6	41.3	48.3

주: 2001년은 연말 기준. 2016년은 8월 19일자 기준.

러나 신규투자는 FDI가 가장 많았던 2000년에도 전체 고정자본투자에서 차지하는 비중이 정부통계로는 8%, UNCTAD통계로는 2%에 불과했다. 이 정도 액수의 자금을 끌어들이기 위해 다른 것을 희생하면서 한국경제가 외자유치에 '몰입'했던 것이 얼마나 바람직했던 것인지 대단히 회의적이다.

외국인 기관투자자의 주식시장 진출은 100%가 주식보유자만 바뀌는 것이다. '신규투자'라고 할 것이 없다. 여기에서 외국인투자자의 '약진'은 눈부실 정도이다. 1997년 한국증권거래소(KOSPI) 시가총액에서 13.7%에 달했던 외국인투자자 비율은 2004년에 최고 42%까지 올라갔다. 그 후 외국인 지분율은 다소 떨어졌지만 지금도 35% 수준에 달한다(그림 2-7). 외국인투자자는 현재 한국 기업지배구조에서 가장 큰 상수(常數)가 되었다.

주목해야 할 사실은 우량기업일수록 외국인 지분이 높다는 사실이다. IMF체제 시행 2년 만인 2001년에 이미 삼성전자(59.7%), 포스코(61.9%), 현대자동차(52.6%), 삼성화재(51.6%), 국민은행(71.1%) 등 한국을 대표하는 기업과 은행의 외국인지분율이 50%를 넘었다(표 2-8). 은행은 이미 상당수가 외국계로 넘어갔다. 10대그룹의 외국인지분율은 45% 수준에 달했다.

지금은 이때보다 외국인 지분율이 다소 떨어졌지만 외국인투자자들이 집합적으로 한국 우량기업의 최대주주라는 사실에는 변함이 없다. IMF체제에 들어가기 전 한국은 '민족주의적' 혹은 '중상주의적'이라고 할 수 있을 정도로 내국기업 위주의 경제시스템을 유지했다. 그러나 IMF체제 구조조정을 거친 결과 한국은 외국인투자자위주의 경제시스템이 됐다고까지 말할 수 있을 정도이다.

2) '소액주주운동'과 한국의 '경제민주화': 견강부회한 정치민주주의 논리

미국의 주주행동주의자들은 태생적으로 기업사냥꾼들의 행태에 대해 불편하게 생각했지만 대기업 경영진을 '개혁'한다는 명분으로 공동전선을 구축했다. 국내 경제민주화론자들도 비슷했던 것 같다. 외국인투자자와 철학적 기반이 많이 달랐지만 재벌개혁이라는 공동목표하에 공동전선을 형성했다. 그리고 미국 MSV론자의 '대기업 개혁' 수단의 상당 부분을 재벌개혁 수단으로 제시했고 이것이 '기업지배구조 선진화' 방안이라고 내세웠다.

(1) 시장경제 선확립론

필자는 1998년 상반기 '운동권' 출신의 후배와 이 문제를 놓고 저녁내내 뜨거운 논쟁을 벌였던 적이 있었다. 필자는 기업이 그렇지 않아도 망하고 자산을 팔 수밖에 없는데 왜 정부까지 나서서 그걸 더 많이 해야 한다고 '구조조정'을 급진적으로 강요하느냐고 말했다.[14]

그 후배는 국내 기업이 망하고 외국인투자자가 큰 이득을 보는 사실은 인정했다. 그에 대해 우려도 표명했다. 그럼에도 불구하고 계속해서 "지금 단계에서는 한국에 시장경제를 먼저 확립해야 한다"는 주장을 내세웠다. 우리의 얘기는 평행선을 달렸다.

이러한 '시장경제 선(先) 확립론'은 당시 경제민주화론자들에게 상당 부분 공유되고 있었다. 대표적 재벌개혁론자인 장하성 교수는 최근의 저서에서 "외환위기 이후 개혁이란 특정한 이념에 기반을 두었다기보다는 기본적인 시장질서라도 갖추자는 큰 틀에서 접근한 것이었고 구체적인 정책은 '시장의 정상화'라고 봐야 할 것들이었다"라고 밝힌다(장하성 2014: 67).

여기에서 시장을 '비정상'으로 만든다는 주체는 재벌이었다. 외국자본은 정상적인 시장경제의 산물이고 한국재벌은 시장발전을 막는 존재라는 전제를 깔고 있다. 그러나 앞에서 논의했듯이 재벌은 전 세계에 보편적이다. 그리고 보편적 문제를 안고 있다. 그것이 세계 시장경제의 모습이었다.[15] 또 미국은 당시 이미 기관투자자가 '초(超) 재벌화'되면서 큰 문제가 벌어지고 있었다. 그 실상을 알았다면 미국 시장을 '정상'이라고 볼 수도 없었다.[16]

그러나 당시는 국내 경제민주화론자들뿐만 아니라 정부도 '미국식 구조조정'을 한국이 일단 가야 할 길로 받아들였다. 당시 '소액주주운동'이 큰 반향을 일으켰던 이유가 거기에 있을 것이다. 서로 출발점이

---

14 이 당시 필자의 주장이나 글에 대해서는 신장섭(1999) 참조.
15 2장 1절의 "2) 재벌의 보편성과 '재벌문제'의 보편성" 참조.
16 1장 2절 "경영자본주의 비판과 '대기업 개혁 4자 동맹'" 참조.

달랐을지 몰라도 그리고 먼 지향점이 달랐을지 몰라도 외국인투자자와 국내 경제민주화론자들, 한국정부가 재벌을 개혁해야 한다는 점에서는 공감대를 형성하고 같은 방향으로 힘을 몰았던 것이다.

그렇지만 한국의 경제민주화론자들도 미국의 주주행동주의자들과 비슷하게 자신이 공익(公益)으로 설정한 목표를 달성하기 위해 정치민주주의 논리를 무리하게 원용했다. 몽크스가 사익(私益)을 동시에 추구했던 것처럼 국내 경제민주화론자 중에서도 '공'(公)과 '사'(私)의 구분이 어려운 경우도 생겨났다. 그럼에도 불구하고 몽크스의 주주행동주의가 기관투자자들의 '투표 의무화'를 포함해 전반적인 기관투자자 행동주의 강화라는 성과를 만들어냈던 것처럼, 국내 경제민주화론도 순환출자 금지와 내부거래 규제 등의 '괄목할' 성과를 이뤄냈다.

(2) '가공자본' 논리와 '소유지배구조의 왜곡 현상'(?)

장하성 교수가 '재벌개혁과 소액주주운동'이라는 제목의 글에서 내놓은 주장을 먼저 살펴보자.

> 총수개인의 지분은 소량에 불과하고 절대지분을 일반 소액주주가 소유하고 있다. 결과적으로 총수는 계열사 간의 상호출자를 이용하여 '소유하지 않고 지배하는' 체제를 유지하며 … 경영에 참여하지 않으나 절대다수의 지분을 소유한 소액주주가 바로 기업의 주인인 것이다(장하성 1999: 425-426).

이 시각은 공정거래위원회에 거의 그대로 반영되었다. 그러니까 재벌의 지분을 발표하면서 오너가족의 지분이 5%도 되지 않는다는 점을 항상 강조한다. 강철규 전 공정거래위원장의 발언도 마찬가지이다.

우리나라 대기업집단의 경쟁제한적 문제는 계열사 간 출자를 이용하여 적은 지분을 갖고 있는 총수 1인이 계열사 전체를 지배하는 왜곡된 소유지배구조에 있습니다. 기업집단의 소유지배구조의 왜곡현상은 시장감시가 미흡한 현실에서 지배주주의 전횡을 가능하게 하며 기업 내·외부 감시장치의 효과적인 작동을 저해하고 과도한 대리인비용을 유발하여 소수주주 등 기업의 이해관계자의 권리를 침해하며 중소 중견기업과의 불공정거래를 유발하고 전문경영인의 책임경영체제 확립을 지연시키고 있습니다 (강철규 2004).

그러나 이것은 정치민주주의의 '1인1의결권' 원칙을 상법에 견강부회(牽强附會)한 것이다. 예를 들어, 한 재벌 계열사에서 오너가족 지분이 5%, 계열사 지분이 45%, 소액주주 지분이 50%라고 가정해보자. 경제민주화론은 기업집단이 계열사 간 복잡한 출자구조에 바탕을 두기 때문에 계열사의 지분을 다시 개인지분과 법인지분으로 나누어 봐야 하고 '순수' 법인이 갖는 지분은 실질적 소유권을 따질 때 제외해야 한다고 상정한다. 이에 따라 45%의 계열사 지분은 '가공(架空) 자본'이 된다.

이렇게 '가공자본'을 제외하고 보면 장하성 교수의 발언처럼 소액주주가 50%의 '절대다수 지분'을 보유하는 주인이고 오너가족은

5% 지분만으로 "소유하지 않고 지배하는" 구조를 구축한 것이 된다. 강철규 전 위원장이 "적은 지분을 갖고 있는 총수 1인이 계열사 전체를 지배하는 왜곡된 소유지배구조"라고 말한 것도 마찬가지 논리에 입각해있다.

이런 주장은 오로지 개인의 주식보유권만이 궁극적으로 정당하고 법인의 지분은 개인지분으로 환원해야 한다는 생각에 입각했다. '주권(株權)의 개인환원주의'라고 할 수 있다. 정치민주주의에서 투표권이 개인에게만 있고 법인에게는 없다는 사실을 은연중에 원용하는 것이다.

그러나 법인의 주식보유권을 인정하지 않으면 법인의 활동에 큰 제약이 생긴다. 일단 기업이나 은행이 투자할 수 없다. 투자할 때마다 이 돈을 궁극적으로 소유한 사람은 누구이고 그 지분은 얼마인지를 따져야 하는데 이것은 불가능한 일이다. 지주회사도 만들 수 없다. 그동안 주식회사 제도가 발전해온 기반을 송두리째 바꿔야만 한다.

실제로 주식회사는 개인의 동등한 주권이라는 개념 위에 만들어지지 않았다. '1인(人) 1표(票)'의 주권(主權)이 있는 것이 아니라 기껏해야 '1주(株) 1표'의 주권(株權)이 적용될 뿐이다. 또 아래에 논의하듯 복수의결권 등에 의해 '1주1표'조차 그대로 적용하지 않는 것이 현실이다.[17]

'소액주주'들의 지분이라는 것도 그 실체가 모호하다. 경제민주화론자들은 이들이 마치 동질적 집단인 듯이 취급한다. 몽크스가

___

17 2장 3절 "'돈 빨아가는 주식시장'과 투자·고용·분배의 악화" 참조.

기관투자자를 뭉뚱그려서 동일한 집단이라고 상정하며 '기업시민'
이 '월스트리트 워크'(Wall Street Walk)를 적용하기 어려워졌다고
주장하는 것과 큰 차이가 없다.18

그러나 '소액주주'는 대단히 이질적인 집단이다. 여기에는 블랙록
이나 국민연금과 같은 거대 기관투자가도 포함된다. 필자는 '소액주
주'라는 말을 쓰지 말아야 한다고 생각한다. 소액주주라는 표현은
이들이 상대적 약자라고 포장하기에 좋은 말일지 모른다. 그러나 현
실을 호도할 수 있다. 예컨대 삼성전자의 지분 1%는 현재 2조 5천
억 원이 넘는다. 2조 5천억 원어치 주식을 보유한 주체는 '소액주주'
가 전혀 아니다. 약자도 아니다. 강력한 '거액주주'이지만 굳이 표현
하자면 '소수주주'라고 해야 한다. '소수주주' 중에는 재벌 계열사가
아닌 다른 기업이 투자를 목적으로 주식을 취득하는 경우도 있다.
'소액주주'라는 표현을 붙여줄 수 있는 개인투자자도 있다.

경제민주화론자들이 재벌 계열사의 주식보유를 '가공자본'으로
취급하고 지배권을 개인지분으로 환원해야 한다고 주장하려면, 소
수주주들의 지분에 대해서도 마찬가지 논리를 적용해야 한다. 기관
투자가들의 보유 지분에 대해 개인의 '궁극적' 지분을 계산해야 하
는 것이다.

그런데 기관에 돈을 맡긴 개인의 숫자를 일일이 따져 순수 개인지
분을 계산할 방법은 없다. 국민연금의 투자지분에 대해 전체 국민
연금 가입자 숫자로 환원해 개인지분을 계산할 수 없는 것이다. 또
기관은 원금만 갖고 투자하는 것이 아니라 각종 금융기법을 사용해

---

18 1장 3절의 "1) 로버트 몽크스: '기관투자자 행동주의'의 불가피성?" 참조.

서 원금 이상의 투자를 한다. 주권(株權)의 개인환원주의를 적용하면 기관의 레버리지 활용도에 따라 기업의 지배권이 고무줄처럼 왔다 갔다 해야 한다.

상법은 이 같은 불확실성을 없애기 위해 개인과 법인의 보유권을 똑같이 인정한다. 부채를 활용했건 출자를 활용했건 해당 기업의 주식을 보유한 개인과 법인을 동등한 주주로 인정하는 것이다. 상법에 개인만의 주권(主權)을 보장하는 민주주의는 없다. 주식보유에 따르는 주권(株權)만이 있을 뿐이다.

그런데 경제민주화론자들은 이렇게 정치민주주의 논리를 억지로 끌어들여 계열사의 주권(株權)을 인정하지 않으려면서도 기관투자자의 주권(株權)에 대해서는 아무런 문제제기를 하지 않는다. 미국의 주주행동주의자가 대리인 이론을 기업 경영자에게만 적용하고 기관투자자들에게는 적용하지 않으려는 것과 마찬가지이다.[19] 여기에서 더 나아가 장하성 교수는 몽크스처럼 기관투자자들의 힘을 활용해 '기업지배구조 개선'을 직접 추진하는 '한국지배구조개선펀드'(Korea Corporate Governance Fund)를 출범시키는 산파(産婆) 역할을 했다(따로 읽기 3 '장하성 펀드'와 그 '성과' 참조).

국내 경제민주화론자들이 정치민주주의를 끌어들여 가장 큰 성과를 낸 것이 〈순환출자금지법〉일 것이다. '경제민주화'가 대통령 선거의 이슈가 되었던 2012년에 순환출자 규제가 공약사항에 들어갔고 지난 2014년 〈공정거래법〉에 의해 신규 순환출자가 금지됐다. 그 논거는 앞에서 설명한 '가공자본' 논리와 똑같다. "총수(일

---

19 1장 2절의 "4) 대리인 이론의 등장과 무비판적·일방적 적용" 참조.

가) 가 순환출자를 통해 적은 지분으로 전체 계열사를 지배함으로써 소유지배구조 왜곡, 부실계열사 지원 등에 활용하는 폐해가 발생" 하는데 이를 차단해야 한다는 것이다. [20]

순환출자는 비즈니스 그룹이 있는 다른 나라에서도 흔히 있는 일이다. 순환출자 자체를 금지하는 나라는 전 세계에 없다. 그러나 경제민주화론자들은 순환출자를 한국재벌의 독특한 문제로 취급했다. 그렇게 재벌을 '일탈'(逸脫)로 계속 다루고 정책담당자와 정치인, 국민의 생각이 그 논리로 굳어지니 이를 불법으로 만드는 것이 쉬워졌다(따로 읽기 4 **비국제적 · 비역사적 적반하장 순환출자 금지론** 참조).

3) '재벌개혁'의 국제 정치경제학

앞에서 필자가 주장한 대로 IMF프로그램을 음모론으로 해석한다면 자연스레 따르는 질문은 '그렇다면 왜 금융위기국에서 국익(國益)을 책임지는 정치인이나 관료들이 여기에 제대로 대응하지 못하는가?'라는 것이다. 가능성은 크게 3가지일 것이다.

첫째, 음모론을 믿지 않는 정치인이나 관료가 대다수라서 이에 대해 특별히 생각하지 않고 따라서 대응책도 마련하지 않을 수 있다. 둘째, 음모론이 신빙성 있는 것이라고 생각하더라도 그것을 거스르려고 했다가는 국가적으로 더 어려운 문제가 벌어질 수 있으니까 차

---

20 〈독점규제 및 공정거래에 관한 법률〉(공정거래법) 제9조의2항. 2014년 7월 25일 시행.

선책으로 받아들일 수 있다. 셋째, '음모'에 박자를 맞추는 것이 일부 사람에게 이익이 되고 이들이 정책결정에 중요한 영향을 미칠 수 있다. 나라마다 시대마다 어느 것이 더 중요한 이유인지는 달라질 것이다. 이 세 가지 이유가 이런저런 형태로 겹치기도 할 것이다.

한국의 경우 첫 번째 가능성도 어느 정도 있을 것이다. 앞에서 얘기했듯이 외환위기를 당하기 전부터 한국의 정책담당자와 학자 중에서 '미국식 구조조정'을 해야 한다는 생각을 가진 사람들이 늘어나고 있었다. 그러나 핵심 정책담당자들이 고금리와 헐값 자산 매각이 한국경제에 좋을 것이라고 생각했을 가능성은 그렇게 크지 않은 것 같다. 오히려 두 번째 가능성을 비춰주는 사례가 제법 있었다.

예를 들어, 한국이 1997년 11월 IMF 구제금융을 신청했던 당시 김대중(이하, DJ) 대통령 후보는 '재협상' 얘기를 꺼냈다. IMF프로그램이 너무 가혹하다고 생각했기 때문이었다. 그러나 당시 IMF 총재 캉드쉬(Michel Camdessus)가 한국에 즉각 날아와서 유력 대통령 후보자 3명 모두에게 각서를 받았다. 당선될 경우 IMF프로그램을 충실히 이행하겠다는 것이었다. DJ도 각서에 사인을 했다. 이를 거부하면 경제를 더 나빠지게 한 책임론이 일어나면서 대통령에 당선되지 못할 가능성이 있다고 생각했을 것이다. [21]

1997년 말 IMF와의 협상에 참가했던 한 경제관료는 "미국의 기세가 너무 등등했다"고 필자에게 말했다. IMF프로그램에 대해 국내에서 비판이 쏟아지는 것에 대해 정부 측에서는 "이것을 거부하면 국제결제가 제대로 이루어지지 못해 추운 겨울에 원유수입조차

---

[21] 이에 관해서는 신장섭(2014) 참조.

제대로 안 될 수 있다"며 국민을 설득하기도 했다.

그러나 세 번째 가능성도 상당한 개연성을 갖고 함께 얽혀있다고 할 수 있다. DJ는 대통령에 당선된 뒤 IMF프로그램을 집행했다. 재벌개혁이 '플러스'로 들어간 'IMF플러스'였다. '재협상' 이야기는 더 이상 나오지 않았다. 여기에는 DJ가 과거 경제운용 방식에 대해 비판적 지도자였기 때문에 새로운 경제 틀을 도입하고자 하는 욕구가 많이 작용했을 것이다. DJ는 외환위기가 오기 전에도 재벌의 대체세력으로 외국자본과 중소기업의 중요성을 강조했다. 국정운영 철학으로 내건 민주적 시장경제론의 골자는 '반(反) 관료 반(反) 재벌'이라고 할 수 있다(김대중 1997). 경제를 운영하고자 할 때 관료와 재벌을 믿지 못하면 시장기능과 외국자본에게서 성장동력을 기대할 수밖에 없다. IMF프로그램의 정신과 상당 부분 부합하는 것이었다.

그렇다고 산전수전 다 겪은 정치인 DJ가 미국이 원하는 바를 들어주며 아무것도 요구하지 않았다고 할 수는 없을 것 같다. 이와 관련해서 재임기간 중 DJ와 미국의 클린턴(Bill Clinton) 대통령 간의 관계가 굉장히 돈독했다는 사실을 상기할 필요가 있다. 클린턴은 자타가 공인하는 딜메이커(*dealmaker*)이다. 클린턴이 대통령으로 재임하는 동안 미국은 DJ의 햇볕정책에 대해 절대적 지원을 보냈다. 클린턴은 집권 말기 햇볕정책을 완성하기 위해 북한을 방문하는 계획까지 잡았다가 마지막에 무산될 정도였다.

클린턴 대통령은 재벌개혁을 대놓고 압박했다. 1998년 11월 한국을 방문해서 DJ와 정상회담을 한 뒤 "5대 그룹 개혁이 부진하다"고 직접 언급했다. 마침 미국 신용평가 회사인 무디스가 "5대 그룹 구조조정을 지켜본 뒤에야 한국에 대한 신용평가 등급 상향조정을 고려할 수 있다"고 발표했을 때였다. [22] 그 무렵, DJ도 기회가 닿을 때마다 "반드시 재벌구조조정을 연내 마무리 짓겠다"며 5대 그룹 구조조정을 다그쳤다. [23] 정황상으로 볼 때 DJ는 미국이 원하는 대로 IMF프로그램을 강력하게 추진하는 대신 클린턴으로부터 '햇볕정책' 등 북한문제와 외교 관계에서 전폭적 지원을 얻어내는 거래(*deal*)를 했을 것이라는 추론이 가능하다. [24]

---

22 〈중앙일보〉(1998. 11. 28). "정부 5대그룹구조조정 적극 개입 의미".

23 〈연합뉴스〉(1998. 12. 10). '98 한국경제회고-재벌과의 전쟁'.

24 대북문제를 둘러싼 클린턴 행정부와 김대중 대통령 정부 간의 공조체제 및 그 후 부시 행정부의 적대적 대응, 한미관계, 북미관계 등에 대해서는 Prichard (2007) 참조.

주식과 후식 따로 평가해야:
IMF자금지원과 IMF프로그램은 다르다

IMF프로그램의 효과를 얘기할 때 가장 혼선을 일으키는 것이 IMF를 통한 대규모 자금지원 및 채무재조정의 효과와 그 반대급부로 요구되는 전제조건들(*conditionalities*), 즉 IMF프로그램의 효과가 구분되지 않는 것이다. 어느 나라건 외환이 모자라서 쪼들리는데 긴급자금이 지원되고 부채상환기간이나 규모가 조정되면 경제에 숨통이 트인다. 그렇다고 이 돈을 받는 조건으로 실행해야 하는 IMF프로그램이 그 나라 경제에 꼭 좋다고 말할 수는 없다. 두 가지는 붙어오는 것이지만 그 효과는 나누어서 평가해야 한다.

필자는 한국외환위기 때에 거의 바닥난 외환보유고를 긴급자금 350억 달러로 다시 채우고 1998년 1월말 뉴욕외채협상에서 230억 달러에 이르는 한국의 대외 단기부채의 상환일정을 재조정한 것이 원화투매를 막는 데 결정적으로 중요했다는 데 동의한다. 그러나 고금리와 구조조정으로 대표되는 IMF프로그램은 경제를 악화시켰다고 생각한다. IMF와 한국 정부는 이 두 가지를 묶어서 IMF프로그램이 한국을 살렸다고 주장한다. 그러나 두 가지는 분리해서 평가해야 한다.

식당에 가서 주식(主食)을 맛있게 먹었는데 후식(後食)에 불순물이 들어있어서 문제를 제기하니까 식당 주인이 손님에게 "당신, 주식 맛있게 먹었으니까 후식도 맛있었다고 받아들이라"고 강요하는 것과 다를 바 없다. 주식은 주식대로 후식은 후식대로 따로 평가해야 한다.

'장하성 펀드'와 그 '성과'

몽크스가 렌즈 펀드(Lens Fund)를 설립해서 자신의 주주행동주의를 실천하고 돈도 벌려고 했던 것과 비슷하게 한국에서도 이른바 '장하성 펀가 2006년 4월에 설립됐다. 정식 이름은 '라자드 한국기업지배구조 개선 펀드'(Lazard Korea Corporate Governance Fund · LKCGF)이다. 공개의무가 없는 헤지펀드로 조세회피처라고 할 수 있는 아일랜드에 설립했다. 공식적인 펀드운용은 투자은행 라자드 미국 본사의 싱가폴 사무소에서 담당했다. (한국의 기업지배구조를 개선한다는 '공익'을 그렇게 내세웠으면 한국에 설립하고 한국에서 제대로 운용했어야지, 왜 이렇게 복잡한 소유-운용 구조를 만들었는지 필자는 의문이다. 특히, 기업지배구조 개선의 목표라고 내세운 것이 소유와 경영 간의 '왜곡된 구조'를 바로 잡자는 것이라면 이런 식의 소유-경영 구조를 갖고 있는 펀드를 통해 그 목표를 달성하겠다고 하는 것은 앞뒤가 맞지 않는 일이다.)

장하성 교수는 공식적으로 아무런 지분을 갖지 않고 자신이 주도적으로 만든 '좋은기업지배연구소'와 함께 '컨설팅 업무'만 수행했다고 한다. 그러나 펀드가 출범한 이후 적극적으로 언론 인터뷰 등을 하면서 이 펀드를 홍보했다. 당시 대표적인 경제민주화론자로서 큰 영향력을 행사하고 있었기 때문에 언론에서는 이 펀드를 '장하성 펀드'라고 불렀다. 또 주식시장에는 '장하성 펀드 따라 하기' 현상이 나타나기도 했다. 장하성 펀드가 특정 주식을 샀다는 정보가 나가면 다른 기관투자자들이나 개인투자자들이 따라 하기에 나서 주가가 뛰기도 했다. '아이칸 효과'나 '이리떼 효과'와 기본 성격에서는 큰 차이가 없다[1장 2절의 "2) 기업사냥꾼과 적대적 인수" 및 1장 3절의 "5) 기관투자자들의 실질적 카르텔 결성 및 '소통과 표현의 자유' 허용" 참조].

장하성 펀드가 그 목적으로 내세운 한국의 기업지배구조 개선을 얼마나 일구어냈는지는 미지수이다. 그러나 투자실적에서는 참담한 실패를 겪었다. 비공개펀드이니까 전체 수익률은 공개되지 않았다.

그렇지만 여기에 1억 달러를 투자했던 미국의 대표적 행동주의 연금 CalPERS가 펀드성과보고서에 자신이 맡긴 돈의 수익률을 공개했다. 2008년부터 2011년까지 누적수익률이 마이너스 32.2%였다. CalPERS는 환매를 요구했고 '장하성 펀드'는 2014년 청산됐다.

따로 읽기 4

비국제적 · 비역사적 적반하장 순환출자 금지론

전 세계에서 순환출자를 법으로 금지하는 나라는 한국뿐이다. 일본과 독일에서는 상호출자까지 허용한다. 그런데 한국의 상법이나 공정거래법의 역사를 볼 때에 재벌들 입장에서는 비(非)역사적인 적반하장(賊反荷杖) 규제를 당한다고 말할 수 있는 여지가 많다.

　　지주회사가 처음부터 허용됐으면 순환출자는 나타날 필요가 원천적으로 없었다. 그런데 한국은 처음부터 상법에서 지주회사를 금지했다. 한국에 재벌이 생기기 전이었고 따라서 '재벌문제'라는 것도 없던 때였다. 일본 상법을 아무 생각 없이 따라서 쓰다 보니 일본 상법의 지주회사 금지까지 같이 들어간 것이다.

　　일본은 제 2차 세계대전에서 연합군에게 패하기 전까지 '자이바츠'들이 지주회사 형태로 운영됐다. 그러나 전후 맥아더 사령부는 자이바츠를 전범으로 지목하고 해체시키면서 지주회사를 금지시킨다. 한국전쟁으로 일본의 중화학산업화가 다시 진행되면서 자이바츠는 '게이레츠'로 부활한다. 지주회사를 금지한 상법은 그대로 남아있었기 때문에 일본기업들은 상호출자 형태로 연합했다. 게이레츠 은행들이 지주회사 역할을 어느 정도 해줬기 때문에 순환출자는 크게 나타나지 않았다.

　　한국은 박정희 대통령 때부터 은행을 국유화하고 재벌의 은행소유를 금지시켰다. 이러한 상황에서 재벌들은 사업을 영위하는 회사가 지주회사 역할을 하는 사업지주회사체제를 갖췄다. 재벌들이 조금 크자마자 정부는 1972년에 〈기업공개촉진법〉을 도입했다. 그리고 총수 가족 지분 5% 이내로 소유구조를 분산시키는 대기업에게 혜택을 주겠다고 했다. 정부의 서슬이 퍼런 때라서 공개하는 대기업들은 총수 지분을 크게 줄였다. 대신 계열사 지배를 위해 일본처럼 상호출자를 많이 이용했다. 공정거래위원회가 만들어지고 상호출자를 금지시키니까 순환출자로 옮겨갔다.

1997년 외환위기가 난 다음에는 순환출자를 통해 그룹을 유지하는 것은 문제가 많으니 지주회사 체제로 전환하라는 '권고'를 공정거래위원회가 했다. SK그룹은 그 권고에 따라 지주회사 체제로 바꾸다가 2003년 '소버린 사태'를 당했다.

역사를 돌이켜 보면 한국 재벌이 특이해서라기보다는 한국에 특이했던 정부규제의 산물로 순환출자 중심의 재벌 운영형태가 나타났다. 순환출자의 원죄(原罪)는 정부에게 있는데 자신들만 두들겨 맞는다고 재벌들이 억울해 할 근거가 충분히 있다.

'돈 빨아가는 주식시장'과 투자·고용·분배의 악화

3

그렇다면 한국경제 '구조조정'의 결과는 무엇인가? 아직까지 한국 정부나 IMF의 공식입장은 한국이 "IMF 구제금융 역사상 가장 성공적인 구조조정"을 했다는 것이다. 부채비율 200％이내 감축을 단 1년 반 만에 달성했고 전 세계에서 가장 강력한 재벌정책을 도입했다. 정책 자체를 만들고 '집행'하는 데는 "가장 성공적"이었다고 할 수 있다. 한국을 구조조정시키고자 했던 외국 금융기관들이나 투자자들 입장에서도 "가장 성공적"이었다고 할 수 있을 것이다.

그러나 한국경제 입장에서는 '성공'이라고 할 만한 것을 찾기가 어렵다. '실패'라고 할 만한 것만 보인다. 미국이 '주식시장 위주 구조조정' 결과 '1％대 99％'의 구도가 만들어지면서 실패한 것처럼, 한국의 실패도 당연히 '주식시장 위주 구조조정'이 가져온 실패라고 할 수 있다.

1) 세계에서 가장 강력한 재벌정책

IMF체제 때에 '재벌개혁' 정책이 홍수처럼 도입된 결과 한국은 현재 세계에서 가장 강력하게 재벌규제를 하는 나라가 되었다. 세계에서 ① 가장 강력한 〈공정거래법〉을 시행하고, ② 경영권 승계에 가장 비우호적인 제도를 채택하는 나라일 뿐만 아니라, ③ 상법을 통해 '1주 1의결권' 원칙을 가장 강제적으로 적용하는 나라에 포함된다. 전 세계적으로 그룹경영과 가족경영이 보편적인데도 이를 쳐다보지 않고 한국만의 고유 문제로 취급했기 때문에 나온 '갈라파고스'(Galapagos) 적이라고 할 수 있는 규제가 많다. 그동안 '경제민주화'가 20년가량 추진되고 정치인, 정책담당자, 국민이 이 논리를 당연하게 받아들이면서 갈라파고스의 성격이 더 강화된 면이 많은 것 같다.

첫째, 〈공정거래법〉을 보자. 미국, 유럽 등 선진국에서는 공정거래의 규제대상이 시장행위이다. 시장에서 담합이라든지 독점적 지위 남용 등이 제재를 받는다. 독점이나 경쟁 제한이라는 결과가 나타났을 때 제재하는 것이다. 반면, 한국의 〈공정거래법〉은 독점이나 경쟁 제한의 원인이 될 수 있다고 생각되는 것까지 규제한다. "기업결합의 제한 및 경제력집중의 억제"가 〈공정거래법〉 안에 들었기 때문이다. 시장에서 결과가 어떻게 나오든 계열사를 많이 가졌다는 이유만으로도 또 자산을 많이 가졌다는 이유만으로도 기업이 규제의 대상이 되도록 만들었다. 이렇게 기업결합과 경제력 집중억제가 〈공정거래법〉에 들어간 나라는 전 세계에서 한국이 유일하다.

IMF체제에 들어간 뒤에는 그동안 없어졌던 '출자총액제한' 규제가 부활했다. 앞서 얘기한 대로 세계에서 유례없는 순환출자 금지 조치도 도입됐다. 25 '일감 몰아주기 규제'를 명분으로 대주주가 일정 지분 이상 보유한 계열사 간 거래에 대해 엄격하게 〈공정거래법〉으로 규제하는 조치도 도입됐다. 26 이것 또한 다른 나라에는 없는 것이다.

일반적으로는 부당한 내부거래가 있는지는 이사회가 검토하고 공시할 의무가 있다. 그로 인해 회사에 손해가 발생하면 민사적으로 해결한다. 내부거래가 일어나면 정책당국이 '일감 몰아주기'가 주목적이라고 미리 단정 짓고 이렇게 내부거래 자체를 미리 규제하는 나라는 없다. 계열사 간 거래가 일정 규모 이상이면 상속 목적인 것으로 간주해 수혜를 받은 것으로 여겨지는 대주주의 회사에 증여세를 부과하는 유례없는 법안도 집행된다. 27

둘째, 한국은 기업의 경영승계에 대해 가장 적대적인 나라가 되었다. 시스템이 가족경영의 씨를 말리도록 설계되었다고 할 수 있을 정도이다. 한국의 상속세율은 50%로 OECD 국가 중에서 일본(55%) 다음으로 높다. 그러나 경영권이 승계되는 경우에는 '경영권 프리미엄'까지 과세해 65%의 상속세율이 적용된다. 세계에서 가장 높다. 세금 65%를 다 낸다면 경영권 상속은 원천적으로 불가능하다. 스웨덴, 뉴질랜드, 싱가폴, 중국 등은 상속세가 아예 없다. 이탈리아,

---

25 2장 2절 2) 의 "(2) '가공자본' 논리와 '소유지배구조의 왜곡 현상'(?)" 참조.
26 〈공정거래법〉 23조의2, '특수관계인에 대한 부당한 이익공제 금지'. 2013년 8월 13일 신설.
27 정확하게는 수혜법인과 특수관계 법인 간 거래가 '정상거래비율'인 15%를 초과하고 '수혜법인'의 지배주주 지분율이 3%를 초과할 경우 수혜법인의 세후 영업이익에 대해 증여세를 부과하는 것이다(〈상증세법〉 45조의2, '특수관계법인 간 거래를 통한 이익의 증여 의제'. 2012년 입법).

대만, 브라질 등은 10% 이내의 저세율을 적용한다(Cole 2015).

한편 상속세율이 높은 나라는 대부분 재단을 통한 경영권 승계가 가능하다. 미국은 상속세율이 40%이지만 듀폰, 포드, 록펠러 등은 지금까지 재단을 통해 승계한다. 일본도 재단설립 및 운용이 자유롭다. 그렇지만 한국은 재단을 통한 경영권 승계가 실질적으로 불가능하다. 재단의 주식보유에 관해 정부로부터 각종 규제를 받을 뿐만 아니라 재단이 제대로 운영되지 않는다고 정부가 판단할 경우 국고로 귀속할 수 있도록 해놓았기 때문이다. 대기업이 작은 규모의 순수 공익재단을 설립할 수 있을지는 몰라도 큰 재단을 만들어 경영권을 승계하기에는 엄두도 낼 수 없는 구조이다.

셋째, 한국은 기업의 의결권에서도 가장 경직적인 '1주1의결권' 원칙을 적용한다. 〈회사법〉을 통해 이를 강행법규로 규정하기 때문이다. 유럽의 경우, 1주1의결권을 적용하는 기업은 평균 65% 정도이다. 3분의 1 가량이 복수의결권을 사용한다. 프랑스(31%), 네덜란드(14%), 스웨덴(25%)은 1주1의결권 비율이 특히 낮다. 복수의결권이 오히려 대세이다(그림 2-8)(김수연 2015).

미국은 원칙적으로 1주1의결권 제도이지만 임의 규정으로 회사가 정관을 통해 다양한 종류의 복수의결권 주식을 발행할 수 있다. 기업이 상장할 때 증권거래소와 경영권 확보에 관해 협의도 할 수 있다. 따라서 미국에는 포드, 브로드컴, 뉴스코프 등과 같이 복수의결권 주식을 통해 지분율보다 훨씬 큰 의결권을 행사하는 대기업이 많다.

뉴욕타임스 사(社)는 슐츠버거 재단이 0.6%의 지분만 가졌는데 100% 의결권을 행사한다. 워렌 버핏(Warren Buffett)은 1주에 대해 2백 개의 의결권을 가졌다. 0.5% 지분으로 "소유하지 않고 통제하는 왜곡된 지배구조"를 구축한다고 할 수 있다. 구글, 페이스북과 같은 기업은 창업자가 1주10의결권을 가졌다(표 2-9).

구글은 처음 상장할 때 금융가와 여론으로부터 차등의결권 주식발행 반대에 부딪쳤지만 창업자인 페이지(Larry Page)와 브린(Sergey

그림 2-8 유럽의 국가별 1주1의결권 적용 현황

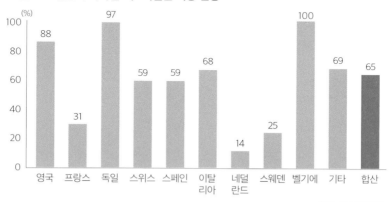

출처: 김수연(2015).

표 2-9 미국기업의 복수의결권 주식 발행 현황

기업명	지분율(%)	의결권 비율(%)	최대주주
구글	21.5	73.3	세르게이 브린, 래리 페이지
콤캐스트	0.3	24.6	브라이언 로버트
포드자동차	1.9	40	포드 가문
뉴스코프	31	100	머독 가문
비아콤	10	100	서머 레드스톤
브로드콤	10	52.6	헨리 사무엘리, 리콜라스 가문 재단
허쉬	22.8	78.6	허쉬 재단
에코스타	55.6	92.6	찰스 어젠
〈뉴욕타임스〉	0.6	100	슐츠버거 재단

출처: 김수연(2015).

Brin) 은 "차등의결권은 단기이익을 좇는 월스트리트식 경영간섭에 제한받지 않고 장기적인 기업전략의 수립 및 경영을 가능하게 한다"면서 "이것이 싫다면 구글에 투자하지 말라"고 밝혔다(김수연 2015). 이들은 2015년 중반 지분율 21.5%를 통해 73.3%의 의결권을 행사했다. 오래도록 가족경영을 통해 성장한 대형 음식료 회사 J. M. 스머커(J. M. Smucker Company)는 4년 넘게 주식을 보유한 주주에게 주당 10개의 의결권을 추가로 준다.[28]

일본도 상법에서는 1주1의결권을 원칙으로 하지만 회사 정관을 통해 다양한 형태의 의결권 숫자가 다른 주식을 발행할 수 있다. 임원 선·해임권부 주식, 양도제한 주식, 의결권 제한 주식 등 9가지 종류의 주식을 허용하고 회사의 필요에 따라 다양하게 주식을 설계할 수 있다. 단원주(單元株) 제도를 사용하는 것이 일본의 특징이기도 하다. 발행주식에 대해 10주나 100주를 1단원으로 정하여 1단원에 대해 1의결권을 부여한다. 1주1의결권을 가진 보통주식에 비해 10분의 1 혹은 100분의 1의 의결권을 갖게 하는 차등 의결권 주식이라고 할 수 있다.

---

28 *The New York Times* (April 17, 2015), "Vivendi Chairman Bolloré Wins Battle Over Double Voting Rights".

2) '주식시장 위주 구조조정'의 결과 : 투자부진과 가계부채 급증

'주식시장 위주 구조조정'을 추진한 결과 한국에서 나타난 첫 번째 현상은 미국과 마찬가지로 주식시장이 '돈을 빨아가는 창구'가 되었다는 사실이다. '차입경영' 비판론자는 1997년 외환위기 전에 한국의 주식시장이 기업에 자금을 공급하는 순기능을 상당 부분 담당했다는 사실에 대해 눈감는 경향이 있다. 그러나 외환위기 이전의 한국경제는 기업투자에 방점이 두어지고 은행과 주식시장이 함께 이를 지원하는 시스템이었다. 1972년부터 1991년까지 투자자금에서 신주발행이 차지하는 비중은 13.4%로 선진국과 비교할 때 현격하게 높았다(표 2-10).

그러나 IMF체제를 거치면서 한국 주식시장의 성격이 크게 바뀌었다. 1999년까지 신주발행 등으로 주식시장에 유입된 돈은 147.9조 원이었던 반면 배당, 자사주 매입, 유상감자 등으로 주식시장에서

표 2-10 주요국의 투자자금 출처 비교

(기간: 1970~1989년, 단위: %)

	독일	일본	영국	미국	한국*
내부유보	62.4	40.0	60.4	62.7	29.0
은행차입	18.0	34.5	23.3	14.7	40.7
채권발행	0.9	3.9	2.3	12.8	5.7
신주발행	2.3	3.9	7	-4.9	13.4
무역신용	1.8	15.6	1.9	8.8	n.a.
자본이전	6.6	n.a.	2.3	n.a.	n.a.
기타	8.0	2.1	2.9	5.9	n.a.

*1972~1991년. 　　　　　　　　　　　　　　　　　출처: 신장섭(2008).

그림 2-9 돈을 빨아가는 주식시장(한국)

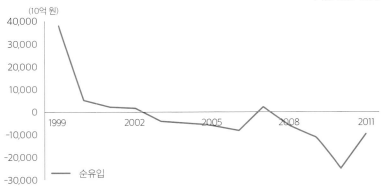

(기간: 1999~2011)

출처: 한국증권거래소, 금융감독원 등에서 취합.

유출된 돈은 174.9조 원이었다. 27조 원이 순유출됐다(그림 2-9). 중요한 이유는 주주들의 '잉여현금 빼내기'(*disgorging free cash flows*) 요구에 맞춰 배당과 자사주 매입을 늘리고 그전에는 용어조차 들어보지 못했던 유상감자까지 진행했기 때문이다. 한편 재벌 대주주는 경영권 방어 위협을 줄이기 위한 목적으로도 자사주 매입을 늘렸다.

(1) 투자부진 착시현상

주식시장이 자금을 빨아들이는 창구가 된 한편 투자는 위축됐다. 앞서 지적했듯 1999년 직후 한국경제의 빠른 회복은 새로운 투자를 했기 때문이 아니라 이미 투자한 설비를 활용할 수 있었기 때문이었다. 기업의 설비투자는 오히려 줄었고 실질기준으로는 2005년이나 되어서야 1997년 수준을 회복했다(신장섭 2008).

경제 전반적으로도 투자가 계속 위축됐다. 총투자 증가율은

1987년부터 1997년까지 11.8%에서 1999년부터 2007년까지 4.9%로 떨어진 뒤 세계금융위기 이후 2008년부터 2013년까지 0.7%로 주저앉았다 (표 2-1 참조). 과거 '다이내믹 코리아'(Dynamic Korea)의 핵심은 투자였다. 위기나 경기침체 등으로 투자증가율이 떨어지더라도 금세 강하게 반등했다. 그러나 지금은 그러한 반등현상이 사라졌다.

국내 경제민주화론자들은 기업투자가 부진한 가장 큰 이유가 재벌이 경영권 방어 등을 위해 현찰을 쌓아놓거나 자사주 매입을 늘린 데 있다는 단선적 '재벌 원죄론(原罪論)'을 반복한다. 대기업의 내부유보가 늘어난 것은 사실이다. 그렇지만 내부유보가 늘어난 것이 투자를 적게 한 결과라고 단선적으로 연결시킬 수 없다.

국내 언론보도나 대기업 비판론자들은 내부유보를 현금보유(cash holding)와 동일시하는 경향이 있는 것 같다. 그러나 기업은 이익을 내부에 유보한 뒤 여러 용도에 사용한다. 그 뒤에 남는 것이 현금보유이다. 국내 대기업의 경우 유보액의 평균 80% 이상을 계속 설비투자하거나 건물을 사거나 하는 데 사용한 것으로 나타난다. 29 나머지 20% 이내가 현금보유였고 현금이 계속 쌓이면서 전체적인 현금보유가 늘어났다. 30

---

29 전경련(2014)에 따르면 유형자산, 재고자산, 무형자산 등에 투자된 사내유보의 투자비중은 2007년 84.1%, 2008년 83.9%, 2009년 83.1%, 2010년 84.4%였다.

30 경영권 위협 때문에 대기업이 자사주 매입을 늘렸다는 사실은 부인할 수 없을 것이다. 그러나 자사주 매입 자체가 경영권을 방어해주지는 못한다. 투표권을 행사하려면 경영권 위협이 왔을 때 제 3자인 '백기사'에게 자사주를

투자와 현금보유 간의 인과관계도 반대로 해석해야 하는 것이 합리적일 것이다. 투자를 줄여서 현금보유가 늘어난 것이 아니라 투자를 상대적으로 많이 하고 잘 한 기업의 현금보유가 늘어난 것이라고 봐야 한다. 경영을 잘 해서 이익이 많이 생기는 기업의 현금보유가 늘어나는 것이 당연한 일이다.

실제로 국내 상장기업의 현금흐름을 분석한 한 연구에 따르면 기업의 현금창출능력이 클수록 또 기업의 규모가 클수록 투자성향이 높아지는 경향을 보였다(이한득 2011). 그렇다면 이렇게 투자를 잘 하고 경영을 잘 하는 기업에게 국가경제를 위해 투자를 더 늘려야만 한다고 요구하는 것은 국가경제 운용이라는 관점에서 별로 설득력이 없다.

삼성전자, 현대자동차, 포스코 등 일부 대기업은 연간 수조 원, 많게는 수십조 원까지 이익을 올리지만 이들이 동종업계에서 국제적으로 경쟁하는 회사보다 투자가 적다고 할 수 없다. 투자를 적게 한다면 지금의 경쟁력을 유지하지 못한다.

매각하고 이 백기사가 지속적인 우호세력으로 남아야 한다. 그러나 그 정도의 대규모 지분을 사줄 만한 백기사를 찾는 일은 쉬운 일이 아니다. 그리고 지금 당장 백기사 역할을 해준다 하더라도 언제 입장이 바뀔지 알 수 없는 일이다. 일정 규모 이상의 자사주를 경영권 방어로 갖고 있기 어렵다. 또 해외에서 이루어지는 자사주 매입의 일반적 이유에 비추어볼 때 한국 대기업이 했던 자사주 매입이 전적으로 경영권 방어용이라고 할 근거가 약하다. 미국의 경우 MSV 시대에 주가 지지와 '주주친화정책'의 가장 큰 수단이 자사주 매입이었다. 미국식 구조조정을 시행한 한국에서만 유독 재벌의 힘이 너무 강해 주가지지와 주주친화정책의 목적은 거의 없이 경영권 방어 목적으로만 자사주 매입을 활용했다고 말하기 어려운 것이다.

표 2-11 시가총액기준 250대 상장사 현금성자산 비율 국제 비교

(2012년. 단위: %)

	미국	영국	프랑스	독일	일본	중국	대만	한국
평균	12.49	10.37	13.04	13.85	16.27	18.99	20.64	9.18
중위수	8.21	7.20	9.23	9.33	13.41	15.22	16.35	6.95

출처: 김윤경(2014).

국제적으로 비교해 보면 국내 대기업의 현금성 자산 비율은 오히려 낮은 편이다. 실제로 한국 대기업이 돈을 제대로 번 역사가 다른 나라 기업보다 굉장히 짧기 때문이다. 1997년 외환위기 이전에는 돈을 벌더라도 은행차입까지 끌어들여 '과잉투자'라는 비판을 들을 정도로 더 많이 투자했다. 기업에 현찰이 남을 여유가 별로 없었다〔2장 1절("1990년대 한국경제의 재평가") 참조〕.

그러나 외환위기 이후 일부 기업이 돈을 많이 벌었고 그것을 현금자산으로 쌓아놓을 뿐이다. 따라서 미국, 일본, 대만, 중국 등 7개 나라의 시가총액 250대 상장사를 비교하면 한국 대기업의 총자산 대비 현금성 자산은 가장 낮은 것으로 나타난다. 2012년에 평균적으로 미국 12.5%, 일본 16.3%, 대만 20.6%, 중국 19.0%, 한국 9.2%이다 (표 2-11).

그렇다면 국가경제에서 투자가 부진한 원인은 돈을 많이 버는 대기업들이 아니라 다른 데서 찾아야 한다. 원인을 제대로 찾고 실질적 대안을 마련하기 위해서는 기업이 현금자산을 갖고 있더라도 이것을 그냥 회사 금고에 쌓아놓지 않는다는 사실에서부터 출발해야 한다. 기업은 현금자산을 어떤 형태로든 금융기관을 통해 굴린다. 이 돈이 다른 기업의 투자로 돌게 하는 것은 돈을 맡긴 기업이 아니라 금융기관에게 달려있다. 금융기관이 산업금융에 적극적으로 지원하는 시스템이 만들어져 있으면 이 돈의 상당 부분이 신용창출 과정을 통해 승수효과를 일으키며 더 큰 규모로 기업투자에 연결될 수 있다.

그러나 IMF체제에서 '구조조정' 과정을 통해 한국정부와 IMF가 실제로 실행한 것은 산업금융 시스템 파괴였다. '과도한 차입경영'과 '과잉투자'의 폐해를 원천적으로 줄인다며 부채비율 200% 규제와 BIS비율 규제를 강하게 도입하고 기업대출에 대한 감시만을 강화했을 뿐, 산업 쪽으로 돈이 흘러가는 시스템을 재설계하지 않았다. '시장'에 의해 산업금융이 자동적으로 설계될 것이라는 낙관적 기대도 했고, 주식시장이 자금공급 기능을 대신 해주리라는 비(非) 현실적 기대도 했을 것이다.

그러나 산업자금은 '기근 현상'을 보였다. IMF체제에 들면서 대출 등 기업부문으로 유입된 외부자금은 1997년 118조 원에서 1998년 27조 6천억 원으로 4분의 1 규모로 대폭 축소됐다. 한국경제가 급격한 회복세를 보였던 1999년과 2000년에도 외부자금은 1997년에 비해 절반 수준이었다. 이후 다소 회복됐다 하더라도 1999년부터 2005년까지 기업으로 유입된 외부자금은 연평균 70조 원 남짓으로 1996년부터 1997년까지 평균의 60%에 불과했다(신장섭 2008). 한국 상장기업의 부채비율은 현재 미국보다도 낮은 수준으로 떨어졌다. 한국기업이 미국기업보다 '선진화'된 결과가 결코 아니다.

한국경제의 전반적인 투자부진은 이러한 전반적인 산업금융 시스템의 실종에서 찾아야 할 것 같다. 삼성전자와 현대자동차 등 한국경제의 최첨단에 있는 기업이 현재 수준에서 투자를 더 늘린다고 해서 얼마나 더 늘릴 수 있고, 국가경제 전체 투자에 얼마나 크게 영향을 미칠 수 있다는 말인가? 오히려 제2, 제3의 삼성전자, 현대자동차 등이 나올 수 있도록 중하위권 재벌이나 중견기업에서 강하게 치고 올라오는 기업이 많아져야 한다. 중소기업이 많아지고 이들이 중견기업으로 커야 한다. 이 과정을 뒷받침할 산업금융 시스템과 전반적인 국가경제 시스템이 제대로 만들어져야 투자부진 문제에 대한 실질적인 해결책을 찾을 수 있을 것이다. 31

한편, 현재 대기업의 현금자산이 늘어나는 것이 한국만의 현상이 아니라 전 세계적 현상이라는 사실에 주목할 필요가 있다. 국제회계법인 딜로이트(Deloitte)의 보고서에 따르면 세계 S&P지수 구성 1, 200개 기업의 현금보유는 2000년에 1조 2, 200억 달러에서 2013년에 3조 5, 400억 달러로 3배 가까이 급증했다. 역사상 유례없이 많은 금액이고 매년 이 기록이 깨진다 (그림 2-10).

국내 대기업의 현금보유 증가도 이러한 국제적 맥락에서 이해해야 한다. 전 세계적으로 성장이 정체하면서 기업이 투자할 곳을 찾는 데 어려움을 겪는다고도 할 수 있다. 경제가 '소프트화'하면서 과거보다 설비투자를 많이 늘릴 이유가 없어졌다는 분석도 나온다. 2008년 세계금융위기 이후 세계경제 상황이 불확실해지면서 만약의 경우에 대비한 비상금을 더 많이 늘렸다는 분석도 있다. 미국의 경우에는 지금 애플이 아일랜드에 '절세'를 위해 현금을 쌓아놓았다가 국제적 문제가 되는 것처럼 세금회피 목적으로 현금이 쌓인 것도 많다.

그러나 필자가 주목하는 것은 전 세계적으로 MSV가 금융투자자뿐만 아니라 경영자의 이데올로기가 되면서 대기업들이 수익률이

---

31 이에 관한 자세한 논의는 신장섭 (2009) 과 이 책 3장 2절 "한국 기업권력지형 분석"을 참조.

그림 2-10 세계 S&P지수 구성 1,200개 비금융기업 현금자산 추이

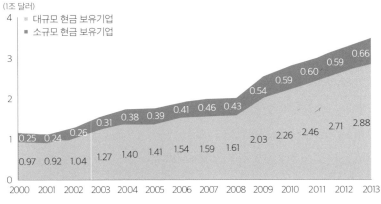

(기간: 2000~2013년)

출처: Macmillan et al.(2014).

높을 것이라고 상당히 확신하고 주식시장을 설득할 수 있다고 생각하는 대상 이외에는 투자를 꺼리게 됐을 가능성이다. 투자를 하다가 조금이라도 잘못되거나 설혹 성공하더라도 수익률이 낮을 경우 투자자로부터 강한 압력이 들어올 텐데, 이를 무시하면서 투자를 적극적으로 해나갈 경영진은 많지 않다. 또 투자 과정에서 부정적 평가가 많아져 회사 주가가 떨어지는 것보다는 현찰자산을 그냥 갖고 있는 것이 주가 관리에도 안전하다.

(2) 기업부채의 가계부채로 단순이전과 내수위축

정부는 재벌의 차입을 규제하는 한편 새로운 성장동력을 마련한다면서 벤처기업을 적극 육성했고 내수를 촉진하기 위해 가계대출을 크게 늘렸다. 벤처기업 육성이 한국경제의 성장동력에 얼마나 기여

했는지는 아직도 논란거리이다.

미국의 닷컴버블(Dot-com bubble)과 맞물려 한국의 벤처버블도 크게 터졌기 때문에 많은 사회적 낭비가 있었다. 그렇지만 그 과정에서 과거에 없던 새로운 유형의 기업이 제법 출현했다는 점에서 실패라고 단정하기도 어렵다. 그러나 벤처육성은 일부 성공하는 기업이 있는 반면 무수하게 실패하는 기업이 있기 때문에 분배문제를 악화시켰으면 악화시켰지 개선하는 데 기여했다고 보기 어렵다. [32]

반면, 가계대출 확대를 통한 내수촉진책은 성장과 분배 두 가지 측면에서 완전히 실패작이다. 한국은 1997년 외환위기 전까지는 기업투자에 자금을 가능한 한 많이 돌게 하고 부동산시장 과열을 우려해서 모기지를 허용하지 않았다. 그러나 IMF체제에서 금융자유화와 내수를 촉진한다는 명분으로 모기지 제도를 도입했다.

가계대출 확대는 상업은행의 필요와도 맞아 떨어지는 것이었다. 상업은행의 새로운 '소유주'가 된 외국인투자자들도 선진국처럼 한국도 가계대출 비중을 늘려야 한다고 주장했다. 기업대출이 축소되는 상황에서 가계대출을 늘려야 은행의 영업이 유지될 수 있었기 때문이었다.

결국 기업대출이 비정상적으로 억제된 가운데 가계대출이 비정상적으로 빠르게 확대됐다. 예금은행의 금융자산에서 가계대출이 차지하는 비중은 금융위기 직전 15%가량에서 2004년에는 28% 수준까지 높아졌다. 반면, 예금은행 금융자산에서 기업대출이 차지하는 비중은 금융위기 직전 40% 수준에서 금융위기 이후 2000년대

---

32 분배에 관한 더욱 자세한 논의는 2장 3절의 "3) 경제양극화의 원죄" 참조.

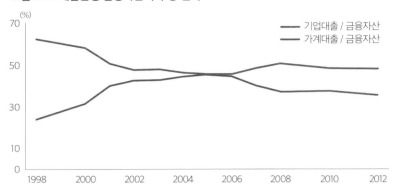

그림 2-11 예금은행 금융자산의 구성 변화

전반기 31％가량의 수준으로 떨어졌다 (그림 2-11).

　가계대출이 이렇게 빠르게 늘어도 민간지출 증가속도는 금융위기 전보다 오히려 줄었다. 민간지출은 정부가 내수진작책을 썼는데도 불구하고 2000년부터 2007년까지 평균 4. 7％밖에 늘지 않았다. 정부가 소비억제 및 투자촉진책을 쓰던 1990년부터 1997년까지 민간지출이 연평균 8. 0％ 늘었던 것과 많은 차이를 보인다 (표 2-1 참조).

　소비위주 성장정책을 사용했는데 소비증가율이 오히려 떨어지는 이 역설적인 현상을 어떻게 설명해야 하나? 해답은 다시 투자에 있다. 투자가 제대로 이루어져야만 기업이 제공하는 일자리가 늘고 고용된 근로자의 임금도 상승해 소비가 늘어난다. 이것이 정상적인 소비확대 경로이다. 투자가 위축되고 '구조조정'이 진행되는 상태에서는 임금소득이 정체되거나 줄어드는데다가 근로자가 장래에 대해 불안하게 느끼기 때문에 소비를 늘리기 어렵다. 가계대출이 아무리 늘어난다 하더라도 고용창출 및 임금상승 없이는 소비가 지속적으로 늘어날 수 없다. 대출을 받아 당장 소비를 늘릴 수 있을지 몰라도 이자 및 원금상환에 대한 부담이 곧바로 돌아오기 때문이다.

신용카드 사태는 이런 상환부담 주기가 빨리 찾아온 경우이다. 신용카드는 이자율도 높고 원금상환도 빨리해야 하기 때문이다. 결과적으로 400만 명에 가까운 신용불량자가 양산됐고 소비도 위축됐다. 모기지는 이러한 상환부담 주기가 더 길다. 이자율도 상대적으로 낮다. 그러나 대부분의 모기지는 새 집을 장만하거나 집을 늘리는 데 사용됐기 때문에 소비증가로 바로 연결되지 못한다.

소비증가 효과가 나오려면 산 집의 가격이 오르고 이를 팔아 차액으로 소비를 늘리는 '부(富)의 효과'(wealth effect)가 실현되어야 한다. 그런데 2000년대에 모기지로 집을 사거나 늘린 사람 중에서 이렇게 차익을 실현한 사람은 별로 많지 않았다. 반면 다소 무리하며 부동산을 매입한 사람이 많았기 때문에 원리금상환에 대한 부담이 컸다.[33] 이런 상황에서 가계대출 급증은 오히려 소비지출을 억제하는 요인이 되었다.

앞에서 지적했듯이 정부가 재벌개혁에서 가장 성공했다고 내세우는 것이 부채비율 감축이다. 기업부채비율이 떨어지면서 한국경제가 떠안는 전체적 부채가 줄었다면 성공이라고 할 수 있을지 모른다. 그렇지만 한국경제에서 실제로 벌어진 것은 기업부채가 가계부채로 이전된 것일 뿐이다. 2000년대 중반 이후 가계부채의 위험

---

[33] 현대경제연구원의 2007년 5월 조사에 따르면 한국의 가계가 평균 월수입의 14.5%를 이자상환에 내고 대출자의 절반가량이 과도하게 대출을 받았다고 생각하는 것으로 나타났다(〈서울경제신문〉 2007. 6. 20).

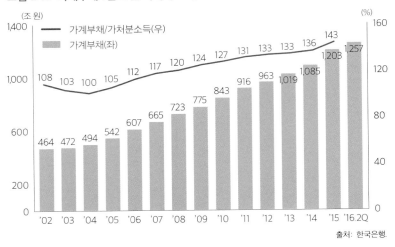

그림 2-12 가계부채 1천조 원 시대의 도래

(조 원)

1,400

- ─── 가계부채/가처분소득(우)
- ▨ 가계부채(좌)

108 103 100 105 112 117 120 124 127 131 133 133 136 143

1,000

464 472 494 542 607 665 723 775 843 916 963 1,019 1,085 1,203 1,257

600

200

0

'02 '03 '04 '05 '06 '07 '08 '09 '10 '11 '12 '13 '14 '15 '16.2Q

(%)

160

120

80

40

0

출처: 한국은행.

성을 느끼기 시작하면서 정부가 여러 가지 가계부채 축소대책을 내
놓았지만 가계부채는 2013년 말 1천조 원을 돌파했고 2016년 6월말
에는 1, 250조 원에 달했다 (그림 2-12).

부채가 국민경제 내에서 단순히 이전된 것이라면 그 부채는 가계
보다 기업이 떠안는 것이 훨씬 나았다. 기업이 원리금상환을 감당할
수 있을 정도로 성장하는 것은 상대적으로 쉽다. 그렇지만 가계가
부채를 많이 늘린 뒤 원리금상환을 쉽게 할 수 있을 정도로 소득이
성장하는 것은 쉽지 않다. 경제민주화론자들은 이러한 투자와 소비
의 동시 위축과정에 대해 눈감는 경향이 있다. 대신 이 책임마저도
재벌에게 떠넘긴다.

3) 경제양극화의 원죄

경제민주화론자들은 현재 국민이 느끼는 '경제양극화'의 원죄도 재벌에게서 찾는다. 예를 들어, 김종인 더불어민주당 전 대표는 2016년 6월 경제민주화 관련 상법개정안을 내놓을 때 '포용적 성장'을 강조하면서 "대기업중심 경제정책으로 벌어진 소득격차를 해소하여 내수를 확보하고 성장을 모색하자는 전략"이라고 밝혔다.

이 논리에 따르면 외환위기 이전부터 있었던 대기업중심의 '불균등 발전전략'이 경제양극화의 원죄이다. 그리고 재벌의 힘이 아직까지 막강하니까 양극화가 심화되고 내수가 위축된다는 것이다. 그래서 "거대경제세력의 특권적, 탈법적 행태를 그대로 방치하면 정상적인 정책으로 해결할 수 없는 심각한 상황으로 갈 수도 있다"며 경제민주화를 더 강화해야 한다는 '절박함'을 강조했다(김종인 2016a). 이 시각은 현재 대부분의 경제민주화론자에게 공유되는 것 같다.

그러나 경제민주화론자들은 분배문제에서도 다른 관련 요인이 어떻게 영향을 미쳤는지, 다른 나라의 경우는 어떠했는지, 한국에서 역사적으로 분배문제가 실제로 어떠했는지 등에 대해서는 눈감고 '재벌원죄론'을 반복한다. 그리고 해결책도 재벌규제 강화라는 한 가지 방법만 내놓는다. 아주 간단하고 단선적인 원인분석과 대책제시이다. IMF가 어느 나라에 가든 '구조적 위기'라는 한 가지 이유만 찾고 '구조조정'이라는 한 가지 처방만 들이대는 것과 별반 차이가 없다.

한국이 다른 나라와 비교해 중소기업보다 대기업이 더 발달한 것은 사실이다. 그러나 앞에서 살펴봤듯, 대기업 중심성장이 '소득격차'를 가져왔다는 주장은 국제적으로 소득분배를 비교해보거나, 한국의 분배지표 추이를 역사적으로 살펴볼 때 설득력이 떨어진다. 한국은 20세기 후반의 개발도상국 가운데 성장과 분배라는 두 마리 토끼를 잡은 유이(唯二)한 나라이고 어느 분배지표를 보더라도 1997년 외환위기 이전까지는 지표가 안정되거나 오히려 개선되는 추세를 보였지만 그 이후에 악화되는 모습을 보이기 때문이다(표 2-1, 그림 2-1, 그림 2-2 참조). '대기업 중심 불균등 발전'의 소득분배 악화효과가 30여 년 동안 나타나지 않다가 1997년 이후가 되어서 갑자기 나타나기 시작했다고 보기 힘들다. 사실관계를 제대로 본다면 한국의 분배문제는 1997년 외환위기 이후 IMF체제에서 '구조조정'하는 과정에서 악화됐다고 해야 할 것이다.

한국에서 외환위기 이후 실제로 벌어졌던 정책변화나 국민의 행태변화를 조금만 살펴보면 분배악화를 쉽게 설명될 수 있다. 그전에는 정부에서 공동체 의식을 강조했고 대기업 총수나 임원의 임금상승이 억제됐다. 사치재 소비와 수입도 억제됐다. 전반적으로 '하후상박'(下厚上薄)이라는 임금체계가 굳어졌고 정리해고도 허용되지 않았다. 그러나 IMF체제에서 분배에 영향을 미치는 주요 부문에서 급진적 변화가 벌어졌다.

첫째, 정리해고가 도입됐고 대규모 감원이 이루어졌다. '비정규직'이라는 단어가 없던 한국이 IMF체제에 들어간 지 수년 사이에 OECD 국가 중 비정규직 비율이 가장 높은 나라가 됐다.

둘째, '글로벌 스탠더드'를 도입한다는 명분하에 금융기관과 대기업 임원의 보수가 껑충 뛰었다. 많은 대기업이 스톡옵션을 도입한 것도 이때이다.

셋째, 한국경제가 외국인투자자들에게 적극 개방되면서 고액 연봉을 주는 외국계 금융기관, 컨설팅회사, 회계법인, 로펌 등이 많이 진출했다. 학벌 좋은 한국 젊은이들이 선호하는 직장이 내국 기업에서 외국계 기업으로 바뀐 것도 이때 벌어진 일이다.

넷째, 정부는 과거 대기업 위주 발전모델을 바꾼다면서 벤처육성을 통해 새로운 성장동력을 모색했다. 하지만 벤처는 본래부터 '대박'을 노리는 것이고 수많은 '쪽박'과 공존할 수밖에 없기 때문에 벤처육성은 전반적으로 분배를 악화시킬 수밖에 없는 일이었다. 벤처의 대명사인 실리콘밸리 모델이야말로 '승자독식'(勝者獨食) 체제이고 불균등 발전의 세계적 대명사라고 할 수 있다.

1997년 외환위기 이전에도 국내에 분배문제가 계속 존재했다는 사실은 부인할 수 없다. 경제성장의 과실이 골고루 분배되지 않는다는 인식은 그때도 크게 자리 잡고 있었다. 그러나 그 후 20년 가까이 지난 현재 국민이 느끼는 경제양극화의 원죄는 외환위기 이전의 경제발전 모델보다 이후의 '구조조정'에서 찾는 것이 합리적이다. 재벌들의 투자 및 고용 행태도 '구조조정'을 거치면서 크게 바뀌었다. 단지 한국이 모델로 삼았던 미국에서는 '1% 대 99%' 구도까지 갔지만 한국은 아직 그 정도까지 가지는 않았다는 사실에서 위안을 찾아야 할 것이다.

연목구어(緣木求魚)
경제민주화 추가법안들

4

경제민주화론은 처음부터 끝까지 단선논리이다. 재벌이 한국사회 만악(萬惡)의 근원이고 재벌을 제대로 '손봐야만' 한국사회의 문제가 해결된다는 것이다. 20대 국회가 2016년 6월 개원한 이후 무더기로 상정된 경제민주화 추가법안도 같은 연장선상에 있다. 과거와 다른 점이 있다면 강도가 더 세졌고 근거조차 없는 것이 더 많아졌다는 것뿐이다. 그러나 경제민주화의 단선논리로 봤을 때는 당연한 것이다. 지난 20년 동안 그렇게 수많은 '경제민주화' 정책이 집행됐는데도 불구하고 재벌이 완강하게 버티며 한국사회를 계속 나쁘게 만들기 때문에 어떤 수단을 쓰더라도 더 이상 저항할 수 없도록 해야 한다는 것 이상도 이하도 아닌 것이다. 김종인 더불어민주당 전 대표가 경제민주화 관련 상법개정안을 내놓으면서 "기업지배구조 자체를 조정하지 않고서는 아무것도 할 수가 없다"며 "오너의 탐욕에 대한 통제장치부터 체계적으로 해나가자는 것"이라고 강조한 것은 이 맥락에서 이해할 수밖에 없다.

경제민주화론은 세계경제가 실제로 어떻게 돌아가는지, 지난 20년 간 한국경제에서 실제로 어떤 일이 벌어졌는지, '개혁'이라고 내놓은 수단이 먼저 집행됐던 미국에서 어떤 결과를 가져왔는지, 한국에서는 어떤 결과가 나타났는지 등에 대하여 실증하지 않은 상태에서 단선논리만 끊임없이 관철하려는 경향이 있다. IMF프로그램이 해당국에게 어떤 일이 실제로 벌어졌는지에 대해서는 눈감고 '구조적 위기'와 '구조조정'이라는 단선논리와 만병통치약 처방만 내놓는 것과 비슷하다고 할 수 있다.

'경제민주화'가 치유하겠다는 목적으로 가장 앞에 내세우는 '경제양극화'를 살펴보자. 필자는 앞 절에서 현재 국민이 느끼는 '경제양극화'의 원죄는 재벌체제가 아니라 1997년 외환위기 이후 '주식시장 위주의 구조조정'에 있다고 밝혔다. 이 사실을 인정한다면 경제민주화론이 경제양극화 악화에 대해 상당한 책임을 져야 한다. 잘못을 인정하고 새로운 대안을 제시해야 한다.

그러나 이것을 인정할 경우 경제민주화론을 계속 끌고 갈 동력이 상실된다. 대신 그동안 주장하던 대로 모든 책임이 재벌에게 있다고 하는 것이 낫다. IMF프로그램이 부작용에 대한 실질적인 검토 없이 해당국의 '구조적 위기론'을 반복하는 것과 차이가 없다.

〈상법개정안〉 등을 포함한 경제민주화 관련 추가 법안들은 이러한 맥락에서 이해하는 것이 더 나을 것 같다. 국가경제 관점에서 사실관계를 따지면 이 법안들은 경제양극화의 원인이나 그 해소 수단의 합목적성에 대해 제대로 검토하지 않은 상태에서 같은 수단들을 더 강화해서 내놓는 것들이다. 실제로 이 법안들을 적용할 경우 국가경제의 분배문제가 어떻게 개선될 것인지에 대한 아무런 합리화가 없다. 과거보다 더 강화된 연목구어(緣木求魚) 대책이라고 할 수밖에 없다. 그러나 경제민주화론을 주장하거나 이용할 수 있는 사람들에게는 아직까지 많은 쓸모가 있는지 모른다. 실제로 2017년 말 대통령 선거를 앞두고 경제민주화는 정치권 이합집산의 지렛대로 사용되고 있는 상황이다.

이번 경제민주화 추가법안들의 가장 큰 특징은 법체계를 무시하면서 그 수단을 강화하는 것이라고 할 수 있다. 〈회사법〉에 따라 정관으로 결정하게 되어 있는 집중투표제나 감사위원 선출방법, 사외이사 선임요건 등을 상법으로 끌어올려 규격화하자는 것이다. 〈회사법〉에서는 주주들이 의견을 모아 정관을 결정한다. 이 내용을 상법으로 끌어올려야 한다는 전제는 재벌이 '독재'를 하기 때문에 주주들의 의견이 민주적으로 모아지지 않는다는 것이다. 그러니까 다른 나라에 전례는 없더라도 한국의 특수성을 감안해서 이 내용들을 상법의 보편적 규제로 집어넣어 정부가 강제적으로라도 회사 권력을 '민주화'하자는 것이다.

상법개정안의 구체적인 내용을 보더라도 마찬가지 단선논리가 변함없이 적용된다. 감사위원이 될 이사를 선임할 때에 재벌 관계자의 의결권을 3% 이내로 제한하고 공익법인의 의결권 행사를 금지하는 것은 전 세계에 유례가 없는 것들이다. '1주1의결권'을 상법에서 강제하는 것도 한국이 전 세계에서 유일한 나라인데 거기에서 더 나아가 재벌 관계자와 공익법인에 대해서는 주식에 딸린 투표권조차 제대로 인정하지 않겠다는 것이다.

한국에서만 왜 이렇게 재산권의 본질을 침해할 정도로 유례없는 규제를 시행해야 하는지에 대한 이유는 법안에서 근거가 전혀 제시되지 않는다. 단지 재벌 "오너의 탐욕"이 옛날부터 지금까지 한국경제를 나쁘게 만들고 그동안 수많은 조치에도 불구하고 시정되지 않을 정도로 세계에서 유례없이 강하니까 유례없이 강력한 새로운 조치를 도입해야 한다는 전제만을 가졌을 뿐이다.

공정거래법 개정안은 여기에서 한걸음 더 나아간다. 정부조차도 믿지 못하겠다는 것이다. 공정거래위원회만이 아니라 다른 조직이나 개인도 재벌의 불공정거래 혐의에 대해 고발할 수 있도록 하자는 공정위 전속고발권 폐지법안이 상정되어있다.

이것도 다른 추가법안과 마찬가지로 국가경제 차원에서 편익비용 분석이 전혀 없다. 대신 재벌이 무소불위(無所不爲)의 영향력을 행사해서 공정거래위원회까지 제 기능을 못하게 만든다는 전제만이 들어가 있다. 그러니까 일반 국민과 단체까지 동원해서 재벌을 통제해야 한다는 것이다.

앞서 지적했듯이 한국은 이미 전 세계에서 가장 강력한 〈공정거래법〉을 시행한다. 그럼에도 불구하고 경제양극화가 심해졌다면 〈공정거래법〉과 현재 한국의 경제양극화 간에 실제로 관계가 있는지 없는지 근본적으로 다시 생각해봐야 한다. 그러나 경제민주화 단순논리에서는 이러한 반성이 용납되지 않는다. 재벌을 잡기 위해서는 효과가 있건 없건, 법체계나 행정조직 체계가 어떻게 되건, 무슨 부작용이 있건 상관하지 말고 어떤 수단이라도 동원해야 한다는 '절박함'만이 있을 뿐이다.

실상을 보면 공정거래위원회가 재벌에 대해 과징금이나 고발을 남발했다고 할 정도로 패소율이 크게 높은 상황이다. 공정거래위원회가 대기업에게 과징금을 부과한 뒤 패소해서 다시 돌려줘야 했던 과징금 환급액은 2013년 302억 원에서 2014년 2,518억 원으로 급증한 뒤 2015년에는 3,572억 원으로 계속 늘었다. 2011년부터 2015년까지 5년간 과징금 소송 348건 중 23.3%인 81건에 대해 패소 또는 일부승소했고 과징금 환급액이 7,861억 원에 달했다.[34] 오히려 공정거래위원회의 지나친 고발을 줄일 대책을 마련해야 할 판이다. 개인이나 다른 단체가 마음대로 고발할 수 있게 한다면 공정위보다 '자제력'을 발휘할 것이라고 기대하기 굉장히 힘든 일이다.

---

34 〈뉴스웨이〉 (2016. 7. 15). "종이호랑이 전락한 '기업 저승사자' 공정위·국세청". URL: http://news.newsway.co.kr/view.php?tp=1&ud=2016071215023361999&md=20160715080101_AO (2016년 8월 21일 접속).

제 3 장

새 패러다임을 향하여
한국경제의
'허리 키우기'

그러면 한국경제의 대안은 무엇인가? 먼저 국내 경제민주화론이 전거로 삼고 있는 헌법 조항을 검토해 보자. 헌법 119조 1항에는 "대한민국 경제질서는 개인과 기업의 경제상 자유와 창의를 존중함을 기본으로 한다"고 명시되어있고 뒤이어 2항에서 "국가는 균형 있는 국민경제 성장과 적정한 소득분배, 시장지배와 경제력 남용방지, 경제주체 간의 조화를 통한 경제민주화를 위해 경제에 관한 규제와 조정을 할 수 있다"고 되어있다.

'경제민주화'라는 단어를 구태여 쓰지 않더라도 헌법이 요구하는 내용은 명확하다. "개인과 기업의 경제상 자유와 창의를 존중"하는 전제에서 '균형 있는 국민경제 성장', '적정한 소득분배', '경제력 남용방지', '경제주체 간의 조화'를 달성하면 된다.

이것은 한국만 유일하게 내세우는 경제운용 목표가 아니다. 혼합경제체제(*mixed economy*)를 취하고 있는 대부분의 자본주의 국가에서 정도의 차이는 있을지언정 다 같이 목표로 삼고 있는 내용이다.

고전학파적이건 마르크스주의적이건 정치경제학에서 관통하는 핵심주제도 생산과 분배의 조화이다.

오히려 '경제민주화'라는 단어가 들어가서 그 내용의 본질이 가려진다. 경제민주화가 그동안 정치민주화의 후속과제로서 '경제독재' 세력인 재벌을 개혁하는 일로 여겨져 왔고 그렇게 추진되어왔기 때문이다. 그러나 헌법 조항은 경제민주화 대상으로 재벌을 지칭하지도 않았고 전반적인 생산과 분배의 조화를 다루고 있을 뿐이다.

필자는 따라서 '경제민주화'라는 용어를 정치와 정책 담론에서 추방할 것을 제안한다. 가능하다면 헌법에서도 '경제민주화'라는 단어를 제거하는 것이 바람직하다고 생각한다. [1] '경제민주화'라는 단어 때문에 헌법정신이 오히려 왜곡되고 생산과 분배의 조화를 위한 건설적 대안을 찾아나가는 데 걸림돌이 되고 있기 때문이다.

---

[1] 필자가 최근 만난 한 국회의원은 과거 헌법 개정을 협의할 때 '경제민주화' 단어를 빼는 것이 논의된 적이 있었고 당시 김종인 의원조차 동의한 바 있다고 말한다.

대안 마련의 출발점들

건설적인 대안을 마련하기 위해 필자는 앞에서 논의한 미국과 한국의 '경제민주화' 경험 비교를 통해 나온 다음과 같은 사실들을 출발점으로 삼는 것이 바람직하다고 생각한다.

첫째, 미국은 경영자본주의 때 생산과 분배의 조화가 달성됐다. 반면, 한국은 '재벌위주' 성장을 하던 시기에 성장과 분배의 두 마리 토끼를 잡았다. 이것은 기업조직에 절대 선(善)이 없다는 사실을 말해준다. 전 세계를 둘러보면 전문경영, 가족경영, 개별기업경영, 그룹경영이 혼재되어있다. 재벌도 보편적이고 재벌문제도 보편적이다.

나라마다 사업조직이 발전해온 역사도 다르다. 따라서 기업조직의 이상향을 추구하지 말고 덩샤오핑(鄧小平)의 '흑묘백묘'(黑描白描)론처럼 주어진 기업조직에서 생산과 분배의 조화를 어떻게 달성해나갈 것인지를 다루어야 한다.

둘째, 미국의 경영자본주의는 '유보와 재투자'(*retain-and-reinvest*)

211

의 철학이 유지되면서 생산과 분배의 조화가 이루어졌다. 재투자를 계속하다 보니 근로자들의 역량을 높여야 했고 고용도 늘리면서 생산성과 임금이 함께 올라갔다.

한국의 경우도 '사업보국'(事業報國)이라는 말을 여러 그룹이 아직까지 사용하고 있을 정도로 최고경영자들이 공동체 인식을 상당히 갖고 있었다. 기업들이 적극적인 투자를 하면서 고용을 늘리고 임금이 함께 올라갔다. 경영진의 사업확장 이데올로기와 '투자 → 고용증가 → 임금상승→분배개선'의 선순환 구조가 서로 다른 기업조직을 유지하던 두 나라에서 생산과 분배의 조화를 달성한 공통분모였다.

셋째, 미국의 경영자본주의가 유보와 재투자를 실현할 수 있었던 외부적 여건은 '뉴딜'(New Deal) 금융규제였다. 이것은 기업과 금융투자자 간에 역할을 분리하는 것이었다. 기관투자자들의 기업경영 간여를 억제하는 원칙을 세웠고 투자다변화 이상을 하려는 것은 "도둑질하려는 것이다"라고 SEC고위간부가 의회에서 증언하는 수준이었다.

이러한 분리 원칙은 기관투자자들이 내부거래나 주가조작 등으로 부당 이익을 얻는 것을 막기 위한 측면도 있었지만 기본적으로 기업과 기관투자자 간에 역할이 다르다는 판단에 기인한 것이었다. 기업은 생산활동을 하는 주체이고 기관투자자는 기본적으로 투기하는 주체라는 것이다. 당시 SEC와 뉴욕증시가 적극적으로 추진하던 주주민주주의의 대상은 개인투자자들이었다. 기관투자자들은 대상이 아니었다. 주주(stock owner)가 아니라 주관재인(株管財人, stockholding fiduciaries)이기 때문이었다.

넷째, 미국은 금융투자자들의 힘이 강해지고 MSV 이데올로기가 보편적으로 받아들여지면서 '유보와 재투자'의 철학이 무너졌다. 대신 '구조조정'과 '현찰 뽑아내기'가 강력하게 진행됐다. 고용구조가 바뀌고 임금상승과 생산성 향상 간에 격차가 계속 벌어졌다. 분배가 따라서 악화됐다.

한국은 IMF체제에 들어가면서 정부와 IMF에 의해 '미국식 구조조정'이 집행됐다. 주식시장은 과거에 산업자금을 공급하던 곳에서 미국처럼 자금 순유출 창구로 바뀌었다. 대기업들도 과거처럼 적극적인 투자를 하기 어려워졌다. 강력한 금융투자자들의 눈치를 봐야만 했고, 정부의 전반적인 시책도 투자를 장려하기보다 '금융 안정성'을 높이는 데 주안점이 두어졌다. 한국은 여기에 덧붙여 강제적인 부채비율 축소대책과 함께 가계대출을 갑자기 확대한 부작용이 투자와 소비에 동시에 부정적 영향을 미쳤다.

다섯째, 미국의 경우 상황을 더 악화시킨 것은 기관투자자들의 힘이 강해지고 행동주의가 강화되고 있던 추세에서 이들을 계속 '소수주주'로 취급하면서 기관투자자들의 영향력을 오히려 더 강화하는 방향으로 정부규제를 바꿔나갔기 때문이었다. 그 결과 금융투자자들에 대한 뉴딜 규제의 중요한 축들이 허물어졌다.

한국도 마찬가지로 IMF체제 이후 만들어진 규제 틀에서 거대 기관투자자들을 약자(弱者)인 '소수주주'로 취급했고 경제민주화 법안 등을 통해 이들의 힘을 강화하는 방향으로 규제가 변해왔다. 최근 국회에 상정되어있는 경제민주화 관련 추가법안들은 이러한 방향으로의 규제를 더 강화하는 것들이다.

여섯째, 한국의 경우 상황을 더 악화시킨 요인은 IMF 구조조정 과정을 통해 산업금융시스템을 파괴한 것이었다. '과도한 차입경영'

과 '과잉투자'의 폐해를 없앤다며 기업대출에 대한 감시시스템을 강화했을 뿐, 산업 쪽으로 돈이 흘러가도록 하는 시스템을 재설계하지 않았다. 벤처기업 육성 등에 의해 '창업'에 관한 지원대책은 많이 내놓았지만 중소기업이 중견기업으로 크고, 중견기업이 대기업이되고, 중하위 재벌이 상위권으로 올라가는 것을 지원할 전반적인 산업금융시스템은 만들어지지 않았다.

헌법에 있는 '균형 있는 국민경제 성장'의 정신을 실현하려면 실제로 균형을 깨는 세력이 누구인가를 파악해서 대응해야 한다. 미국의 경우 생산과 분배의 균형을 깬 주체는 기관투자자들이고 이들의 이데올로기인 MSV였다. 한국의 경우에는 기관투자자들의 압력이 많이 강해져있지만 아직 대기업 경영진과 기관투자자 간에 균형이 깨졌다고 얘기하기는 어려운 상태이다. 한국기업들이 당면한 현재의 권력지형과 개별 주체들의 성격을 먼저 살펴보자.

한국 상장기업에서 현재 가장 큰 지분을 보유하고 있는 그룹은 외국인투자자(35.2%)이다(그림 3-1). 핵심 우량기업일수록 외국인 지분이 높다. 삼성전자, 현대자동차, 포스코, SK텔레콤, 삼성화재 등이 다 외국인 지분 40~50%대에서 유지되어왔고 국민은행은 60~70%가량의 외국인 지분율이 유지되어왔다(표 2-8 참조). 외국인투자자에 이어 일반법인(24.4%), 개인(19.7%), (국내) 기관투자자(17.7%)의 순으로 상장기업 주식을 보유하고 있다.2 국내

그림 3-1 한국 상장기업의 권력지형

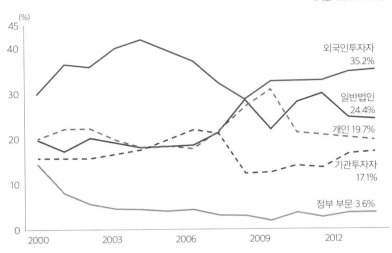

(기간: 2000~2013)

기관투자자 중에서는 국민연금이 최대 규모이다. 2016년 6월 기준으로 30대 그룹 소속 상장기업에 대해 평균 8.98%의 지분을 갖고 있다. 국내투자자 지분은 민간과 공적 기관투자자가 절반가량씩 나누어갖고 있다고 보면 될 것 같다.

외국인투자자들은 국민경제에서 생산과 분배의 조화에 관심이 없는 주체라고 할 수 있다. 이들 간에 장단기 투자시야 등에서 차이는 있겠지만 기본적으로 자신들의 몫을 많이 가져가는 데 관심을 집중한다고 봐야 한다. 이들은 미국에서 2005년부터 2014년의 10년 동안에 기업으로부터 경상이익 총액보다 더 많은 3조 6,600억 달러를

---

2 2013년 기준. 한국증권거래소에서는 2016년 8월 현재 2013년까지의 수치밖에는 대외공개하지 않고 있다. 그러나 현재도 이 순위에는 변함이 없을 것이다.

순유출시킨 주체이기도 하다. 3

　기관투자자들은 일반적으로 엔젤이나 벤처캐피털과 같이 기업에 초기 투자하는 경우를 제외하고는 대부분 공개시장에서 주식을 사서 공개시장에서 판다. 생산에 기여해서 돈을 번다기보다 투기에 의해 돈을 버는 것이다. 펀드매니저들은 대부분 단기 투자수익률에 의해 평가받기 때문에 기업활동에서 생산과 분배가 조화를 이루게 하는 데 관심을 두기보다는 자신들이 더 많이 기업이익을 분배받는 데 관심을 집중한다. 개인투자자들도 대주주들을 제외할 경우 생산 활동에는 별 관심이 없다고 봐야 할 것이다.

　국내기관투자자들은 외국인투자자들과 좀 다르다. 민간 기관투자자들은 투자수익을 추구하는 주체로서 외국인투자자들과 별 차이가 없을 것이다. 물론 국내기관투자자들은 외국인투자자들에 비해 한국물(物)에 대한 투자비중이 훨씬 높을 수밖에 없기 때문에 국가경제에 대해 좀더 고려해야 하는 측면은 있다. 4

---

3 1장 4절의 "2) 약탈적 분배와 '1% 대 99%' 구도" 참조.

4 한국 최대 자산운용사인 미래에셋의 박현주 회장은 한국경제가 저성장 신호를 보이던 2006년에 한 언론과의 인터뷰에서 "기업들이 투자를 안 한다. 돈을 쌓아놓고만 있으면 기업의 미래도 없고, 그 기업에 투자하는 주식투자자, 펀드투자자의 미래도 없다"고 말한 바 있다. 더 나아가 "외국펀드 등의 요구에 따라 배당만 많이 할 때가 아니다"며 "투자 않는 기업들은 적극 압박할 것"이라고도 말했다(〈조선일보〉(2006. 9. 20). "박현주(미래에셋그룹 회장) '성장 話頭' 던지다"). 이것은 외국 기관투자가와 내국 기관투자가 간에 이해관계가 다른 면이 있다는 사실은 지적한 것이다. 외국 기관투자가들은 자신들의 투자 포트폴리오에서 한국시장이 차지하는 비중이 별로 크지 않다. 한국경제가 나빠지면 미련 없이 한국투자 비중을 줄이고 다른 나라에 투자하

그러나 국민연금 등 공적연기금은 크게 다르다. 투자수익을 추구하되 국가경제의 이익을 고려해야 한다는 목적이 명확하게 주어져있다. 국내 최대 기관투자자이자 최장기투자자로서 생산 혹은 자본축적(capital formation)에 대한 고려 없이 투자수익만을 추구할 수 없다.

일반법인 보유분은 순수투자 목적도 있지만 대부분 계열사 지분이다. 이것은 다른 보유지분과 비교할 때에 가장 생산활동에 관심을 두는 지분이라고 봐야 할 것이다. 기업들은 이 주식을 활용한 전략적 통제력을 기반으로 다양한 투자활동을 전개한다. 경제민주화론자들은 이 지분이 재벌들의 권력기반으로 '경제양극화'를 심화시킨다는 전제하에 그 투표권을 3%로 제한해야 한다는 법안까지 내놓고 있다. 기존 순환출자까지 금지시키려는 움직임도 있다. 그렇지만 현실적으로 보유지분의 성격을 비교하면 일반법인 지분과 대주주 보유지분은 한국의 생산적 투자와 관련된 지분으로 분류할 수 있다.

외국인투자자나 일반 기관투자자들에게 생산적 투자의 후원자가 되기를 기대하는 것은 불가능하다. 이들은 자신들에게 돈을 맡긴 고객들의 투자수익 요구에 따라 이익을 가능한 많이 빼내려고 한다. 이들의 힘이 지나치게 강해지면 미국과 같이 '1% 대 99%' 구도로 간다. 개인투자자들의 지분도 대부분 생산에 대한 관심이 많이 약하다고 봐야 할 것이다. 그렇다면 생산활동에 관심 없는 지분이 거의 60%가량

면 된다. 그렇지만 내국 기관투자가들에게는 이런 선택이 제한되어 있다. 투자액의 상당 부분이 국내에 투자되어 있다. 해외투자를 늘리고 한국물 투자 비중을 줄인다 해도 한계가 있다. 외국 기관투자가만큼 한국물 투자 비중을 줄일 가능성이 크지 않다. 따라서 이들에게는 한국경제가 잘 되지 않으면 투자수익을 올릴 여지가 많이 줄어든다.

된다고 할 수 있다.

반면, 생산활동과 관련된 대주주 개인지분과 계열사 지분은 26~27%가량으로 봐야 할 것이다. 국민연금 지분 8%가량은 그 중간 위치에 있다고 할 수 있을 것이다. 국민경제에서 생산과 분배 간에 조화를 이루기 위해서는 기업자금으로 가능한 투자를 하려는 주체와 돈을 빼내가려는 주체 간에 균형이 잡혀야 한다. 현재 한국의 기업권력지형에서 이 균형을 잡는 데는 대주주 개인지분과 계열사 지분이 지속적으로 생산적 투자의 기반이 되도록 하는 것이 국가전략적으로 대단히 중요하다.

재벌:
재단을 통한 승계 허용과
'투자·고용·분배'의 과업

3

필자는 개인적으로 재벌에게 재단을 통한 승계가 가능하도록 허용하면서 재단과 계열사들에게 '투자·고용·분배'라는 '생산적 복지'의 역할을 맡겨야 한다고 생각한다. 현재 한국의 시스템은 가족경영의 씨를 말리도록 설계되어있다. 65%의 상속세를 다 내면서 경영권을 승계할 방법이 없다. 그렇다고 가족경영이 다 없어져야 한국경제가 좋아진다는 이론도 실증도 없다. 오히려 가족경영이 전문경영보다 평균적으로 더 좋은 성과를 낸다는 분석만 있다. 장기적인 안목으로 경영을 하기 때문이다.

국가경제 입장에서 경영승계에 관해 현재 택할 수 있는 옵션은 ① 가족경영의 씨를 말리기, ② 상속세를 대폭 내리기와 ③ 재단을 통한 승계를 허용하기의 세 가지밖에 없다.

제 ① 안은 경영승계를 완전히 부정하는 것이다. 그러나 가족경영은 앞에서 논의했듯이 긍정적 측면이 있다. 그리고 전 세계에 성공한 가족경영이 많이 있는데 한국만 이것을 죄악시하면서 없앨 이유가 없다. 제 ② 안은 설혹 상속세율을 낮춘다고 한들 경영권 승계가 이루어질 수 있을 정도로 크게 낮추는 것이 쉽지 않을 것이다.

그렇다면 제 ③ 안이 가장 현실적 대안이다. 상속세를 걷는 목적은 그 돈을 정부가 공익을 위해 쓰겠다는 것이다. 정부가 한 번 쓰고 말 것이 아니라 재단을 통한 승계를 허용하면서 지속적으로 공익에 기여할 수 있는 길을 열어주는 것이 낫다(**따로 읽기 5 '부의 세습', 왜 죄악시하나** 참조).

과거 경제개발 기간에 창업자들에게 '사업보국'의 과제를 맡겼다면 그 후대에게는 '사업보국'과 '복지보국'의 과제를 함께 맡겨볼 수 있는 것이다. 생산적 투자의 주체라는 가업(家業)을 명예롭게 이어갈 수 있도록 하고, 그 생산활동이 고용창출과 분배개선으로 이어질 수 있도록 유도하며, 재단활동을 통해 명예롭게 사회공헌할 수 있는 틀을 만들 필요가 있다. 경제민주화론은 기업인들과 가족경영에 대해 대단히 부정적인 인식에 기반을 두고 있다. 그렇다고 생산과 투자활동이 어떻게 이루어져야 하는지에 관한 대안은 없다. 재벌을 통제하면 '시장'이 제대로 작동해서 경제가 잘 될 것이라는 막연한 기대만 있을 뿐이다.

그러나 지금처럼 금융투자자들의 힘이 막강한 상태에서 아무런 대안 없이 시장에만 맡겨놓으면 미국처럼 분배가 크게 악화될 가능성이 높다. MSV가 강화되고 있는 국내외 상황에서 생산자의 이데올로기로 무장해서 금융투자자의 이데올로기와 대항할 수 있는 세력이 있어야 한다. 금융투자자들이 경영인들에게 "당신들의 목표는 주주이익 극대화이니까 내가 하라는 대로 내 명령을 들어라"고 얘기할 때에 "아니다. 당신들은 임금이나 다른 사업비용 등을 다 지불한 다음에 남는 것(*residual*)을 갖고 가게 되어있으니까 마지막까지 기다려라"고 강하게 반박할 수 있어야 생산과 분배가 균형을 이루어갈 수 있게 된다.

미국의 경우 대기업 경영자들이 MSV에 거의 복속되는 상태이지만 조그만 둘러보면 그렇지 않은 경우들이 제법 있다. 월마트에 이어 세계 2위 유통업체의 자리를 차지하고 있는 코스트코(Costco)의 창업자 시네갈(Jim Sinegal)은 "주주에 대한 보상은 맨 마지막에 신경쓸 일"이라며 성공비결을 밝힌다(**따로 읽기 6 "주주에 대한 보상은 맨 마지막으로 신경 쓸 일"** 참조).

복수의결권을 사용하는 경영인들도 비슷한 생각이다. 구글이나 페이스북은 월가의 단기실적주의에 휘둘리지 않기 위해서 복수의결권을 사용하고 다양한 장기투자를 진행하고 있다. 일본의 단원주 제도는 생산활동 주체 중심의 이데올로기를 더 강하게 담고 있다. 초기 투자자는 1주당 1표를 행사하지만 생산에 기여하는 바 없이 나중에 들어오는 투자자들은 투표권을 10분의 1이나 100분의 1밖에 줄 수 없다고 노골적으로 말하는 것이다.

한국은 현재 상법상 1주 1의결권을 강제하고 있다. 대부분의 대기업들이 상장되어있고 절반 이상의 지분이 기관투자자들에게 넘어가 있는 상태이기 때문에 정부가 복수의결권을 허용한다 하더라도 회사정관을 바꿔 이를 도입할 방법이 거의 없다. 5 그렇다면 생산

---

5 필자는 그렇더라도 복수의결권을 허용해야 한다고 생각한다. 벤처기업이나 중소·중견기업들이 커나갈 때에 외부자금을 끌어들이면서 창업자들이 전략적 통제권을 유지할 수 있는 중요한 수단이기 때문이다. 대기업의 경우도

활동의 주체들이 금융투자자들과 경합하면서 생산과 분배의 균형을 이뤄나갈 수 있도록 정책이나 규제에 의해 그들의 지분이 갑자기 줄어드는 일은 없도록 하는 것이 바람직하다.

재단을 통한 경영권 승계에 대해 국내에는 현재 부정적 인식이 많이 있다. 또 그렇기 때문에 재단을 통한 승계를 불가능하게 만드는 각종 규제가 강화된 형태로 도입되어왔다. 그렇지만 세계를 둘러보면 성공적으로 운영되는 재단이 많이 있다. 스웨덴의 발렌베리 재단은 전 세계에서 가장 많이 회자되는 가족경영 승계의 롤 모델이다(**따로 읽기 7 발렌베리 가문의 장기투자와 사회공헌** 참조).

포드, 록펠러 재단도 나름대로 성공적이라고 할 수 있다. 빌&멜린다 게이츠 재단도 아직 경영권 승계까지 넘어가지는 않았지만 성공적으로 운영되는 곳이라고 할 수 있다. 잘못 운영되는 곳들만을 쳐다보며 재단의 부정적인 측면을 강조할 필요가 없다. 전문경영 중에도 잘못 되는 곳들이 많이 있다. 공익재단이 설립의 본 목적에 맞춰 제대로 운영되고 역량 있는 인재들이 많이 들어가서 성과를 낼 수 있는 틀을 잘 만드는 방법을 고민해야 할 것이다.

필자는 대기업에게 경영승계를 위한 재단설립을 허용할 경우 재단 소속 기업들을 '1-2부 리그(*two-tiered*) 시스템'으로 나누어 운용하는 방안을 검토할 필요가 있다고 생각한다. 국제적으로 치열하게 경쟁해야 하는 주요 대기업들에게 고용이나 경영 의사결정에 지나친 규제가 들어갈 경우 경쟁력을 해칠 수 있다. 규제의 정신이 아무리 좋다 하더라도 변화하는 환경에 따라 유연성을 발휘하기 어렵다.

도입할 필요가 있다. 주주들끼리 합의할 수 있다면 시행할 수 있는 것이다.

이러한 '1부 리그' 기업들은 그 회사가 자율적으로 의사결정을 하게 한다. 경제민주화 관련 헌법정신도 제 1항에서 "개인과 기업의 경제상 자유와 창의를 존중함을 기본으로 한다"고 되어있다. 발렌베리 계열사들도 세계적 경쟁에 노출되다 보니 국내 생산시설을 축소하고 다국적화의 길을 가는 경우가 많아졌다.

대신 재단의 자산이나 이익금을 기반으로 국내에서 새로운 일자리를 창출해낼 목적의 기업을 중견, 중소기업들과 연대해서 만들 수 있다. 처음부터 대기업-중견기업-중소기업 간 '상생'(相生)의 합자 (joint venture) 기업을 만들어내는 것이다. 이해관계가 맞으면 외국기업도 끌어들일 수 있다. 이 '2부 리그' 기업들은 '중부가 가치'(中附加 價値) 혹은 '중고부가 가치'(中高附加 價値) 부문에서 일자리 창출과 확대를 주목적으로 한다.

이들은 '1부 리그'에 있는 세계적 대기업들이 그동안 구축한 경영능력과 마케팅 망을 쉽게 활용할 수 있다. 그렇다고 '1부 리그' 기업들의 브랜드에 부정적 영향을 미치지는 않도록 조절할 수 있다. 느슨하게 연결은 되어있지만 회사명 혹은 그룹명을 1부 리그와 다르게 쓴다든지 하는 다양한 대안을 만들면 된다. 의류업체들이 같은 회사 안에 최상급 브랜드와 중급 브랜드를 함께 갖고 있으면서 종합적인 경쟁력을 유지하는 것과 마찬가지이다. '2부 리그'에 참여하는 중견-중소기업들도 이 합자기업을 통해 경영능력이나 마케팅 등에서 도움을 받을 수 있다.

이 '2부 리그' 기업들은 구태여 주식시장 공개를 의무화할 이유도 없다. 공익재단이 참여한 곳이기 때문에 경영의 투명성을 다른 방식으로 보장할 수 있다.6 단기이익을 계속 내야 하는 주식시장의 압력에서 자유로운 상태에서 국가경제의 허리를 두텁게 하는 지속가능한 기업으로 커나가는 데 매진할 수 있다. 코스트코처럼 이익률은 높지 않지만 빠른 매출 증가와 최고 수준의 복지를 목표로 할 수도 있다.

국제적으로 비교할 때에 한국은 상당히 경쟁력 있는 경영인들과 엔지니어들을 많이 보유하고 있다. 필자는 이들이 한국경제가 갖고 있는 경쟁력의 핵심적 부분이라고 생각한다. 그러나 이들이 일찍 은퇴하거나 중간에 다른 일자리를 찾아야 하는 경우가 많아지고 있다. '2부 리그' 기업들은 이들의 역량을 재활용하는 장소로서의 역할도 할 수 있을 것이다.

공익재단에 대해서는 그동안 사회복지를 위해 직접 돈을 사용하는 형태만이 정형화되어있는 것 같다. 그렇지만 고용만큼 커다란 사회복지가 없다. 지속가능한 사회복지이기 때문에 같은 규모의 돈을 투입할 때에 그 효과가 훨씬 높다. 물론 재단의 재원 중 상당 부분은 직접적인 사회복지에도 사용해야 할 것이다. 그러나 재단이 이렇게 '생산적 복지'의 전위대 역할을 하면 고용과 분배문제 해결에 더 많이 더 지속적으로 기여할 수 있을 것이다.

---

6 구성원들이 기업공개를 통해 자본이득을 실현하기를 원하면 그렇게 할 수도 있을 것이다. 구성원들의 자율에 맡길 여지를 만들어놓으면 된다.

'부의 세습', 왜 죄악시하나

(2011년 7월에 필자가 칼럼을 쓰던 한 언론에 보냈지만 미발표된 글이다. 담당 편집자는 무슨 이유 때문인지 내용에 문제를 제기하며 글을 고치지 않으면 싣지 못하겠다고 했다. 필자는 대신 정기칼럼 쓰기를 중단했다.)

'반값 등록금'을 필두로 한 정치권의 표심(票心) 모으기 정책에 대해 재계에서 '포퓰리즘'이라 비판하자, 정치권에서는 재벌들의 '편법상속', '일감 몰아주기' 등을 응징하겠다고 나서고 있다. 서로 잘못한 것이 있다고 비난하지만 내용을 따져보면 뭔가 다르다.

민주주의 사회에서 정치세력의 승부는 표에서 갈라진다. 표를 얻기 위한 방법이 얼마나 고급스러운가, 저속한가에 대해서는 왈가왈부할 수 있지만 그 노력 자체는 자연스런 정치활동이다. 정치권력을 어떻게 얻는 것이 정당한지에 대해서는 우리 사회에 룰이 잘 확립되어 있는 것 같다.

반면 기업은 영업을 얼마나 잘 했는가에 따라 승부가 갈라진다. 그렇지만 국내 재벌에게는 영업보다 경영권 승계 과정에서의 '불법성' 혹은 '편법성'이 아킬레스건(腱)으로 되어있다. 삼성, 현대자동차, SK, LG 등 주요 그룹들이 모두 '주식 헐값증여', '일감 몰아주기' 등의 논란이나 법적 분쟁에 휩싸여왔다. 경영권력이 어떻게 이전되는 것이 정당한지에 대해서는 우리 사회에 잘 합의된 룰이 없는 것 같다. 왜 이렇게 되었는가. 어떻게 해야 하는가.

이에 대한 해결책을 찾기 위해서는 경영권 승계에 관한 제도가 국제적으로 어떻게 시행되고 있는지를 먼저 살펴볼 필요가 있는 것 같다. 필자가 보기에는 크게 세 부류로 나누어진다.

첫째는 경영권이 가족들에게 넘어가는 것에 대해 별 규제가 없는 그룹이다. 과거 대영제국 시대의 영국이 그러했고 그 잔재가 영연방국가들에게 남아있다. 인도, 호주, 싱가폴 등에는 아직까지 상속세가 거의 없다. 영국 식민지는 아니었지만 브라질, 멕시코 등의 중남미 국가들도 한

자리 숫자의 상속세율로 경영권 승계가 쉽다. 중국은 사회주의 국가였지만 아직 상속세가 없다.

둘째는 경영권이 가족에게 넘어가는 것을 인정하되 사회공헌 의무를 부과하는 그룹이다. 미국이나 유럽의 선진국들이 대체적으로 이런 제도를 택한다. 높은 상속세율을 적용하지만 공익재단을 설립하면 경영권 이전이 가능하다. 미국의 록펠러 가문, 포드 가문, 스웨덴의 발렌베리 가문 등이 이런 방법으로 세대를 거쳐 기업과 은행에 대한 영향력을 행세한다.

세 번째는 부(富)의 세습에 대해 아주 강하게 규제하는 그룹이다. 한국이 여기에 속한다. 상속세율은 최고로 높은 수준이다. 공익재단을 통한 경영권 이전도 거의 불가능하다.

그러면 어느 제도가 좀더 합리적일까. 필자는 두 번째 그룹이 나은 것 같다. 첫 번째 그룹은 출발선상에서의 불균등을 갈수록 악화시킬 수 있는 체제이다. 물론 이 나라들에서도 기업인들이 각종 기부 등의 사회공헌활동을 한다. 그렇지만 안 해도 그만이다. 자본가들의 자유에 맡기는 원조 자본주의 정신에 입각해있다고 할 수 있다.

두 번째 그룹은 타협의 산물이다. 자본주의 발전의 동력은 자본가들의 욕심과 야망이다. 자본주의가 사회주의와의 체제경쟁에서 승리한 것은 불공정하고 부도덕한 부분이 많아도 욕심이라는 동물적 본능을 생산력 발전으로 만들어내는 데 훨씬 효율적이었기 때문이었다.

본능에는 개체(個體)보존본능과 종족(種族)보존본능이 있다. 그런데 생물학자들은 후자가 전자보다 강하다고 말한다. 부모의 희생도 종족보존본능 때문에 나온다. 가업(家業)을 힘들게 일군 다음에 자손에게 물려주고 싶은 마음이 그래서 생기는 것이다.

두 번째 그룹은 이 본능이 갖고 있는 동력을 인정한다. 그렇지만 이로 인한 사회 갈등이 지나치게 커지지 않도록 공익재단을 통해 사회에 기여하도록 강제한다. '수정 자본주의' 정신을 채택한 제도라고 할 수 있다.

세 번째 그룹은 '수정'의 정도가 훨씬 강하다. 자식들에게 가업을 물려주더라도 크게 축소해서 주든지, 아예 팔아서 청산비용이나 상속세 등을 제외한 현금만 물려주라고 강제한다. 그런데 이 제도는 가업을 더 발전시키거나 더 많은 돈을 물려주고 싶은 인간의 본능과 충돌한다. 그래서 '주식 헐값증여', '일감 몰아주기' 등 본능을 관철시키려는 다양한 방법들이 동원된다.

물론 두 번째 그룹에서도 '편법'이 동원될 수 있다. 그렇지만 세 번째 그룹에 비해서는 그 정도가 크게 낮은 것 같다. 필자가 만난 한 대기업 신규투자 분석담당자는 투자검토를 할 때 미래성장성, 수익성 등에 경영승계까지 감안하려니 계산이 너무 복잡해진다고 말한다. 크게 수익성이 없어 보이는데도 '정치적'으로 투자를 결정할 수밖에 없는 경우도 있다고 한다. 공익재단을 통한 승계가 가능하다면 이 고민의 상당 부분을 덜 수 있다. 대기업들의 지나친 신규사업 진출이나 '일감 몰아주기'가 자연스레 억제될 수 있을 것이다.

사회적으로는 공익재단을 통해 활용할 수 있는 자금이 많아져서 부족한 재정을 보충할 수 있는 여지도 커진다. 이 자금이 청년실업해소나 서민생활 향상 등에 사용될 수도 있다. 일회성으로 상속세를 거두어서 쓰기보다는 기금으로 적립되어 지속적으로 사용할 수 있어서 더 효과적일 수 있다.

규제를 만들어내는 정치권 입장에서는 규제강도를 높이면 재계에 대해 '도덕적 우월성'을 더 많이 확보할 수 있을지 모른다. '재벌 길들이기' 수단을 더 많이 쥐고 싶은 유혹도 있을 것이다. 그렇지만 자본주의는 원래 허물이 많은 체제이다. 허물 많은 보통 사람들의 평균보다 조금 높인 수준에서 사회 규준을 마련하는 것이 현실적이다. 성인군자(聖人君子)의 잣대를 들이대면 지나치게 많은 잠재 범죄자를 만들어내고 '불법'과 '편법'이 판치며 사회갈등이 증폭된다.

"주주에 대한 보상은 맨 마지막으로 신경 쓸 일"

— 코스트코 창업자 짐 시네갈

코스트코는 '포천 500대 기업' 랭킹에서 24위(2012년 기준)이다. 마이크로소프트나 아마존보다 순위가 높다. 미국기업 역사상 가장 짧은 시기인 6년 만에 매출 30억 달러를 달성했다. 월마트와 까르푸는 한국에서 2006년 철수했지만 코스트코는 한국에서 유일하게 살아남은 외국유통기업이다.

코스트코 서울 양재점 연간 매출(약 5천억 원)은 세계 코스트코 매장을 통틀어 1등이다. 〈조선일보〉에서 '유통업계의 스티브 잡스'라고 표현한 창업자 시네갈(Jim Sinegal)의 2012년 8월 18일자 인터뷰 기사에 나와 있는 주요 발언을 요약한다.

"(성공비결 4가지). 첫째, '법에 복종'(obey the law)이다. 편법을 동원한 로비와 관시(關係)가 절대적인 중국시장에 코스트코가 아직 진출하지 않은 이유는 이 원칙이 훼손되는 것을 우려했기 때문이다. 둘째는 '고객을 정성껏 대우하라'이다. 창업 때부터 '마진 15% 룰'을 엄수한다. 마진이 더 생길 때는 가격을 낮춰 고객에게 혜택을 나눠준다(마진이 월마트보다 10%가량 낮다). 셋째, '직원에게 최고의 혜택을 준다'이다(코스트코 직원들의 연봉은 유통업계 평균보다 40% 정도 더 많다. 미국내에서 구글 다음으로 직원연봉과 복지혜택이 좋다). 넷째, '제품 공급업자를 똑같은 비즈니스 파트너로 존중한다'이다."

"(주주와의 관계) 주주(株主)에 대한 보상은 맨 마지막으로 신경 쓸 일이다. 월가는 매주 월~목요일까지 실적으로 회사를 평가하지만 우리는 50년 뒤까지 평가받고 싶다. 장기적인 성공을 위해 고객이 구입하는 제품의 품질을 희생시킬 수 없고 직원들의 행복도 절대 양보할 수 없다."

"(제품 마진율 15% 원칙) 15%는 우리도 돈을 벌고 고객도 만족하는 적당한 기준이다. 그 이상 이익을 남기면 기업의 규율(discipline)이 사라지고 탐욕을 추구하게 된다. 나아가 고객들이 떠나고 기업은 낙오한다."

"(경영 철학 도전에의 대응) 2008년 미국발 금융위기 때 이익률이 낮아지니까 인력을 줄이고 마진을 높이라는 압박이 극심했다. 그러나 진짜 훌륭한 기업은 경제상황이 어려울 때 시장점유율을 높이는 기업이라고 믿었다. 경제가 어렵다고 가격을 높이는 것은 '공든 탑을 한순간에 무너뜨리는 일'이나 마찬가지였다. 제품공급자들에게 양해를 구해 오히려 제품가격을 내렸다. 결국 우리는 위기를 극복했다."

"(연봉 35만 달러) 35만 달러조차 너무 큰돈이다. 비용에 민감한 조직을 경영하려면 불균형을 없애야 한다. CEO가 현장에서 일하는 직원보다 1백 배, 2백 배나 더 많은 연봉을 받는 것은 잘못된 일이다." (코카콜라의 CEO 켄트의 연봉은 1,447만 달러로 시네갈보다 47배가 많다)

따로 읽기 7

발렌베리 가문의 장기투자와 사회공헌

스웨덴의 발렌베리 가(家)는 160년에 가까운 역사를 자랑하며 5대째 가족경영을 일구어오고 있다. 일렉트롤룩스, 에릭슨, 사브, ABB, SAS, 아틀라스콥코, 아스트라제네카 등의 다양한 기업을 보유하고 있다. 스웨덴에서 3번째로 큰 은행 SEB도 갖고 있는 문어발식 금산(金産) 복합 그룹이다. 전체 자산이 2,500억 유로(약 310조 원)에 달한다. 많을 때에는 발렌베리 계열사들이 스톡홀름 주식시장 시가총액의 40%를 넘게 차지하고 있었고 스웨덴 경제의 절반 이상을 통제했다.

국내에서 재벌을 부정적으로 표현할 때 사용하는 온갖 요건을 갖추고 있으면서도 발렌베리 가가 존경받는 가문으로 남아있는 이유는 장기투자와 사회공헌 때문이다. 제 5세대 자손으로 현재 최고 경영책임을 공동으로 맡고 있는 야콥 발렌베리는 자신들의 전략은 "보유하기 위해 매입하는 것"(*buy to hold*)이라며 자신들에게 '보유'란 "100년 이상을 뜻하는 것"이라고 말한다.

날씨 좋은 캘리포니아에서 수상서핑을 즐기며 잘 나가는 의료기기회사 임원을 하고 있다가 날씨 나쁜 스웨덴의 발렌베리 계열사 뮌리케의 CEO로 옮긴 튀미(Twomey)는 "(옮기게 된) 가장 중요한 이유가 소유구조 때문이었다. 발렌베리 가는 장기투자를 하고 가치를 만들어나가려고 한다. CEO가 되기를 원하는 사람들에게 이것은 꿈같은 환경이다"라고 말한다. 발렌베리 가의 대표적인 기계회사 아틀라스콥코는 142년의 역사를 갖고 있는데 그동안 CEO가 11명이었다. 평균 재임기간 12.9년이다.

　　발렌베리 재단은 또 연구개발(R&D)투자에 적극적이다. 세계적 경쟁력을 갖추고 있는 스웨덴 국방산업의 핵심은 발렌베리 계열사이다. 발렌베리 재단은 2014년에 유럽에서 두 번째로 큰 규모의 R&D지원을 했다. 스톡홀름대학을 포함해 교육기관에도 적극적으로 지원한다.

　　재단을 통해 경영이 승계되기 때문에 나타나는 장점은 가족들 간에 재산을 둘러싼 분쟁이 없다는 것이다. 그리고 가문의 통제력이 세대가 지나면서 희석되지 않는다. 발렌베리 가문은 개인이 재단이나 관련회사의 주식을 갖고 있지 않다. 자신들이 '경영자'라고 얘기한다. 연봉도 많이 받지 않는다. 1백만 달러 (약 12억 원)를 넘지 않는다. 가문의 모토는 "존재하지만, 보이지 않게"(Esse non vidare)이다.

기관투자자:
주주가 아니라 주관재인(株管財人)

4

지난 20세기 하반기 이후 세계의 기업권력지형에서 가장 결정적으로 일어난 변화는 기관투자자의 부상이라고 할 수 있다. '펀드자본주의'는 그 다른 표현이다. 그리고 미국과 같은 나라에서는 기관투자자들의 이데올로기인 MSV에 대다수 경영인들까지 복속되어버렸다.

한국에서도 지금 많은 경영인들이 미국의 비즈니스스쿨에서 가르치는 대리인 이론이나 MSV논리로 교육을 받아서 MSV를 당연한 것으로 받아들이는 경향이 있다. MSV가 강해지면서 일어난 가장 심각한 현상은 금융투자자들이 배당이나 자사주 매입을 '잔여'(*residual*)가 아니라 '상수'(常數)로 취급하는 것이다. 주주이익을 극대화하기 위한 수단을 먼저 실행하고 나머지 임금이나 사업비용은 '구조조정'을 통해서 마련하라고 '명령'하는 것이다. 미국에서 그 결과 벌어진 것은 '약탈적 분배'이다.

정책당국에서는 이러한 일이 국내에서 벌어지지 않도록 기관투자자들에게 가능한 한 장기투자를 유도하고 생산활동에 쓰일 자산을 지나치게 '뽑아내지'(disgorge) 못하도록 각종 제도를 전면적으로 개편해야 할 것 같다. 예를 들어, 단기투자에 대한 과세를 강화하고 장기투자를 우대할 필요가 있다. 행동주의 헤지펀드 등 기관투자자들이 담합해서 기업을 공격하는 것이 어렵도록 이들의 공시요건도 대폭 강화할 필요가 있다. 인덱스펀드와 같이 처음부터 투표에 관심도 없고 투표할 역량도 없이 만들어진 펀드들에게 투표를 의무화한 것이 바람직한지도 전면 재검토해야 한다. ISS 등 의결자문사들이 일으키는 부작용을 어떻게 해결해야 할지도 논의해야 할 것이다.

앞에서 필자는 기관투자자들에 대해 '주주'라는 이름을 사용하지 말고 '주관재인'이라는 법적 실상에 맞는 이름을 사용할 것을 제안한 바 있다. 기업경영자들이 경영이라는 업무를 부여받은 수탁자(fiduciary)라면 기관투자자들은 투자라는 업무를 부여받은 수탁자(fiduciary)이다. 서로 다른 기능을 맡고 있는 수탁자로서 경영자들과 기관투자자들이 수평적으로 협의할 수 있게 해야지, 기관투자자들이 경영자들의 주인행세를 하도록 방치해서는 안 된다.

기관투자자들이 안고 있는 이해상충 문제 등에 대해서도 규제가 제대로 이루어져야 한다. 금융투자자와 기업 간의 역학관계가 현재 규제 틀이 갖고 있는 전제와 완전히 뒤바뀌어져 있다는 국제적 현실과 한국적 현실을 제대로 보고 거기에 맞춰 전반적인 규제 시스템을 재구축해야 한다.

공적 연기금의 역할도 재정립해야 할 것이다. 현재 국내에는 CalPERS와 같은 미국의 행동주의적 공적연금이 얼마나 크게 실패했고 그렇지만 통제하기 어려운 공룡이 되어 있는지 잘 알려져 있지 않는 것 같다.[7] 오히려 CalPERS의 행동주의 사례를 들면서 한국의 연기금도 그렇게 해야 한다는 주장이 나온다. '자본축적'에 관한 대안 없이 행동주의만 강화되고 있는 상황이라고 할 수 있다. 공적 연기금은 단순히 투자수익을 받아 연금가입자들에게 돌려주는 것이 아니라 국가경제의 장기적 성장에 기여하면서 수익을 올려야 한다는 사명을 동시에 갖고 있다. 생산과 분배의 후원자로서 공적연기금의 역할을 정립해야 하고 이에 상응하는 규제 틀도 정비해야 할 것이다.

---

7 1장 3절의 "2) 기관투자자들의 공동행동: 기관투자자협의회(CII)와 공공연금의 주도적 활동" 참조.

중견-중소기업을 위한
산업금융시스템 구축

5

경제민주화론자들이 재벌 비판 단선논리를 사용할 때에 비판의 화살이 비껴가고 있는 주체가 정부이다. 재벌이 정부를 장악하고 있으니까 재벌을 통제하는 것이 우선이라고 하면 정부의 역할에 대해 별로 할 말이 없어진다. 정부는 재벌을 통제해야 한다는 단선적 주장밖에는 특별히 내놓을 것이 없다. 그러나 국가경제에서 투자가 둔화되고, 고용이 제대로 창출되지 않고, 분배가 악화되는 최종 책임은 정부에게 있다. 정부가 시스템 관리자로서 궁극적 책임이 있고 그 문제를 해결할 수 있는 상당한 역량도 갖고 있다.

필자가 보기에 '생산·고용·분배'의 문제를 해결하기 위해 정부가 시급하게 마련해야 할 것이 중하위권 재벌, 중견기업, 중소기업들이 사다리를 타고 올라갈 수 있게 하기 위한 산업금융시스템을 재구축하는 것이다.

중하위권 재벌들 중에서 제 2, 제 3의 삼성전자, 현대자동차로 올라서는 회사들이 나오고, 중견기업들 중에서 재벌의 반열로 올라가는 곳들이 나오고, 중소기업들 중에서 중견기업으로 계속 커나가는 기업들이 많이 나와야 한다. 벤처기업들 중에서도 네이버, 카카오톡과 같이 크게 성공하는 기업들이 많이 나와야 한다.

경제민주화론자들은 한국경제의 허리가 약해진 가장 큰 책임이 재벌에게 있다는 단선논리를 반복한다. 그러나 필자는 최상위 재벌이 괄목할 정도로 큰 것은 기본적으로 국내의 다른 기업들을 '착취'해서 이들을 약화시킨 결과가 아니라 국제경쟁에서 성공한 결과로 봐야 한다고 생각한다.

한편 그동안 정부의 기업정책은 기업들이 성장하는 것을 지원해주는 시스템을 만들기보다 '창업'을 지나치게 강조했던 것 같다. 그러나 창업은 실패율이 너무 높다. 기술집약적이고 성장잠재력이 높은 창업을 정부가 선택적으로 지원할 필요는 있지만 창업을 전반적으로 지원하는 것은 효율적이지도 못할뿐더러 '실패자'들을 양산해내는 사회적 문제까지 일으킨다(**따로 읽기 8 창업에 대한 환상이 불러온 비극** 참조). 정책의 초점을 '창업'에서 '기업성장'으로 바꿔야 한다.

돈을 많이 번 상위 대기업들은 산업금융시스템이나 '기업성장정책'의 영향을 별로 받지 않는다. 자신들이 번 돈으로 투자를 하면 되기 때문이다. 그러나 중하위권 재벌이나 중견기업, 중소기업들은 금융시스템의 영향을 크게 받는다. 이들은 내부유보로 쌓아놓은 돈이 별로 없다. 그렇다고 주식시장이 투자자금을 제대로 공급해주지도 않는다. 은행대출이나 채권발행 등을 통해 외부에서 자금이 제대로 공급되어야 투자를 제대로 벌일 수 있다.

그런데 금융기관들이 구태여 산업부문에 돈을 빌려주지 않고 금융부문에서만 돈을 굴리면서 더 안전하게 수익을 올릴 수 있다면 그런 '위험한' 대출을 할 유인이 별로 없어진다. IMF체제에서 '구조조정'을 하면서 정부규제는 여기에서 한 걸음 더 나아가 200% 부채비율 규제, BIS비율 규제 강화적용 등에 의해 기업대출을 억제하는 방향으로 바뀌었다. 중소·중견기업들이 커나갈 수 있는 사다리가 만들어지려면 산업금융이 갖는 시스템적 문제를 해결해야 한다. 금융 내에서 돈을 굴릴 때보다 산업에 자금을 공급할 때 세제상이나 다른 규제상의 혜택을 줘야 한다. 현재 국내 금융시스템은 오히려 거꾸로 되어있다.

한편, 국내 주요 상업은행의 대주주가 외국인투자자가 되어있는 상황을 감안할 때 정부가 세제지원 등을 하더라도 산업자금을 적극적으로 공급할 가능성이 그렇게 높지 못할 것이다. 그렇기 때문에 산업은행이나 중소기업은행(현 IBK은행) 등 국책은행들이 산업금융시스템에서 담당해야할 역할이 커진다. 이들을 민영화하려 하지 말고 산업자금의 핵심적인 공급자로서 공적 기능을 제대로 수행하도록 하는 방안을 연구해야 할 것이다. 8 싱가폴은 세계적으로 경쟁력 있는 공기업들을 만들어냈다. 한국이라고 못할 이유가 없다.

---

8 이에 대한 보다 자세한 논의는 신장섭(2009) 참조.

창업에 대한 환상이 불러온 비극

(2014년 11월 〈중앙선데이〉 기고문)

한국경제는 지금 지루한 저성장의 터널을 지나고 있다. 언제 이 터널을 빠져나올 수 있을지 막막하다. 그런데 이 상황에서 드러나는 몇 가지 수치들은 우리 마음을 더 암울하게 만든다.

2010년 말 94조 원이었던 자영업자 대출이 올해 10월 말까지 약 4년 동안에 40조 원이나 늘었다. 이 기간에 대기업 대출증가액은 불과 29조 원이었다. 중소기업 대출은 오히려 줄어들었다. 자영업자 대출은 지금 중소기업 대출액과 거의 비슷한 수준이고 앞으로 더 많아지는 것은 시간문제이다. 금융권 입장에서 보면 돈 떼일 가능성이 높은 부문의 대출이 가장 빠른 속도로 늘고 있다고 할 수 있다.

자영업자 대출 급증에는 오래 지속되고 있는 내수부진이 한 원인으로 꼽힌다. 경쟁은 심해지는데 내수가 침체하니까 매출이 줄어들고 할 수 없이 빚으로 연명하는 업체들이 많아진다는 것이다. 그렇지만 좀더 근본적인 질문을 던져 보자. 왜 우리 주변에 이렇게 자영업자들이 많아졌는가?

자영업 급증의 분기점은 1997~1998년 한국외환위기 때 정리해고와 기업구조조정이었던 것 같다. 갑자기 직장을 잃게 된 중장년층이 창업의 길로 많이 나섰다. 직장 내에서 성공과 안정을 이루는 것이 어렵다는 인식이 퍼지면서 청년들도 취직보다 창업을 택하는 사람들이 늘어났다.

정부도 창업을 미화하고 부추겼다. 한국경제는 그동안 너무 대기업 위주로 성장했기 때문에 구조적인 문제에 부딪쳤고 미국의 빌 게이츠나 스티브 잡스처럼 창업의 길로 나가는 유능한 젊은이들이 많아져야만 경제의 활력이 회복된다는 진단이 따라붙었다.

벤처기업 육성정책이 '과감하게' 펼쳐졌고 대학과 지방자치단체에 수많은 창업지원센터가 만들어졌다. 청년실업 문제가 심각하니까 정부에서 벤처기업 육성정책이 '과감하게' 펼쳐졌고 대학과 지방자치단체에 수많은 창업지원센터가 만들어졌다. 청년실업 문제가 심각하니까 정부에서 청년 창업을 더 적극적으로 지원해줘야 한다는 얘기들도 쉽게 나왔다.

그러나 경제 문제는 투입 대비 산출로 따져야 하고 정책은 그에 따라 우선순위를 잘 설정해야 한다. 상식선에서 살펴보자. 흔히 "벤처기업은 10개 중에 1개가 성공하면 성공"이라고 말한다. 이 말을 뒤집으면 창업은 아무리 잘 되어도 90%가 성공하지 못한다는 것이다.

창업 자체는 상대적으로 쉽다. 성공하지 못한 90%에 들어가더라도 "창업을 해봤다", "평균만큼은 했다"고 스스로 자위할 수 있다. 국민 세금을 여기에 넣더라도 "실패를 교훈삼아 성공할 수 있는 역량을 키우는 데 투자한 것"이라고 합리화할 수 있다. 그렇지만 그 과정에서 얼마나 많은 사람들이 실패라는 멍에를 걸머지게 되고 사회적 낭비가 벌어지는가.

실제로 성공의 길은 항상 좁다. 그리고 성공한 소수의 기업들이 비약적으로 크면서 경제성장을 이끌어간다. 그렇다면 창업을 해보는 것보다 성공하기 위해 무엇을 해야 할지를 잘 따져보고 행동하는 것이 개인의 행복을 위해 훨씬 중요하다. 사회적으로도 창업을 지원하기보다 만들어진 기업들이 잘 성장할 수 있는 분위기와 틀을 만드는 것이 더 효율적이다.

기업가정신을 오래 연구한 다니엘 아이젠버그 하버드대학 교수는 그래서 "창업은 아이를 낳는 것이지만 더 중요한 것은 아이를 잘 키우는 일"이라며 기업정책의 초점을 '창업'(start-up)보다 '성장'(scale-up)에 맞춰야 한다고 강조한다.

'샐러리맨의 신화'를 일구었던 김우중 대우그룹 회장도 마찬가지 생각이다. 본인은 회사생활 5년 만에 창업했지만 지금 베트남에서 키우고 있는 청년 사업가들에게는 10년 후에 창업하라고 권고한다. 평균수명이 늘어났으니까 10년 동안 충분히 경험을 쌓고 인간관계도 만든 뒤 창업을 해도 늦지 않고 또 그래야 실패 확률이 줄어든다는 것이다.

우리 사회에서는 그동안 창업지원이 사회보장 대책과 혼재되어있었던 것 같다. "약자에게 기회를 준다"든가 "청년들에게 취업 이외의 대안을 제공한다"는 등의 목표가 경제논리와 뒤섞였다. 경제논리로 따지면 창업 성공은 극도로 불균등한 과정이다. 수많은 실패를 뒤로 하고 소수의 성공이 이루어진다. 실패하는 사람들을 많이 지원한다고 해서 성공이 많이 만들어지지 않는다. 오히려 실패하는 사람들을 잘 솎아내야 사회적 낭비가 줄어든다.

창업정신은 물론 중요하다. 도전적인 창업가들이 계속 나와야 한다. 그러나 더 중요한 것은 성공하는 기업인들이 많이 나오는 것이다. 기업 투자가 전반적으로 부진한 가운데 자영업자 대출이 제일 빠르게 늘어나는 것은 한국경제가 뭔가 거꾸로 가고 있는 현실을 반영하는 것이다. 창업에 대한 환상이 불러온 비극을 지금 아프게 체험하고 있는 것은 아닌지 반성해볼 필요가 있다.

제 4 장

'정서법' 내려놓고
대안을 얘기하자

국내에서 지인들과 만나 경제민주화에 관해 대화를 나누다 보면 '정서법'이라는 말이 자주 나온다. 사리를 아무리 따져봤자 소용없고 국민정서가 그렇게 되어있는데 어쩔 수 없다는 것이다. 그것이 잘못됐다고 얘기하다가는 오히려 세상 물정 모르는 사람이 된다는 충고도 따라온다.

실제로 한국에서 "헌법 위에 국민정서법 있다"는 말이 나온 지는 상당히 오래됐다. 민주주의 사회에서 국민정서를 무시할 수는 없다. 특히, '표'와 '여론'을 중시하는 정치권에서는 정서법을 함부로 건드리기 어려울 것이다. 그러나 국민정서법을 최상위법으로 받아들이면 사회에 희망이 없다. 건설적인 대안을 마련하기 어렵기 때문이다. 대안을 만들려면 바닥까지 내려가서 사실관계를 파악하고 원인분석을 제대로 해야 한다. 경합하는 대안들이 실제로 어떤 효과가 있을지 경우의 수를 따지며 잘 비교해야 한다.

그렇지만 정서법은 사안의 표피(表皮)만 훑는다. 언론이나 인터

넷 등을 통해 '카더라' 하면서 전해지는 것들도 정서에 크게 영향을 미친다. 사실과 아무리 괴리가 나는 것이라 하더라도 정서가 그렇게 형성되면 사실에 맞춰 대안을 만들기보다 정서에 맞춰 대안이라는 것을 만드는 경향이 생긴다. 그렇게 만들어진 '대안'은 사회에 부작용만 일으킨다.

'정서법'에 영합한
"세계에서 제일 불평등한 나라" 괴담

한국의 분배문제 논의가 대표적 사례이다. 통계청에서 발표하는 지니계수는 최근 수년간 개선되는 추세를 보였다. 2008년 0.314에서 2015년 0.295로 떨어졌다. 2006년부터 전체가구를 대상으로 조사가 시작된 이래 가장 좋은 수치이다. 그러나 많은 정치인들과 언론은 '금수저', '흙수저' 얘기가 나오는 판에 어떻게 분배가 개선됐느냐, 통계가 잘못됐다고 소리 높여 외친다.1 분배문제를 보는 여러 가지 지표가 있고 각각 장단점이 있는 것은 사실이다. 통계수치는 기본적으로 불완전한 것도 사실이다.

그렇지만 세계에서 가장 폭넓게 받아들이는 지수가 개선되는 움직임을 보였다면 최소한 왜 개선됐는지는 먼저 따져봐야 한다. 그런데 이에 관해서는 아무런 논의가 없이 '정서'와 어긋나니까 수치

---

1 〈조선일보〉 (2016. 8. 4). "도전받는 통계청 지니계수 – 소득 불평등 줄었다
는데 … 현실은 정반대?".

자체를 부정한다. 정부는 통계청이라는 오래된 전문기관이 있고, 세금지원을 받아 이루어진 수많은 연구결과가 쌓여있는 데도 불구하고 명확한 답변을 내놓기보다 통계에 잘못된 것이 있는지 검토하겠다며 꼬리를 내린다.

여기에서 더 나아가 '전문가'라고 하는 사람들조차 '정서'에 맞춰 사실을 왜곡하거나 내용을 부풀린다. "한국이 세계에서 소득분배가 가장 불평등한 나라"라는 '진단'이 대표적 사례이다. 예를 들어, 장하성 교수는 최근 발표한 《왜 분노해야 하는가》라는 저서에서 "지난 20년 가까운 기간 동안 소득분배의 균형은 완전히 상실되었고 이제 한국은 세계에서 가장 불평등이 심해진 나라가 되었다"고 단정짓는다. 이 책 중 두 절의 제목도 '세계에서 가장 불평등해진 나라 1'과 '세계에서 가장 불평등해진 나라 2'로 되어있다(장하성 2015).

여러 가지를 '과학적'으로 분석한 뒤 도달한 결론인 듯 포장되어있다. 그러나 조금만 실상을 들여다보면 괴담(怪談) 수준이다. 한국이 OECD 33개 국가 중에서 4번째 정도로 임금소득이 불평등하다는 통계에서 출발한 이야기이다. OECD는 선진국 클럽이다. 아직 중진국에 불과한 한국이 '주제넘게' 선진국 클럽에 들어가 있는 상황인데 선진국들과 비교하면 여러 면에서 '열등생'인 것이 너무나 당연한 일이다.[2] OECD국가와 비교하더라도 다른 분배지표에서는 한국이 중

---

[2] 필자는 한국이 중진국이라는 현실을 직시하고 OECD와의 비교를 그만해야 한다고 생각한다. 더 나아가 OECD에서 탈퇴하는 것이 더 낫지 않겠느냐는 생각마저 갖고 있다. OECD와의 비교는 한국민에게 열등감만 불어넣는다. 왜 주제에 맞지 않는 클럽에 들어가서 스스로를 깎아 내리며 자괴감을 갖는가? 한국이 1997년 외환위기를 당한 큰 원인도 '주제넘게' OECD에 가입하

위권에 들어간다. 전 세계 196개 국가와 비교하면 한국은 분배지표에서 계속 중상위권에 들어가 있다〔2장 1절("1990년대 한국경제의 재평가") 및 **표 2-2** 참조〕.

전 세계와 OECD는 엄연히 다른 비교대상이다. 초등학생들이 봐도 틀린 비교이다. 그렇지만 명망 있는 '학자'가 OECD 비교통계만 갖고 "한국이 세계에서 가장 불평등한 나라"라는 결론을 버젓하게 내놓는다. 그런데 다른 학자들이나 언론은 이를 검증하기는커녕 오히려 증폭해서 유포한다. 정치권도 가세한다. 많은 국민이 이것을 사실이라고 믿게 되고 그 '정서'가 강화된다. 필자는 '헬조선' 현상의 상당 부분이 이런 사실 무시 혹은 왜곡, 과장과 연결되어있다고 생각한다.

면서 자본자유화를 서둘렀기 때문이다〔2장 1절의 "3) 1997년 외환위기의 원인 재평가" 참조〕. 싱가폴은 1인당 국민소득이 미국보다 높은 선진국인데 OECD에 가입하지 않고 있다. OECD가입의 전제 조건이 자본자유화이다. 싱가폴은 국제금융센터인데도 자본시장을 완전히 자유화하지 않는 것이 금융의 안정성을 유지하는 데 더 좋다고 판단한다. 구태여 선진국 클럽에 불리한 조건을 감수하면서 들어갈 필요 없이 그냥 '국익'을 지키면 된다는 실용적인 생각이 바닥에 깔려있다〔신장섭 2009 참조〕.

"사실은 이미 이론이다"

사실에는 단순히 수치만 들어가는 것이 아니다. 독일의 문호(文豪) 괴테는 "사실은 이미 이론이다"(Fact is already theory) 라고 설파한 바 있다. 사실 중에는 "내가 오늘 아침 7시에 일어났다"와 같은 아주 간단한 사실도 있다. 여기에는 이론이 들어갈 여지가 없다. 그렇지만 '프랑스 혁명'이라는 것도 하나의 사실이다. "1789년에 프랑스에서 일어난 일"이라는 정도로는 프랑스 혁명이라는 사실에 대해 알 수가 없다. 그것이 왜 일어났고, 왜 '혁명'이라는 말이 붙는지, 어떤 결과를 가져왔는지 등을 알아야 그 사실에 대해서 알게 되는 것이다. 그런데 프랑스 혁명의 원인과 결과에 대해서는 경합하는 이론들이 존재한다. 결국 프랑스 혁명이라는 사실이 이론이 되는 것이다.

경제적 사실도 마찬가지이다. "지난 20년간 한국의 분배문제가 악화됐다"라는 것은 현재 대부분의 사람들이 받아들이는 사실이다. 그러나 실제로 얼마나 악화됐는지에 대해 생각이 다르다. 왜 악화됐는지에 대해서도 경합하는 이론이 있다. 경제민주화론자들은 재벌들의 '탐욕'을 제어하지 못해서 그렇게 됐다고 주장한다. 필자는 외환위기 이후 IMF체제에서 시행한 '구조조정'에 주원인이 있다고 주장한다.

분배문제 악화라는 사실을 제대로 이해하기 위해서는 결국 논증으로 갈 수밖에 없고 역사도 분석해야 한다. 그러나 '정서법'은 이렇게 복잡한 과정 거치는 것을 싫어한다. 지금 내 느낌에 맞는 것을 받아들이고 싶어 한다. 그 느낌대로 누군가를 혼내주고도 싶어 한다. 경제민주화론자들은 재벌에게 "분노해야" 하고 그들을 혼내야 한다고 부추긴다. 그것이 "배고픈 것은 참아도 배 아픈 것은 못 참는다"는 '국민정서'를 자극한다.

'정서법'으로 이익을 보는 세력

정서법이 갖는 더 큰 문제는 그 정서를 이용해서 이익을 취하는 세력이 있는데 정서에만 의존해서는 누가 이익을 보고 손해를 보는지 제대로 분간하기 어렵다는 점이다. 현재 '민주주의'는 대부분의 사람들에게 지켜야 할 고귀한 가치로 받아들여지고 있다. 미국에서 '주주민주주의'는 이 가치에 기반을 두어서 사회주의에 대항하고 이민으로 구성된 다양한 미국인이 뿌리 의식을 갖도록 만들자는 의도에서 시작됐다. 이 당시 '주주'에는 개인투자자들만이 고려 대상이었다. 기관투자자들은 그 대상이 아니었다. 3

  그러나 1980년대에 몽크스와 미국의 주주행동주의자들은 이 가치를 기관투자자들에게까지 확장했다. '기업시민'이라는 표현을 사용했고 이들의 투표를 의무화하는 데 성공했다. 당시 미국에 퍼져 있던 대기업 비판 '정서'와 미국민이 자랑스럽게 갖고 있는 민주주의 '정서'가 잘 결합했다. 그러나 일반 국민은, 그리고 상당수 정책담당자들조차, 투표권을 행사할 의사가 처음부터 없고 그 능력도 없는 인덱스 펀드와 같은 기관투자자들에게까지 이 민주주의가 적용되는 사실을 몰랐다.

---

3 1장 1절의 "2) '소수주주'와 뉴딜 금융규제" 참조.

몽크스와 ISS 및 기타 지배구조 관련 기관이나 행동가들은 이 사실과 정서의 간극을 자신들의 이익이나 아젠다를 위해 활용했다. '기업지배구조 산업'(*corporate governance industry*)이라고도 불리는 커다란 이익집단이 출현했다.4 행동주의 헤지펀드들은 이 갭을 자신들의 사익을 위해 가장 앞장서서 활용하고 있다. 반면 주주행동주의에 정서적 지지를 보냈던 근로자들의 상황은 과거보다 많이 나빠졌다. '1%대 99%구도'의 희생자들이 됐다. "월 가에 '돈 단지'만 갖다 줬다"는 한탄이 뒤늦게 나왔다.

우리는 실제로 이상을 좇아서 한 행동들이 오히려 나쁜 결과를 가져오는 경우를 종종 본다. 목적이 정당하다고 해서 수단을 합리화하지 못한다. 건설적 대안이란 수단이 원하는 결과를 가져올 수 있는 합목적적인 것인지에 대해서도 제대로 검토한 뒤에 나오는 것이다. 정서법은 그런 과정을 거치지 않는다. 그렇게 하기도 싫어한다. 거기에 이해관계가 걸려있는 사람들은 그 과정이 생략되기를 원한다. 그렇게 되도록 작용하기도 한다.

건설적 대안을 위한 최소 공통분모: 중산층 만들기

필자는 한국경제의 건설적 대안을 만들어내기 위해 다양한 이념적 스펙트럼에 있는 사람들이 동의할 수 있는 최소한의 공통분모에서

---

4 기업지배구조 산업에 대해서는 Rose(2007) 참조.

부터 출발할 것을 제안하고 싶다. 그 공통분모는 중산층을 키우는 것이다. 현재 분배악화의 정도나 원인에 대해서는 의견을 달리하는 사람이 있더라도 중산층을 키워야 한다는 명제에 대해서는 반대할 사람이 거의 없을 것이라고 생각한다. 그렇다면 그 구체적 방법을 논의하는 과정에서 분배악화의 정도나 원인에 대한 이견을 좁혀나갈 수도 있다.

중산층이 커지려면 이들이 직장에 고용되어있고 상당 기간 안정되게 일할 수 있어야 한다. 세금을 나눠줘서 중산층을 만들고 유지할 방법은 없다. 중산층이 일을 하고 돈을 벌고 또 세금도 내야 한다. 직장의 대부분은 민간기업에서 만들어진다. 정부에서 공무원을 채용하고 공기업을 키우는 것으로는 한계가 있을 수밖에 없고 그렇게 효율적인 일도 못 된다. 이미 있는 민간기업들이 커지고 새로운 기업들이 만들어지면서 일자리가 유지되고 창출되어야 한다. 기업성장과 창업이 중산층 형성 및 유지의 기본 바탕이 되는 것이다.

중견-중소기업들의 '사다리 올라가기' 산업금융시스템

이를 위해 필자는 이 책에서 다음과 같은 제안을 했다. 첫째, '중견-중소기업을 위한 산업금융시스템'을 구축해야 한다고 주장했다. 국가경제에서 중산층을 만들어내고 기업들이 활발하게 커나갈 수 있는 여건을 만들어내는 최종 책임은 정부에게 있다. 정부가 할 수 있는 일은 먼저 해야 한다. 정부가 기업을 직접 키울 수는 없지만 기업이 커나갈 수 있는 시스템, 특히 금융시스템은 만들어낼 수 있다. 필자는 과거 정부의 기업정책이 기업성장에는 관심을 적게 기울이고 창업에 지나치게 초점을 맞췄기 때문에 별 성과를 거두지 못하고 오히려 부작용만 낳았다고 비판했다.

부채비율 200% 정책은 기업성장에 대한 무관심이 반영된 대표적 사례라고 할 수 있다. 처음에 이 규제가 도입된 명분은 재벌들이 지나치게 높은 부채비율을 유지하면서 '과잉투자'를 하고 금융위험을 키우는 것을 막는다는 것이었다.

필자는 이것 자체에 대해서도 비판적으로 평가한다. 1997년 외환위기 직후 30대 그룹 중 16개의 그룹이 망했고 그 이후에 해체된 대우그룹까지 합치면 총 17개 그룹이 망했는데 한국의 기업들이 그렇게까지 망해야 할 정도로 심각한 문제가 있었다고 하기 어렵다.

정말 그렇다면 애초에 '경제기적'이라는 것을 만들지도 못했을 것이다. 그러나 정부에서 지나치게 기업 '부실'을 강조하고 경직적인 금융 및 기업구조정책을 사용하는 과정에서 부실을 오히려 늘렸다.

최근 한진해운이 파산해서 한국경제에 많은 어려움이 있지만 필자는 그 가장 큰 원인도 부채비율 200% 정책에 있다고 생각한다. 경직적인 부채비율 규제를 강요하다보니 해운사들이 갖고 있던 배를 팔고 비싼 용선계약을 할 수밖에 없었기 때문이다. [5]

물론 경영진의 잘못도 있을 것이다. 그러나 건설적 대안을 마련

---

[5] 〈중앙일보〉(2016. 9. 16). "한진해운 굴곡의 40년사 – 부채비율 규제가 결정타"; 〈조선일보〉(2016. 4. 22). "조양호 회장, 가문의 꿈 접을까? … '해운 망가뜨린 정부가 되레 압박' 해운업계 불만 고조".

하기 위해서는 경영자들만 청문회에 세워서 한풀이 하듯이 혼내는 데 그치지 말고 부채비율 200% 규제를 강요했던 당시 정책 담당자들도 청문회에 세워 양측에게 앞으로 어떻게 하는 것이 국가경제에 좋겠는지에 관한 의견을 솔직하게 물어봐야 한다.

이미 망한 기업들이야 되돌리기 어렵다 하더라도 미래를 바라본다면 한국경제의 시스템적 관점에서 봤을 때에 부채비율 200% 규제의 가장 큰 피해자는 사실 중소-중견기업들과 중하위권 재벌들이다. 외환위기 이후 살아남은 최상위권 재벌들은 내부유보를 어느 정도 축적했기 때문에 부채비율 규제가 별 의미가 없었다. 갖고 있는 돈을 활용해서 투자하면 그만이었다. 빌렸던 돈을 은행에 되돌려 주기도 했다.

반면 내부유보가 별로 없는 그 이하의 기업들에게는 공격적인 확장 투자를 하려면 은행으로부터 공급되는 외부자금이 가장 큰 투자 재원이 될 수밖에 없다. 사업이 빨리 확장되는 기업에게는 부채비율이 설혹 1,000%를 넘는다 하더라도 아무런 부담이 없다. 특히, 작은 규모의 자본금으로 출발해서 매출이 늘어난 기업의 경우에는 더 부담이 없다.

그렇지만 금융기관들 입장에서는 '부채-자본 비율 200%'가 규제의 가이드라인으로 되어있기 때문에 사업성이나 기업의 특성과 관계없이 그 비율이 넘어갈 경우 대출에 몸을 사리게 된다. 이런 상황에서는 기업성장에 필요한 자금이 충분히 공급되기 어렵다. 한국경제의 허리를 키우기 위해 중견-중소기업들이 사다리를 타고 올라가는 것을 지원해주는 유연한 산업금융시스템을 만들어내는 것이 앞으로의 중요한 과제라고 할 수 있다.

상생의 '2부 리그' 기업들

둘째, 필자는 재벌들에게 재단을 통한 승계를 허용하면서 재단을 통해 중견, 중소기업들과 합작으로 '2부 리그' 기업 혹은 기업군(群)을 만들 것을 제안했다. 한국에서 그동안 중견-중소기업들이 제대로 크지 못한 데 대기업들이 얼마나 책임이 있는지에 대해서는 의견이 크게 엇갈린다.

경제민주화론자들은 재벌들이 '일감 몰아주기' 등을 통해 계열사만 밀어주면서 중견-중소기업의 영역을 잠식했고 하청기업들의 기술을 빼내서 계열사를 차리는 등 '착취'행위를 했기 때문에 중견-중소기업들이 제대로 크지 못했다고 주장한다.

그러나 필자는 생각이 다르다. 비즈니스 그룹이 확장하는 과정에서 대기업과 중견-중소기업 간의 갈등 여지가 있다는 사실 자체를 부인할 수는 없다.6 그러나 대기업이 크면서 중견-중소기업들이 사업할 수 있는 여지를 확장시켜 주는 보완관계도 크다. 이 보완관계를 잘 활용해서 성공한 기업들도 꽤 있다. 한국경제에서 중견-중소기업들이 왜 충분히 크지 못했는지에 대해서는 보다 깊이 있는 연구가 필요할 것이다.

상생(相生)의 '2부 리그' 기업들을 만들어내는 것은 이런 논란을 원천적으로 없앨 수 있다. 대기업과 중견-중소기업 간에 처음부터 합자회사를 만들면 '착취'나 '영역침범'의 여지가 처음부터 사라진다. 대기업과 중견-중소기업 간에 '윈-윈'(win-win) 하는 풍토를 자

---

6 2장 1절의 "2) 재벌의 보편성과 '재벌문제'의 보편성" 참조.

리 잡는 데에도 기여를 할 수 있을 것이다. 이 기업들이 코스트코와 같이 낮은 이익률을 유지하더라도 성장과 고용에 방점을 두면서 커나가면 한국경제의 허리가 튼튼해지고 중산층도 자리를 잡을 수 있을 것이다. [7]

장기투자 북돋우기:
기업과 금융투자자 간의 수평적 관계

셋째, 필자는 기업과 금융투자자들 간의 관계를 정립해야 한다고 제안했다. 생산적인 투자와 고용창출이 제대로 이루어지기 위해서는 기업이 가능한 한 장기적인 관점을 가질 수 있어야 한다. 투자는 미래를 보고 하는 것이기 때문에 멀리 내다볼수록 투자할 '거리'가 많아지는 것이다.

그러나 금융투자자들은 단기실적에 관심을 갖고 기업이 쌓은 유보가 투자로 가기보다 가능한 한 많이 분배되기를 원한다. 장기적으로 투자하는 기관투자자라 하더라도 펀드 매니저들은 내부에서 보통 단기실적에 따라 평가받기 때문에 단기성과위주의 경향이 생길 수밖에 없다. 이들이 기업의 고용에 대해 관심을 갖는 것을 기대하기 힘들다. 미국의 경우는 금융투자자들의 힘이 지나치게 강해지면서 기업들이 10년간 번 경상이익보다 더 많은 금액이 배당이나 자사주 매입 등으로 유출되는 상황이 벌어졌다. [8]

---

7 3장 3절 "재벌: 재단을 통한 승계 허용과 '투자·고용·분배'의 과업" 참조.

펀드 자본주의가 세계경제에서 대세이고 한국에서도 그 경향이 강화되고 있는 사실은 부인할 수 없다. 그렇지만 중산층을 키우고 지속적인 성장을 해야 하는 국가경제의 관점에서는 금융투자자들과 생산적 기업 간에 최소한 수평적 입장에서 기업 이익분배를 놓고 협의할 수 있는 세력적, 규제적 기반은 만들어야 한다.

그러나 현재 규제 틀은 초거대 재벌화된 기관투자자들을 힘없는 '소수주주'로 취급하면서 세력과 규제의 불균형을 만들어놓고 있다. 금융규제 담당자들도 대부분 대리인 이론으로 교육을 받았기 때문에 기관투자자 위주의 관행을 바꿀 생각조차 하지 않는다. 미국의 SEC는 비록 지금은 유명무실화되어 있다 하더라도 '자본축적'(capital formation)이 조직의 사명(mission)으로 들어가 있다. 반면 한국의 금융위원회나 금융감독원은 자본축적에 대한 관심이 전혀 없다. 정책당국에서 '자본축적'과 '고용'에 관심을 기울이고 그것이 금융규제 틀에 반영되어야 한다.

비관주의를 극복하자

국내에서 건설적인 대안이 별로 논의되지 않는 이유는 많은 사람들이 비관론에 너무 빠져있기 때문인 것 같다. 정치지도자들까지 나서서 "투자기회가 없다. 저성장을 받아들여야 한다"고 비관론을 부추긴다. 그러나 상황을 조금이라도 객관적으로 보려고만 하면 한국

---

8 1장 4절의 "2) 약탈적 분배와 '1% 대 99%' 구도" 참조.

은 아직까지 긍정적인 요인과 잠재력을 많이 갖고 있는 나라이다.

세계적으로 성공하는 기업들이 많아지면서 세계적 수준의 사업가와 경영인들이 많아졌다. 각 학문 분야에서도 세계적 성과를 내는 인재들이 많아지고 있다. 그전에는 한국이 하드웨어에서만 성공했다며 불안해했지만 지금은 '한류'나 게임 등을 통해 소프트 강국으로도 떠오르고 있다. 국제적으로 비교할 때 한국은 인력의 질에서 어디에 가도 별로 뒤지지 않는다.

한국의 인프라도 세계적 수준이다. 선진국과 비교해도 한국의 공항, 항만, 도로는 별로 뒤지지 않는다. 금융서비스나 정부서비스가 한국만큼 편리한 나라를 찾기가 쉽지 않다. 미국에서 박사학위를 취득했던 필자의 지인은 한국에서 오랫동안 교수 생활을 하다가 미국에 안식년을 갔다. 그는 필자에게 "후진국에 와서 고생하고 있다"고 말했다. 실험 장비를 구입하는 과정이나 금융서비스 등이 너무 시간이 많이 걸리고 불편했기 때문이다. 결국 택한 방법은 한국에서 장비를 구입해서 미국으로 배달시키는 것이었다.

한국은 모든 사람들이 '빈곤의 악순환'에 빠져있다고 할 때도 '경제기적'을 일군 역사를 갖고 있다. 지금은 그때보다 여러 가지 면에서 훨씬 더 좋은 여건을 많이 갖고 있다. 건설적인 방향으로 중지와 역량을 잘 모으면 생산활력 회복과 분배문제 개선을 이루어내지 못할 이유가 없다.

강철규 (2004). '경쟁정책의 향후 추진방향', 질서경제학회 주최 경제질서대토
　　론회 기조연설, 11월 5일, 서울 팰레스 호텔. URL: http://www.ftc.
　　go.kr/(공정거래위원회 웹사이트, 2004년 12월 30일 접속)
김대중 (1997). 《김대중의 21세기 시민경제 이야기》. 서울: 산하.
김대환 (1999: 23). "재벌문제의 인식과 재벌개혁의 방향". 김대환·김균 (편).
　　《한국 재벌개혁론: 재벌을 바로잡아야 경제가 산다》. 서울: 나남출판.
김수연 (2015). '1주 1의결권 조항의 강행법규성에 대한 비판적 검토'. *KERI*
　　Brief 2015년 5월 4일. 서울: 한국경제연구원.
김윤경 (2014). '사내유보금 과세제도 도입의 문제점과 정책방향'. 한국경제연
　　구원 주최 '사내유보금 과세, 쟁점과 평가' 세미나 발표자료.
김종인 (2016a). 국회 교섭단체대표 연설, 2016년 6월 21일.
＿＿＿ (2016b). '경제민주화가 경제활성화'. 국회특강, 2016년 8월 18일.
변형윤 외 (1992). 《경제민주화의 길》. 서울: 비봉출판사.
성명재 (2014). '한국의 소득분배: 현황과 정책효과 국제비교'. 서울: 자유경
　　제원.
신장섭 (1999). 《한국경제 제 3의 길》. 서울: 중앙M&B.
＿＿＿ (2008). 《한국 경제, 패러다임을 바꿔라》. 서울: 청림출판.
＿＿＿ (2009). 《금융전쟁: 한국경제의 기회와 위험》. 서울: 청림출판.
＿＿＿ (2014). 《김우중과의 대화: 아직도 세계는 넓고 할 일은 많다》. 서울:
　　북스코프.
신장섭·장성원 (2006). 《삼성반도체 세계 일등 비결의 해부: '선발주자 이점'
　　창조의 전략과 조직》. 서울: 삼성경제연구소.
이한득 (2011). '국내 상장기업 현금흐름 분석'. LGERI 리포트.
이헌재 (2012). 《위기를 쏘다: 이헌재가 전하는 대한민국 위기 극복 매뉴얼》.
　　서울: 중앙북스.

장하성 (1999). "재벌개혁과 소액주주 운동". 김대환·김균 (편) (1999). 《한국 재벌개혁론: 재벌을 바로잡아야 경제가 산다》. 서울: 나남출판.

_____ (2014). 《한국 자본주의: 경제민주화를 넘어 정의로운 경제로》. 성남: 헤이북스.

_____ (2015). 《왜 분노해야 하는가: 분배의 실패가 만든 한국의 불평등》. 성남: 헤이북스.

전국경제인연합회 (2014). '기업 사내유보 과세 검토에 대한 의견'. 서울: 전국경제인연합회.

홍장표 (2014). '한국경제의 대안적 성장모델 모색'. 은수미 의원 주최 '소득주도 성장의 의미와 과제' 발표자료.

Allen, F. & Gale, D. (2001). *Comparing Financial Systems: A Survey.* Cambridge Mass.: MIT Press.

Anderson, R. C. & David M. R. (2003). 'Founding-family ownership and firm performance: Evidence from the S&P 500'. *Journal of Finance*, 58/3.

Bainbridge, S. M. (2005). 'Shareholder Activism and Institutional Investors'. UCLA School of Law, Law-Econ Research Paper No. 05-20. Available at SSRN: http://ssrn.com/abstract=796227 or http://dx.doi.org/10.2139/ssrn.796227.

Becht, M., Franks, J., Grant, J. & Wagner, H. F. (2015). 'The returns to hedge fund activism: An international study'. *ECGI Working Paper Series in Finance*, March 25, 2015. Available at http://ssrn.com/abstract=2376271

Bethel, J. & Gillan, S. (2002). 'The impact of the institutional and regulatory environment on shareholder voting'. *Financial Management*, 29/34.

Birch, S. (2009). *Full Participation: A Comparative Study of Compulsory Voting.* Manchester: Manchester University Press.

BlackRock (2015). 'BlackRock: Built for Change'. Power point presentation by Geraldine Buckingham, Global Head of Corporate Strategy,

available at https://www.snl.com/Cache/1500088361.PDF?O=PDF
&T=&Y=&D=&FID=1500088361&iid=4048287 (Accessed on 14 July
2016).

Blair, M. (1995). *Ownership and Control* (p.158). Washington, D.C.:
The Brookings Institution.

Bogle, J. (2005). *The Battle for the Soul of Capitalism*. New Haven: Yale
University Press.

Boyarsky, B. (2007). *Big Daddy: Jesse Unruh and the Art of Power Politics*.
Berkeley: California University Press.

Brennan, J. & Hill, L. (2014). *Compulsory Voting: For and Against*, Cam-
bridge: Cambridge University Press.

Briggs, T. W. (2007). 'Corporate Governance and the New Hedge Fund
Activism: an Empirical Analysis'. *Journal of Corporation Law*, 32/4.
Available at SSRN:http://ssrn.com/abstract=911072

Burch Jr, P. H. (1972). *The Managerial Revolution Reassessed: Family
Control in America's Large Corporations*. Lexington MA: Lexington
Books

Calio, J. E. & Rafael, X. Z. (1994). 'The securities and exchange com-
mission's 1992 proxy amendments: Questions of accountability'. *Pace
Law Review*, 14/2.

Carnoy, M. & Derek, S. (1980). *Economic Democracy: The Challenge of
the 1980s*. M.E. Sharpe.

Center On Executive Compensation (2011). 'A Call for Change in the
Proxy Advisory Industry Status Quo: The Case for Greater Accounta-
bility and Oversight'.

Chandler, A. Jr. (1990). *Scale and Scope*. Cambridge Mass: Harvard Uni-
versity Press.

Cheffins, B. R. (2013). 'The history of corporate governance'. Mike
Wright, Donald S. Siegel, Kevin Keasey, & Igor Filatotchev(Eds.).
The Oxford Handbook of Corporate Governance. Oxford, United King-
dom: Oxford University Press.

Cioffi, J. W. (2006). 'Building finance capitalism: The regulatory politics of corporate governance reform in the United States and Germany'. Jonah Levy (Ed.). *The State after Statism: New State Activities in the Age of Liberalization.* Cambridge, Mass.: Harvard University Press.

Claessens, S., Djankov, S. & Lang, L. (1998). *Corporate Growth, Financing, and Risks in the Decade before East Asia's Financial Crisis.* Policy Research Working Paper, no. 2017, Washington, D. C.: World Bank.

Cline, W. (2013). 'Japanese optical illusion'. *The International Economy.* Spring.

Coffee, Jr., J. C. & Darius, P. (2015). 'The wolf at the door: The impact of hedge fund activism on corporate governance'. *Columbia Law & Econ.*, Working Paper No. 521, 2015. http://ssrn. com/abstract=2 6563 25 [http://perma. cc/F3YZ-M2MA].

Domhoff, W. (2009). 'Pension fund capitalism or wall street bonanza?: A critique of the claim that pension funds can influence corporations'. http://www2. ucsc. edu/whorulesamerica/power/pension_fund_capit alism. html (Accessed on 16 May 2016).

Dore, R. (2000). *Stock Market Capitalism and Welfare Capitalism: Japan and Germany versus the Anglo-Saxons.* Oxford: Oxford University Press.

Dunne, J. M. (2011). *American Wheels, Chinese Road: The Story of General Motors in China.* Singapore: John Wiley & Sons.

Faccio, M. & Larry, H. P. L. (2002). 'The Ultimate Ownership of Western European Corporations'. *Journal of Financial Economics*, 65/3.

Fisman, R. and Khanna, T. (2004) "Facilitating development: The role of business groups". *World Development*, 32/4.

Gelter, M. (2013). 'The pension system and the rise of shareholder primacy'. *Seton Hall Law Review*, 43/3. Available at SSRN: http:// ssrn. com/abstract=2274395

Gersick, K. E. et al. (1997). *Generation to Generation: Life Cycles of the Family Business.* Boston, Mass.: Harvard Business School Press.

Ghemawat, P. & Khanna, T. (1998). "The nature of diversified business groups: A research design and two case studies". *Journal of Industrial Economics*, 46.

Goto, A. (1982). "Business groups in a market economy". *European Economic Review*, 19.

Granovetter, M. (1994). "Business groups". N. Smelser & R. Swedberg (Eds.). *The Handbook of Economic Sociology*. Princeton: Princeton University Press.

Heilbron, J., Verheul, J. & Quak, S. (2014). 'The origins and early diffusion of "shareholder value" in the United States'. *Theory and Sociology*, 43.

Hirschman, A. O. (1968). "The political economy of import: Substituting industrialization in Latin America". *Quarterly Journal of Economics*, 82.

Holmström, B. R. & Kaplan, S. N. (2001). 'Corporate Governance and merger activity in the United States: Making sense of the 1980s and 1990s'. *Journal of Economic Perspective*, 15/12.

Iliev, P. & Lowry, M. (2015). 'Are mutual funds active voters?'. *Review of Financial Studies*, 28/2.

Jensen, M. C. & Meckling, W. H. (1976). "Theory of the firm: Managerial behavior, agency costs and ownership structure". *Journal of Financial Economics*, 3/4.

Kali, R. (2003) "Business groups, the financial market and modernization". *Economics of Transition*, 11/4.

Kim, Nak Nyeon & Jongil Kim (2015). "Top incomes in Korea, 1933-2010: Evidence from income tax statistics". *Hitotsubashi Journal of Economics*, 56.

Kock, C. J. & Mauro, F. G. (2000) "Strategy and structure in developing countries: Business groups as an evolutionary response to opportunities for unrelated diversification". *Industrial and Corporate Change*, 10/1.

Lazonick, W. (1992). 'Controlling the market for corporate control: The

Historical significance of managerial capitalism'. *Industrial and Corporate Change*, 1/3.

_____ (2014). 'Innovative enterprise and Shareholder Value'. *Law and Financial Markets Review*, 8/1.

_____ (2015). 'The Buyback Economy: How the Incomes of the Top 0.1% Have Been Destroying the American Middle-Class', *mimeo*.

Lazonick, W. & O'Sullivan, M. (2001). "American corporate finance: From organizational to market control". Candace Howes & Ajit Singh (Eds.). *Competitiveness Matters: U.S. Industry, Industrial Policy, and Economic Performance*. Ann Arbor: University of Michigan Press.

Leff, N. H. (1978). "Industrial organization and entrepreneurship in the developing countries: The economic groups". *Economic Development and Cultural Change*, July.

Lu, C. X. W. (2016). 'Unpacking wolf packs'. *Comment in Yale Law Journal*, http://www.yalelawjournal.org/comment/unpacking-wolf-packs (Access on 5 June 2016).

Macmillan, I., Prakash, S. & Shoult, R, (2014). 'The Cash Paradox: How record cash reserves are influencing corporate behavior'. *Deloitte Review*, 15.

Malanga, S. (2013). 'The pension fund that ate california'. *City Journal*, Winter.

Mayer, C. (1988). 'New issues in corporate finance'. *European Economic Review*, 32.

McConaughy, D. L., Matthews, C. H. & Fialko, A, S. (2001). 'Founding family controlled firms: Performance, risk, and value'. *Journal of Small Business Management*, 39/1.

McVey, R. (1992). *Southeast Asian Capitalism, Southeast Asia Program*, Ithaca, NY: Cornell University.

Miller, D. & Le, B.-M. I. (2005). *Managing for the Long Run: Lessons in Competitive Advantage from Great Family Businesses*. Boston, Mass: Harvard Business School Press.

Mishel, L. & Davis, A. (2015). 'CEO pay has grown 90 times faster than typical worker pay since 1978'. *Economic Policy Institute*. http://www.epi.org/publication/ceo-pay-has-grown-90-times-faster-than-typical-worker-pay-since-1978/

Monks, R. (2013). "Robert Monks: It's broke, let's fix it". *Listed Magazine*, June 2013. http://listedmag.com/2013/06/robert-monks-its-broke-lets-fix-it/

Monks, R. & Nell, M. (1995). *Corporate Governance*, John Wiley & Sons.

OECD (2011). 'Divided we stand: Why inequality keeps rising'. http://www.oecd.org/els/soc/dividedwestandwhyinequalitykeepsrising.htm

Orru, M., Biggart, N. & Hamilton, G. (1997). *The Economic Organization of East Asian Capitalism*. Thousand Oaks, CA: Sage.

Ott, J. (2011). *When Wall Street met main street: The quest for investors' democracy*. Cambridge, Mass.: Harvard University Press.

Panzar J. C. & Willig, R. D. (1981). "Economies of Scope", 71/2.

Porter, M. E. (1992). *Capital Choices: Changing the Way America Invests in Industry*, Washington, D. C.: Council on Competitiveness.

Pritchard, C. (2007). *Failed Diplomacy: The Tragic Story of How North Korea Got the Bomb*, Washington. D. C.: The Brookings Institution.

Roe, M. J. (1990). 'Political and legal restraints on ownership and control of public companies'. *Journal of Financial Economics*, 27 (July).

──── (1991). 'Political elements in the creation of mutual fund industry'. *University of Pennsylvania Law Review*, 139 (June).

Romano, R. (1993). 'Public pension fund activism in corporate governance reconsidered'. *Columbia Law Review*, 93/4.

Rose, P. (2007). 'The corporate governance industry'. *The Journal of Corporation Law*, 32/4.

Rosenberg, H. (1999). *A Traitor to His Class*. Robert A. G., Monks & the Battle to Change Corporate America, John Wiley & Sons.

Saez, E. (2016). 'Striking it richer: The evolution of top incomes in the

United States(Updated with 2015 preliminary estimates), UC Berkeley, June 30(https://eml. berkeley. edu/~saez/saez-UStopincomes-2015. pdf).

SEC (1992). 'Final proxy rule Amendments, Exchange Act Release No. 31, 326, [1992 Transfer Binder] Fed. Sec. L. Rep. (CCH) 1185, 051, at 83, 353 (Oct. 16, 1992).

_____ (2003). 'Final rule: Proxy voting by investment advisers'. 17 CFR Part 275, Release No. IA2106; File No. S73802, RIN 3235AI65. (https://www. sec. gov/rules/final/ia-2106. htm. 2016년 4월 19일 접속).

Shanker, M. C. & Astrachan, J. H. (1996). 'Myths and realities: Family businesses' Contribution to the US Economy: A Framework for Assessing Family Business Statistics'. *Family Business Review*, 9/2.

Sharara, N. M. & Hoke-Witherspoon, A. E. (1993). 'The Evolution of the 1992 Shareholder Communication Proxy Rules and Their Impact on Corporate Governance'. *The Business Lawyer*, 49/1.

Shin, Jang-Sup (2014). *The Global Financial Crisis and the Korean Economy.* London: Routledge.

_____ (2016 forthcoming). 'Dynamic catch-up strategy, capability expansion and changing windows of opportunity in the semiconductor industry'. forthcoming Research Policy.

Shin, Jang-Sup & Ha-Joon Chang (2003). *Restructuring Korea Inc.* Routledge.

Simon, H. (1996). *Hidden Champions: Lessons from 500 of the World's Best Unknown Companies.* Boston Mass. : Harvard Business School Press.

Singh, S. P. (2015). 'Compulsory Voting and the Turnout Decision Calculus'. *Political Studies*, 63/3.

Smith, J. W. (2000). *Economic Democracy: The Political Struggle of the Twenty-first Century.* Armonk, N. Y. : M. E. Sharpe.

Smith, M. P. (1996). 'Shareholder activism by institutional investors: evidence from CalPERS'. *Journal of Finance*, 11/1.

266

Solomon, D. (2015). "Remaking Dow and DuPont for the Activist Shareholders". 15 December, *The New York Times* (http://www.ny times.com/2015/12/16/business/dealbook/remaking-dow-and-dupo nt-for-the-activist-shareholders.html?_r=0).

Stevens, M. (2014). *King Icahn: The Biography of a Renegade Capitalist.* Penguin.

Strachan, H. W. (1976). *Family and other business groups in economic development: the case of Nicaragua.* New York: Praeger.

Strine, L. (2005). 'The delaware way: How we do corporate law and some of the new challenges we (and Europe) face'. *Delaware Journal Corporate Law*, 30/3.

Teece, D. J. (1980). "Economies of scope and the scope of the enter-prise". *Journal of Economic Behavior and Organization Science*, 1/3.

Vogel, E. (1979). *Japan as Number One: Lessons for America.* Harper Colophon.

Ward, J. L. (1987). *Keeping the Family Business Healthy: How to Plan for Continuing Growth, Profitability, and Family Leadership.* San Fran-cisco, Calif.: Jossey-Bass.

Wong, S. (2010). 'Why stewardship is proving elusive for institutional investors'. *Butterworths Journal of International Banking and Financial Law*, pp. 406-411, July/August 2010; Northwestern Law & Econ Research Paper No. 10-28. Available at SSRN: http://ssrn.com/ab stract=1635662